浙江警官职业学院示范院校建设子项目

新时期狱政管理问题研究

顾　　问：董富华　覃海波

　　　　　郭子川　沈杰祥

主　　编：龙学群

执行主编：高　寒

副 主 编：付玉亮　张小龙

　　　　　张　萍　王桔成

XINSHIQI

YUZHENG GUANLI WENTI YANJIU

图书在版编目（CIP）数据

新时期狱政管理问题研究/龙学群主编. —北京：中国市场出版社，2010. 10
ISBN 978-7-5092-0683-6

Ⅰ. ①新… Ⅱ. ①龙… Ⅲ. ①监狱—管理—研究—中国 Ⅳ. ①D926. 7

中国版本图书馆 CIP 数据核字（2010）第 168067 号

书　　名：新时期狱政管理问题研究
主　　编：龙学群
责任编辑：郝向前（haoxiangqiang@163. com）
出版发行：中国市场出版社
地　　址：北京市西城区月坛北小街 2 号院 3 号楼（100837）
电　　话：编辑部（010）68032104　读者服务部（010）68022950
　　　　　发行部（010）68021338　68020340　68053489
　　　　　68024335　68033577　68033539
经　　销：新华书店
印　　刷：河北省高碑店市鑫宏源印刷包装有限责任公司
规　　格：880×1230 毫米　1/32　11. 25 印张　290 千字
版　　本：2010 年 10 月第 1 版
印　　次：2010 年 10 月第 1 次印刷
书　　号：ISBN 978-7-5092-0683-6
定　　价：36. 00 元

目　录

第一篇　狱政管理工作实践

第二篇　狱政管理理论探讨

第三篇　监狱经济与劳动改造

附录　罪犯考核与奖惩制度

第一篇

狱政管理工作实践

监管改造工作的创新与实践

一、当前监管改造工作面临的一些问题

1. 患有心理疾病的罪犯逐渐增多，对监管安全构成了严峻的挑战

据统计，2008年浙江省十里坪监狱常年押犯平均8500人左右，经过精神病司法鉴定44人，人格障碍类罪犯25人，入监新犯中发现精神病症状的也逐渐增多。导致精神病犯增多的原因是：

（1）公安机关对当地一些有疑似或间歇性精神病的罪犯照样抓，关在监狱里面可以安当一段时间。

（2）保外就医问题也很难，有些地方政府、公安机关极不配合。如浙江省某县公安局公开抵制，不予接收，续保时不同意办理等。

（3）家属不肯保外就医。

2. 罪犯医疗法规不健全，病犯难管

《中华人民共和国监狱法》第五十四条规定：监狱应当设立医疗机构和生活、卫生设施，建立罪犯生活、卫生制度，罪犯的医疗保健列入监狱所在地区的卫生防疫计划。

（1）因医疗费紧张导致有些罪犯久病缠身，无法治疗，进而转化成顽危犯。

（2）罪犯刑满后因病索赔的现象经常发生。如十里坪监狱

的犯人许某因患结核性脑膜炎长期在省青春医院住院，刑满后到医院就诊，医生说因用药副作用导致坐骨坏死，需置换人工关节，否则会瘫痪，许某要求监狱给予资助。罪犯保外就医后来要医药费，续保手续不肯办，要求回监狱治疗的事情经常发生。

(3) 缺乏有行医资格的医生、没有男护士等，导致医疗纠纷时有发生。

(4) 没病装病、有病查不出等转化为对抗管教、顽危犯的情况相当普遍。

(5) 对罪犯就医的医院规格没有明确的限制规定，导致病犯家属纠缠。

3. 涉访、涉诉无理纠缠的问题逐渐增多

罪犯及家属维权意识提高，以及我国信访机制产生的各级领导花钱买平安的思想导致涉访、涉诉无理纠缠的问题逐渐增多。

4. 落实宽严相济的刑事政策加大了监管难度

宽严相济的刑事政策落实中产生一大批顽危、抗改分子，监管难度非常大。宽严相济的刑事政策对监狱的管理是一项挑战，因为监狱管理最怕罪犯因想不通、绝望而出事。如该宽则宽，该严则严，怎么个严法？采取什么形式？严的程度应如何？严的对象是谁？等等。这些问题对监狱工作者来说确实是道难题。

5. 民警执法风险大

监狱管理法制不健全，很多问题无法可依。如罪犯的严管、高戒备管理具体形式是什么？标准强度如何？这些都没有规定，执行民警在执法中有如履薄冰的感觉，压力很大。

6. 民警心态变化影响监狱管理

规范津补贴以后，民警因缺少激励机制导致心态变化对监狱管理的影响很大。如浙江省规范津、补贴以后，暴露出的问题是一部分分监区领导没有工作积极性，进取心不强。

二、开展的几项具体工作

存在的问题还有很多，在此不一一列举。面对这些问题，该怎么办？首要问题是确保监管安全，确保民警自身的执法安全。这两个安全问题是监狱工作永恒的主题。那么，在困难重重的情况下，如何来确保这两项目标的实现，笔者认为要在犯情的收集与化解、民警执法制度及程序建设两项工作上采取一些切实的措施。为了应对这些困难和问题，笔者将近几年来十里坪监狱开展的一些监管改造工作方法介绍一下，供大家参考。

（一）犯情“日收日解”工作机制

1. 犯情“日收日解”工作机制的含义

犯情“日收日解”工作机制是指以分监区为单位，当日值班民警通过组织小组长、夜间护监员、改积会主任等犯情信息员进行犯情日汇报和服刑人员心情“晴雨表”情绪自我显示四条途径，从罪犯的外在表现和内在反映两方面收集犯情信息，在当日由民警给予及时化解、处置的一项工作机制。把“管教事务不过夜”的经验予以制度化，及时将各类事故隐患化解在萌芽状态，促进犯情收集、化解工作走向日常化、制度化和规范化。

监狱规定“日收”犯情内容主要包括八方面：一是当日分监区或小组罪犯遵守纪律情况（包括学习、劳动、休息期间的表现，受到民警批评后的情况等）；二是分监区或小组罪犯中身体不好、胃口不好、睡眠不好、家庭有变故或关系不好、劳动表现不好，情绪变化大、情绪反常等罪犯的情况；三是罪犯与罪犯、罪犯与民警间的矛盾情况和牢骚怪话、拉帮结伙、与外来人员密切接触的罪犯；四是罪犯在分监区内讨论的热点话题及向分监区提出的合理化意见及建议；五是分监区或小组重点犯的表现情况；六是罪犯在“服刑人员心情‘晴雨表’”中情绪自我显示为雨天的人员；七是认为今日必须解决的事或者必须谈话的人；

八是当日值班民警化解犯情记录。

犯情“日收日解”工作的基础是“收”，关键是“解”。监狱要求分监区当日值班民警对日汇报中反映的问题及服刑人员心情“晴雨表”中自我显示情绪为雨天的人员必须采取有效的、务实的手段，如采取个别谈话、调查了解、带罪犯就诊、心理矫治等办法予以处置、化解，化解效果不好的，应布置夜护监员、联号包夹犯予以严密监控，并填写犯情互馈登记表通报监管中队值勤民警，夜间由监管中队值勤民警继续进行重点监管。通过这些措施切实把监管改造工作中苗头性、倾向性的不安全、不稳定因素化解在萌芽状态，起到“活血化瘀”的功效。

2. 犯情“日收日解”工作机制的操作办法

具体做法主要包括四个步骤的内容。

第一步：服刑人员通过心情“晴雨表”进行情绪自我显示和化解。分监区罪犯每天早上出工时根据自己的心情将自己的姓名放在“晴天”、“阴天”或“雨天”的栏目下。（“晴天”表示心情很好；“阴天”表示心情不太好，遇到一点麻烦；“雨天”表示心情非常糟糕。）每天就寝时将自己的姓名放回原位。由当天值班民警对服刑人员心情“晴雨表”中显示为雨天的罪犯进行化解、处置、汇报。

第二步：组织犯情信息员集中填写犯情日汇报和化解处置。由分监区值班民警于每天收工后，组织罪犯改积会主任、小组长统一到分监区教育室，在民警指导下认真填写“分监区犯情日汇报表”、“小组长犯情日汇报表”，由当天晚进监值班民警负责对所反映犯情的化解、处置、汇报，并作好记录。

第三步：夜值班员日汇报和化解处置。由罪犯夜值班员每天根据民警布置要求对重点对象的夜间监控情况及夜间出现的其他犯情，按规定填写“夜护监员犯情日汇报表”，在次日值班民警早上开门时交给值班民警，由值班民警视情化解、处置、汇报，并作好记录。

第四步：分管民警每周一分析。分监区民警于每周一针对上周一周来改积会主任、小组长、罪犯夜值班员犯情日汇报及耳目汇报、会见监听、亲情电话监听、邮汇检查、个别谈话等途径收集的犯情，填写“分管民警一周犯情分析表”，用于分监区的一周犯情分析。

3. 开展犯情“日收日解”工作的意义及效果

（1）全面、快速、深入、细致地了解和收集了各类犯情信息，使我们做到了耳聪目明。一是实行犯情“日收日解”工作机制大大拓宽了犯情信息的收集渠道。一方面，通过服刑人员心情“晴雨表”，可以从罪犯自身内在的角度，比较直观地了解罪犯自己的情绪动态，真实性比较强，速度比较快，要优于警官信箱；另一方面，通过小组长、改积会主任、夜值班员日汇报，多途径、全方位地收集犯情信息，便于从罪犯的外在表现方面收集。二是民警掌握犯情变得主动、快速、全面。因为每天有800多双眼睛、耳朵（十里坪监狱现有犯情信息员800多名）协助监狱收集信息，每个分监区几百人的问题被浓缩到十几张汇报材料中，分监区值班民警通过这些材料便对当天的犯情心中有数了，从而使工作掌握了主动权。三是与罪犯耳目一起形成一明一暗两条线索收集犯情，对犯情可以起到映证的作用，增强了信息的真实性、全面性。

（2）及时有效地化解、处置各类监管隐患和事故苗头，维护监管安全。多渠道的犯情信息来源，不仅提高了信息的准确性，同时也提高了民警解决问题的及时性，使民警能够在第一时间及时发现和化解各类监管隐患和事故苗头。如该监狱八监区五分监区三组组长汇报“小组罪犯唐某在小组内言行较为反常，23时40分起躲在被子里哭，别人问他什么事也不讲，情绪极不稳定”。分监区民警得知这一情况后，立即找该犯谈话，了解到该犯因妻子与他人同居想不通，想自杀。分监区在进一步了解该犯情况过程中发现，当天该犯曾和另一名罪犯讲："我刑期这么长，现在都快40岁了，能不能活着出去也不知道，如果我不能活着出去，你要帮我把日记本带回去。"并且还讲，"如果火起来就把头伸进空气锤里打死算了。"得知这一情况后，监狱立即将该犯调离空气锤劳动岗位，安排从事劳务加工，并落实责任民警进行包教和相应的监控措施，及时消除了安全隐患，有力地维护了监管安全与稳定。

（3）增强了民警工作的主观能动性和责任心，极大地改进了民警的工作作风。一是犯情"日收日解"制度规定，当日犯情必须当日解决，对日汇报中反映的问题及服刑人员心情"晴雨表"中反映为"雨天"的罪犯必须采取有效、务实的手段，如采取个别谈话、调查了解、带罪犯就诊等办法予以处置、化解，化解不好的就要落实好严密的监控措施。并要求作好记录，当天做了什么就要记什么，处理到什么程度就要记录到什么程度，并作好相应的汇报，使各项工作有所衔接。二是如因民警未对犯情进行及时化解、责任心不强、方法不当，造成一定后果或导致监管事故发生的，视情追究值班民警及相关人员的责任。因此，自"日收日解"制度实行后，分监区值班民警进监查看犯情日汇报、化解处置犯情成为每晚必做的一项工作，现在我监民警称该项工作为"家庭作业"。从而实现了从以往罪犯找民警解决问题向现在民警主动发现和解决问题方向转变，基层民警工作作风更加务实。

（4）增强了罪犯积极改造的信心，使改造环境更为和谐。一是实行犯情"日收日解"制度以后，因各类矛盾化解及时，监内违规违纪的现象明显减少，改造正气上升。二是民警的敬业作风使罪犯的改造信心增强，集体荣誉感增强，信访问题明显减少，改造环境更趋和谐。

(5) 打击歪风邪气，弘扬改造正气。有了全方位、立体式的信息来源，使想违规违纪的罪犯胆战心惊，时时处处受人监督，从而有效地打击了监内歪风邪气。如六监区二分监区罪犯赵某说:“现在警官的工作非常细致，罪犯的一举一动都能马上掌握，不积极改造肯定是没有出路的。”据统计，实施犯情“日收日解”工作机制四年来，监狱没有发生一起通过外来人员带违禁品的现象，罪犯带手机、打手机等现象也从未发生。

(6) 是一项保护民警职业安全的工作机制。只要民警在值班期间做了该做的工作，认真履行值班职责，那么其心里是踏实的，真的有问题应该说已经是尽力而为了，或者说是尽心尽职了，一方面是问心无愧，另一方面在责任追究上也会大大减轻或者是免于追究。

案例一 罪犯毕某，20 岁，男性，云南广南人，因犯盗窃罪被判有期徒刑一年六个月。该犯性格内向，与人沟通少，因体弱多病，自进入分监区改造以来，民警专门布置学习组长加以引导、帮扶和关注，有情况及时汇报；该犯所在小组信息员多次汇报该犯咳嗽等生病症状时，分监区民警均及时带该犯去监区卫生所就诊，因医疗器械条件有限并不能完全确诊该犯的病情，只能就表现的症状开点药服用，并跟踪观察治疗；期间，分监区民警曾找该犯询问身体情况如何，该犯表示还是老样子，没什么变化；后因病情症状加重，根据相关的规定要求，送监狱医院加以观察治疗，监狱医院针对相关症状进行对症治疗，效果不明显，情况未见好转，于是转龙游县中医院进一步观察治疗，途中曾出现神志不清情况，两天后在县中医院治疗无效死亡。后经法医鉴定：毕某是由于全身血行播散型粟粒型结核病（急性粟粒性肺结核），累及肺及其肺膜、脾、肾等，因吸收组织坏死崩解产物致严重中毒而死亡。该犯家属在处置后事时来了很多人，对死因有疑义，要求法医鉴定，要求检察院了解治病过程。最后终因监狱在工作中的细致而没有办法责怪狱方。

案例二 罪犯赖某，江西上饶人，19 岁，男性，小学文化，因犯抢劫罪被判处有期徒刑 3 年，刑期自 2005 年 12 月 23 日至 2008 年 12 月 22 日。2006 年 6 月 8 日入监改造，从事剪线毛劳动。该犯自入监改造以来，因家庭关系不好，表现不稳定，性格内向，心胸狭窄，头脑简单，与同犯关系较差。

2007 年 4 月 2 日罪犯吴某因不小心踩到罪犯赖某固定小剪刀的链条，赖某就用眼睛瞪了吴某一下，吴某也瞟了一下赖某，之后吴某转身准备离开，赖某就用右手握起小剪刀，用力拉断固定在小烫台上的链条，向吴某后颈部位刺去，连刺两下，导致吴犯后颈部及右手中指指头被刺伤，吴犯后颈部位皮肤被刺伤 1 厘米长、半厘米深，缝了两针。经审讯，罪犯赖某交代，2007 年 4 月 1 日晚上躺在床上想到父母从小对自己不关心，对其弟弟好，而怨恨父母，企图通过伤害他人达到让其父母赔钱的目的，想到很迟才睡去。该犯所在小组信息员在当日的汇报是“赖某晚上吃完饭回监舍不报数，看上去在想什么，注意力一点也不集中”。事后提审赖犯，赖某说 4 月 1 日晚上，他想将自己的组长秦某刺死，因为秦某在厂里经常督促他劳动，第二天秦某正好离开小烫台去车位帮忙，赖某没机会下手。

案例三 一监区五分监区李某，因患肺结核在监区卫生所被误诊为感冒，小组信息员连续三天汇报该犯身体很差，第四天信息员汇报该犯高烧 40 摄氏度。民警处置该犯情时，在处置记录中写“加强教育引导”，处置不恰当。幸亏后面抢救及时，而没有导致罪犯死亡。后来，有一位教导员总结道：犯情“日收日解”工作机制如果做不好，就成了一副手铐，因为白纸黑字证据留在那里。

（7）在规范津、补贴背景下，“日收日解”机制是强化民警岗位职责、减轻各级领导压力的一项工作机制。规范津、补贴以后，有部分40岁左右的在分监区领导岗位上的民警，认为压力过大，想辞去职务的较多。因此，该机制可以将管教工作的千斤担子予以分解。

4. 开展犯情“日收日解”工作中应注意的几个问题

（1）对犯情日汇报中的问题要分清主次，合理分工解决。比如分为需就医的、需谈话的、需批评教育的，由分监区当晚进监民警分工负责。

（2）处置中发现危险性没有消除的，要作好夜护监监控和犯情信息互馈工作。

（3）开展考核、评比，兑现奖罚。每月开展犯情“日收日解”工作专项竞赛，对各监区进行评比排名，在民警中开展“日收日解”能手评比，对优胜监区、优胜分监区及“日收日解”能手进行奖励。在罪犯中开展优秀信息员评比，给予考核和物质奖励，从而推动这项工作能够持久、深入地坚持下去。

（4）对信息员的考核、评比方法要全面，要进行民主测评。

（5）信息员收集信息应该以帮助罪犯解决困难、矛盾纠纷为主。检举揭发则应主要依靠耳目。

（6）要经常对信息员开展培训，提高信息员收集信息的能力。

（二）**“和谐101工程”**

1.“和谐101工程”含义及实施办法

“和谐101工程”就是在监狱的统一组织下，把具有顽固性、危险性，心理情绪行为等有问题的罪犯作为受助方，在分监区领导集体决定和管理、不暴露罪犯协调员结对性质的保密前提下，由协调员与受助方结对，通过协调员对受助方的接近、关心、谈心、规劝等方式，搜集受助方信息，对受助方从心理上提供正面引导，促进罪犯心理行为健康，确保监管改造秩序和谐稳定的一项工程。

“和谐 101 工程”的具体实施办法如下。

（1）受助罪犯的确定。

深入排查，找准受助对象，是“和谐 101 工程”的第一步。要认真摸排，确实将具有顽固性、危险性，心理情绪发生变异及有自杀倾向的罪犯作为受助方。

（2）协调员罪犯的确立与审批。

确立协调员，应以罪犯自愿为原则，应以同受助方原来关系比较好的，或老乡、劳动岗位或住宿在一起的为优先。大量使用诈骗犯，利用其擅长揣摩人心理的特点。在确立结对对象前，民警应探询协调员罪犯对结对的看法，如罪犯觉得不匹配或有些顾虑，难于与对方建立结对关系，应另选他人。分监区领导讨论决定“和谐 101 工程”结对对象后，填报“和谐 101”确立审批表报监区、监狱狱侦支队批准。在确立结对关系后，分管民警应向协调罪犯宣布活动的任务、职责、方式、管理考核的要求及奖励措施，让协调罪犯消除顾虑，明确活动要求，使活动能够得到较好的落实。“审批表”及协调员汇报材料等有关资料，由分监区分管改造领导负责管理，注意保密。

（3）协调员罪犯的条件和活动的任务、职责及方式。

①条件。作为协调员罪犯一般应符合以下条件：初中以上文化程度，入监在一年以上，改造表现积极稳定，具有一定的交流沟通和信息搜集反馈能力，能够为我所用、保守秘密、服从分管民警指派，与受助方罪犯能够匹配。但是与受助方关系比较好、劳动岗位或住宿在一起、能为我所用的情况，可以不受上述条件限制。

②任务。协调员罪犯的主要任务是，收集受助罪犯思想情绪行为表现，及时报告民警；与受助罪犯搞好人际关系，给予引导规劝，稳定受助罪犯改造情绪，达到共同进步。

③纪律。对协调员罪犯有以下禁止性规定：不得有不利于监

管安全的行为，不得利用协调关系向其他罪犯谋取不允许的个人利益，不得伤害其他罪犯的心理情感，不得暴露协调任务目的，不得欺下瞒上、欺骗隐瞒民警，不得有制度纪律规定禁止的其他行为。

④活动程序。在审批确立为罪犯心理协调员后，负责该项工作的分监区分管改造领导要找该心理协调员进行一次必要的岗前谈话，具体内容包括：一是说明结对目的，即一切工作要以安全稳定为前提，以帮助教育和转化为目的。二是培训其接近的方法。要求协调员自然、主动接近被帮教对象，不能暴露身份。三是明确协调员的纪律，不得引诱或煽动被帮教对象去违规违纪，心理协调员也不得以工作为借口参与违规违纪。四是汇报方式。一般情况采用月思想汇报方式收集，紧急情况下及时想办法汇报。五是宣布奖惩考核办法。在遵守监规纪律的前提下，协调员尽量接近受助罪犯，搞好关系，尽可能取得其信赖，收集对方思想反映；对受助罪犯提供真诚、平等、具体、实际的经常性心理开导和帮助，稳定受助罪犯的思想情绪。

（4）结对活动的组织与管理。

对结对工作实行分类配对、分类考核、分类奖励的办法。根据受助罪犯的危险性质，挑选协调员，做到科学匹配与分类配对，避免同病相怜。如对悲观绝望有自杀倾向的受助罪犯，应配对情绪良好、意志坚强的罪犯做协调员；对脾气暴躁、有暴力危险的受助罪犯，应配对人际沟通能力强、情绪控制力好的罪犯做协调员；对经济条件差的受助罪犯，应配对经济条件较好的罪犯做协调员。对活动效果的考核以受助罪犯主要问题是否得到控制和转变为主，针对受助罪犯主要问题进行分类考核，并以此兑现奖励。

每月分监区根据危险犯的状态进行分析后形成的意见由分管民警或分监区领导对协调员布置一次任务，在民警认为需要的情况下，可即时布置任务。对于结对效果不明显的，或关系出现不融洽等，应及时撤换协调员。

协调员罪犯和受助罪犯既受分管民警的管理和教育，同时又受监狱心理矫治民警的指导和咨询。监区应经常对分监区工作情况进行检查指导，每季度向监狱作书面汇报。

2. “和谐101工程”的功能

（1）心理协调的功能。通过理解和沟通，防止受助罪犯心灵的孤独，让受助罪犯心理得到平衡与温暖，从而使行为得到改善和发展。

（2）摸准信息的功能。要求协调员利用与受助罪犯的特殊关系，仔细搜集危险性苗头及罪犯心理行为特征，并将有关信息以隐蔽的方式及时向民警汇报。

（3）关心照顾的功能。通过协调员对受助方提供生活上的关心照顾和一些生活物质上的帮助，可以提高受助罪犯对监禁生活的适应性，体会到同犯之间团结互助的温暖。

（4）规劝引导的功能。通过协调员对受助罪犯在日常交往中朋友式谈心和规劝，可以起到引导受助罪犯改变错误思想，改变恶习，防止违规违纪行为，走积极改造道路的作用。

（5）共同进步的功能。“和谐101工程”，既连接着罪犯与罪犯，又连接着民警与罪犯，既能够让受助罪犯获得帮助得到提高，也能够使协调员罪犯更严格地自我要求，达到共同进步。

3. 开展“和谐101工程”的意义及效果

“和谐101工程”的深入实施，使隐藏在罪犯内心深处的各种想法、心理困惑都能通过管教民警、心理咨询民警和罪犯心理协调员多方面的教育、沟通加以引导、解决，构建起监狱良好的心理引导和监管安全工作机制。十里坪监狱通过3年多来的实践运作，取得了显著的效果，每年对100多名患有不同心理疾病或心理情绪严重的罪犯进行及时的危机干预，使他们走出了困惑的心境，走上了正常的改造道路，为确保监管安全奠定了基础。其成效主要体现在：

（1）信息收集更早、更快、更准了。从传统耳目以旁观者的身份收集犯情到主动走进防控犯内心收集犯情。如老年犯胡某，系文盲，既不会讲也听不懂普通话，只会讲闽南话，性格非常内向，沉默寡言，整天不与他人接触也不讲一句话，独来独往，存在很大的危险性。根据其实际情况，监狱安排其老乡接近他，有意无意地与其聊天，取得胡犯的信任，从而为民警获取很多的信息，分监区对症下药，使胡犯走上了积极改造的道路。

（2）罪犯发泄、倾诉的渠道更多了。如罪犯吕某患有高血压等多种疾病，心理问题也多，经常发牢骚，找民警提各种要求。通过"和谐 101 工程"结对后，该犯感觉找到了知音，只要有事都去询问心理协调员，改造表现明显好转。

（3）罪犯之间的帮扶作用更明显了。如罪犯吕某脾气暴躁，刑期短，自控能力差，容易冲动，平时违规较多。心理协调员李某平时对其给予生活上的关心和照顾，帮助解决实际困难，取得了吕犯的信任，有目的地进行沟通、规劝，使罪犯吕某的改造面貌焕然一新，从原来经常性地违规违纪变为维护监规监纪的模范，成为分监区的改造积极分子。

（4）部分顽危犯与民警之间的关系得到了调和。心理协调员像是顽危犯与民警之间的"润滑剂"，起到了调和的作用。因民警与罪犯身份不一，极易产生难以逾越的鸿沟，而"和谐 101 工程"犹如架起了一座桥梁，用"婆婆嘴、妈妈心"磨出了正气，构建了和谐。

（5）心理协调、矫治的途径拓宽了。心理协调员如业余心理医生，通过他们，一些顽危犯的心理问题和心理困惑得到了解决。如罪犯胡某因杀死妻子家庭关系很差，患有一定的忧郁症，改造积极分子、同籍的另一名罪犯被确定为心理协调员后，利用老乡优势，经常与胡某聊天，消除其心理障碍。

4. 开展“和谐101工程”中应注意的几个问题

（1）注意保密工作，从协调员罪犯的确立、任务的布置、信息的搜集、情况的处理等各方面，均应在分监区领导及分管民警的范围内，注意保密。当协调员身份暴露，或结对双方关系破裂时，民警应及时作好调节或调离等处理工作，减少负面影响，消除隐患。

（2）注意为协调员罪犯的帮助活动提供必要的时间、空间和较为宽松的环境，便于协调员罪犯接近和影响受助罪犯。

（3）注意对结对双方罪犯的管理和监控。既要加强对受助罪犯的严密管理控制，又要注意对协调员罪犯的管理教育，确保各项活动均在民警的监控之下，保证监管秩序的稳定。

（4）要求精不求多，注重质量。

（三）“索情锁证”工作

1. “索情锁证”工作的含义

“索情锁证”工作制度是指监狱接收新犯时，对每一名新入监罪犯的既往病情、身体状况、思想状态、家庭关系、家庭遗传病史、个人兴趣爱好和专长、携带的物品、认罪态度等信息进行调查摸排；在罪犯刑满释放前填写罪犯刑满释放信息调查表，即由民警主动“索取”影响罪犯改造及日后可能导致纠纷的各类情况。通过填写调查表、个别谈话、制作笔录、固定录音、进行录像等手段“锁定”证据，并由罪犯本人签字确认，为今后改造中民警教育、防范、控制、改造罪犯提供翔实的信息，并为今后可能产生的各类纠纷提供有力的证据。

2. “索情锁证”工作的范围

（1）入监分监区民警负责逐个对新入监罪犯按浙江省十里坪监狱收押罪犯信息调查表所列内容进行询问并作好情况记录，询问结束后由罪犯本人在调查表相应位置上签字按手印确认。新入监罪犯包括收押的新犯、新调入本监罪犯和外调回监罪犯。

（2）罪犯在改造过程中发生身体伤害、生理和心理等疾病，由该犯所在分监区民警负责收集相应证据材料。

（3）建立罪犯病历资料管理库。监狱医院应当建立罪犯病历资料管理库，对罪犯入监体检、门（急）诊病历、住院病历（含急诊观察病历）、门诊登记、门诊处方和所做的各类检查报告单、X光片等资料，一律归入监狱医院病历资料管理库。

（4）罪犯出监前一周，由该犯所在分监区民警按浙江省十里坪监狱罪犯刑释前信息调查表所列内容进行询问，并作好记录，询问结束后由罪犯本人在调查表相应位置上签字按手印。

3. "索情锁证"工作的方式和内容

（1）对监狱收押罪犯信息调查表所列内容的每个问题均显示正常、无明显隐患和问题的罪犯只进行正常的谈话教育，深挖犯罪根源，增强改造信心，下达改造任务等，并作好记录。

（2）对于在浙江省十里坪监狱收押罪犯信息调查表中显示有问题及隐患的罪犯分别作如下处置：

①对罪犯不服法院判决的，详细询问原因，作好疏导教育，稳定其改造情绪，并帮助其深挖犯罪根源，重点强调犯罪所带来的社会危害性，并在审阅意见栏详细签署处置意见。

②对于入监时体质较差的除作好情况了解和教育引导外，落实相应的责任人加以监控，防止和杜绝意外事故发生，对有病的罪犯要及时就医。有肢体缺损的，作好相应的笔录或拍照、录像，固定证据归入副档。

③对入监前身体受到伤害、留有后遗症的，及时带其到医院检查并及时作好笔录，连同笔录和就诊检查材料一起归入副档，并作好疏导教育，稳定其改造情绪。

④对入监前患过特殊或较严重疾病的，须问清当前的病情，若病情严重或存在安全隐患的，须作好笔录，并及时到医院就

诊，连同笔录和就诊资料一起归入副档。

⑤对家族、父母中有遗传病史（特别是精神病史）的，须问清病史情况及罪犯自身有无病发史，若有，作好相关笔录归入副档。

⑥对以前有过昏厥史的，须问清昏厥的原因，以及当时相关情况，家族、父母有无昏厥史以及当前罪犯身体状况，并作好笔录归入副档。

⑦对身体有残疾、有明显外伤的罪犯，应在调查表中详细说明，作好笔录，拍照或录音，并及时带医院就诊，将病历、笔录、照片等资料归入副档。

⑧对于罪犯改造有疑虑、改造无信心或其他改造特殊情况的，及时进行疏导教育，提供相应的帮助，化解罪犯的心理疙瘩，并在新入监罪犯情况调查表中予以记录。

⑨有贵重物品的妥善保管或妥善处理。

⑩罪犯在入监期间，组长反映该犯有异常举动的，要取旁证进行印证，并归入副档。有异常情况的，还可以在同组、同车、同学、同乡的犯群中了解情况，作好笔录归入副档。

(3) 罪犯在改造过程中发生身体伤害（如发生狱内伤害案件、打架伤害、工伤等）的要及时做好笔录、拍照工作，对患有严重生理或心理疾病的罪犯要及时送医院诊治，并按罪犯病历资料管理要求管理好罪犯的病历资料，对笔录、拍照、鉴定材料等要及时归入副档。

(4) 在监狱罪犯刑释前信息调查表中每个问题显示正常，无明显问题和隐患的，即进行正常的出监教育。如在调查表中显示有问题及隐患的则分别作如下处理：若改造失败，则作相应的原因分析；若该犯表示自己有病，要及时了解情况，作好记录，并带医院就诊，同时保存相关资料归档；若该犯有肢体缺损的，查清具体情况及引起的原因，作好记录，必要时留下音像资料归档；若表示在监狱受到过不当待遇的，则要询问详细情况，并作相应的调查，保全相关证据归档；若该犯无法与家人取得联系，则须与村委会或当地派出所取得联系，并妥善处置。

4. “索情锁证”材料的管理

（1）浙江省十里坪监狱收押罪犯信息调查表、浙江省十里坪监狱罪犯刑释前信息调查表以及罪犯改造过程中发生身体、生理、心理变化等所记录内容及相应的笔录、音像等资料归入副档，单独装订，列入移交，并在档案材料移交表内的其他材料栏写明。特别是在呈报罪犯减刑、假释时，要加强该材料的保管，做到及时归档。

（2）罪犯病历资料的管理。入监监区负责作好健康档案的制作，健康档案内容包括入监体检登记表、门诊病历等资料。新犯分配时，健康档案按照监区分类，并移交给各个关押点的卫生所负责统一保管。罪犯在改造过程中患病，民警带罪犯就医时必须妥善保管门诊病历，就诊结束及时交监区医务室保管，由监区医务室统一存放到罪犯健康档案内保管。罪犯 X 光片统一由监狱医院放射科保管，罪犯化验单等辅助检查材料（住院期间的除外）由各监区医务室保管。

5. 具体要求

（1）浙江省十里坪监狱收押罪犯信息调查表、浙江省十里坪监狱罪犯刑释前信息调查表的填写与归档，分别由首次收押罪犯的分监区和该犯出监所在分监区负责。罪犯在改造过程中发生身体伤害、生理、心理疾病等的“索情锁证”工作由该犯当时所在分监区负责。浙江省十里坪监狱收押罪犯信息调查表的填写要求在罪犯新入监三日内完成。

（2）必须有两名以上民警负责浙江省十里坪监狱收押罪犯信息调查表、浙江省十里坪监狱罪犯刑释前信息调查表所列内容的调查工作，调查结束后，要求在调查表上签名并署明日期。被调查罪犯必须在调查表上签名捺印。

(3) 对于调查结果中显示有隐患或各类问题的罪犯必须当天谈话处置；对于相对正常的罪犯可以置于第二天或第三天完成谈话。

(4) 在新犯临近分配前，由所在小组的组长填写该犯在入监改造期间的异常举动，并署名捺印。

(5) 入监监区收押的罪犯由入监监区制作好"索情锁证"情况检索表备查。

(6) 在办理罪犯释放材料时，"索情锁证"材料不得丢弃，须随副档继续保存。

6. 开展"索情锁证"工作的意义

(1) 犯情预防、分析方法进一步丰富。预防工作是一项源头性、长期性的工作，需要从始至终进行基础信息材料的准备、收集、完善、分析，并使之形成一贯连续性。"索情锁证"工作制度的推行，使犯情收集方法进一步丰富，所有新入监罪犯基础材料、个体信息的收集、整理、查找更加便捷、迅速。

(2) 民警主动掌握犯情的渠道进一步拓宽。"索情锁证"工作制度，关键在"索"和"锁"，"索"的前提就是主动去了解、掌握、挖掘表象的和潜在隐患、信息；"锁"的表现形式就是借助文字、录音录像、原始记录等固定所需要掌握的，以及可能影响罪犯改造和监狱安全稳定的潜在证据，使犯情掌握进一步拓宽。

(3) 涉及罪犯个体的潜在问题进一步规范。罪犯入监前的不利因素或者遗传性、隐性问题，事先加以了解、固定，不仅使这些潜在的问题纳入监狱统一文档规范管理，而且具有很强的证明力、说服力，可有力回击少数罪犯及其家属一些无理的要求。

(4) 监狱自身维权意识进一步强化。"索情锁证"工作具有积极性、主动性的特点，对于推进监狱执法文明、规范化提供了平台，使监狱及民警作为管理、教育、刑罚执行者自身应有的权益得到主动维护，为避免不必要的涉医、涉法、涉访纠纷作好了充分准备。

（四）每月一期的“改造内参”

1. “改造内参”的含义

针对罪犯开展“你最想对警官说的一句话”调查，对罪犯在服刑改造期间方方面面的问题，用最简短的一句话形式表述出来，监狱则针对罪犯在一定时间段内最为关注或热议的问题，调节日常的管教工作，这是十里坪监狱在狱情收集上的又一条重要的渠道。

2. “改造内参”的操作方法

（1）每月统一时间，由狱侦、狱政、教改、生活等四科男民警，分成四个收集小组，按每个分监区押犯数15%的比例，对全监抽取的罪犯进行“你最想对警官说的一句话”无记名书面调查。

（2）调查收集采取当场发放和当场回收书面调查表的方式进行。

（3）调查表回收后，统一由狱侦支队负责整理、归类、统计罪犯反映的各类问题，根据填写“一句话”罪犯所在监区及内容进行分类汇总，汇编成“改造内参”，供监狱主要领导和各押犯单位改造领导参阅。

（4）对一些敏感的问题或者事态较严重的问题，由监狱指定部门或有关人员进行调查核实，对一般的问题则由监区查处或落实，并将解决、落实的结果反馈狱侦支队。

3. 取得的成效

（1）倾听罪犯原汁原味的声音；

（2）提供各级领导作工作决策的参考；

（3）反映各单位工作情况的一面镜子；

（4）改进民警的工作作风；

（5）监督监狱各项法规、制度和政策的执行情况。

（五）“公开悬赏法”收集犯情信息

1.“公开悬赏法”的含义

“公开悬赏法”是指监狱通过向在押犯、犯属、外协人员、民警职工公开犯情收集的内容和奖励标准，并对提供犯情信息和各类监管安全隐患的人员予以奖励的一种犯情收集办法。信息分一般信息、重要信息及特大信息。一般信息主要是指反映罪犯严重违规违纪行为及一般的监管安全隐患的信息；重要信息主要是指提供狱内一般案件或预谋案件线索及重大的监管安全隐患的信息；特大信息主要是指提供狱内重、特大案件和恶性事故线索及特大的监管安全隐患的信息。

2.“公开悬赏法”的操作方法

（1）对劳务师傅等外协人员的公开悬赏采用发放悬赏收集犯情信息卡片、每月一次的电化教育说明等办法进行动员，鼓励外协人员反映犯情信息。

（2）对全体罪犯公开悬赏，在公开教育的基础上，从罪犯月思想汇报中筛选有价值的线索，罪犯在填写月思想汇报时应当署名，监区调查时应作好保密工作。

（3）对罪犯家属公开悬赏，主要是对向监狱反映情况并对预防狱内案件起到积极作用，或协助查获狱内案件的罪犯家属进行悬赏。

（4）对民警职工公开悬赏，主要是对提供狱内案件线索或破获狱内案件的人员进行悬赏。

（5）各单位对收集到的信息，经查证属实后进行分类，一般信息于每月 26 日前上报狱内侦查支队，重要信息、特大信息及时报告。

（6）由监狱犯情信息评估领导小组对各单位上报的信息进

行鉴定，并确定奖励级别。

3. 奖励办法

监狱成立犯情信息评估领导小组，由分管改造副监狱长任组长，管教四科领导任组员。具体工作由狱内侦查支队负责落实。各监区要成立相应机构，负责本单位的此项工作。

对一般信息的提供者，监狱将给予 50～100 元的物质奖励，对罪犯同时给予考核分奖励或行政奖励。对重要信息的提供者，监狱将给予 200～500 元的物质奖励，对罪犯同时给予行政奖励或依法提请减刑，对民警可同时给予行政奖励。对特大信息的提供者，监狱将给予 1000～5000 元的物质奖励，对罪犯同时给予行政奖励或依法提请减刑，对民警可同时给予行政奖励。

（六）罪犯月思想汇报犯情信息收集法

1. 罪犯月思想汇报犯情信息收集法的基本含义

由监区统一到各分监区组织罪犯填写月思想汇报表。填写前应向罪犯说明开展罪犯月思想汇报的目的是及时解决罪犯中存在的各类问题、困难、安全隐患、合理化建议，改进分监区、监区的管理。并向罪犯说明表格填好以后监区予以封存，对提供真实信息的人予以保密的承诺，倡导罪犯实事求是地反映问题。对好的建议及有价值的线索，应予以奖励。

2. 罪犯月思想汇报的内容

向民警汇报的一般想法、包夹对象的情况、合理化建议等。文盲犯应由罪犯本人自愿委托他人填写，监区予以合理的安排。

3. 收到犯情及问题的处理

罪犯月思想汇报工作开展后由狱侦干事负责查阅、整理、汇总罪犯反映的各类问题。由监区分管改造领导布置责任人予以限期整改，及时化解各类犯情。

（七）罪犯分群管理

1. 罪犯分群管理的内涵和基本特点

分群管理就是指监狱根据罪犯服刑后所表现出来的某种特征进行划分，将具有共同特征的罪犯划为一个群，实行以群为单元进行统一管理、教育、考核，从而达到对罪犯进行有效管理、教育、矫治的一种管理模式。多层次分群管理是指罪犯入监后由监狱、监区、分监区从管理的需要和实际出发，根据罪犯的不同特征进行多层次分群，并根据各个犯群的特点按犯群进行管理的模式。分群管理根据不同群的特点，实行因群施管，因人施教，有针对性或有重点地采取相应的管理教育措施，在不同犯群间实行差别化管理、教育、考核，在相同犯群内实行统一管理、教育、考核。这种管理模式是对传统管理模式的一种反思与创新，传承于分类管理又有别于传统的分类分押管理，也区别于罪犯分级处遇，在实践中常表现其自身特有的特点。

（1）分类管理以犯罪类型或罪犯性别、年龄为划分依据。按照犯罪类型将罪犯分为财产型、暴力型、性罪犯、盗窃犯、过失渎职等五类；根据性别将罪犯分为男犯和女犯；根据年龄将罪犯分为成年犯和未成年犯。根据每种划分规则将不同类型的罪犯实行分开关押，同时根据每个类型罪犯心理、行为和思想特征采取不同的管理手段和环境布设。这种分类分押的依据是以在入监前就已经体现出来的特征进行划分的，是一种对罪犯最简单的划分方式。而分群管理是依据罪犯服刑后所表现出来的某种特征为依据，如罪犯服刑后检查出患有疾病、罪犯的改造考核表、罪犯的余刑等。这些特征都不是罪犯在入监之前就已知的，而是通过民警的工作或罪犯服刑到一定阶段所表现出来的。

（2）罪犯分群管理体现同质公平竞争原则。同质公平竞争是指使条件相同、性质相似或水平相当的人在同一条件下进行公开平等的竞争。分群管理也正是体现了同质公平竞争原则，利用条件相同或水平相当的罪犯开展改造竞赛来激发罪犯的改造积极性，让罪犯在群内比较中找到自己与他犯的差距，在找差对比中找准自己的位置。

（3）执法的公正性能得到更好的体现。社会主义法治的基本价值取向就是公平和正义。只有执法公平才能体现正义目标，才能实现刑事司法的最终目的。通过分群管理，实现罪犯在改造中的同水平比较，同标准管理、考核，减少罪犯改造起点的差别，有利于执法标准的掌握和执行。这样的考核管理在一定程度上减少了民警执法的主观性，增加了执法的客观性，使执法的公平性更有保证。

（4）分群管理贯穿罪犯改造全过程。分群管理中，群是一种动态的概念，罪犯分入一个群后不是一成不变的，随着改造中某些特征的出现或消失而又被重新划入不同的群体，这样使罪犯始终处于比较好的改造状态。如某罪犯刚入监就被划入到新犯群体，当经过新犯群体进行改造生活适应性学习训练后，监狱就根据罪犯在新犯群中学习训练所表现出来的特征进行初次分群。一般的罪犯投入到正常监区改造，有特殊特征的就分入专门监区或分监区进行改造，如老病犯就分到老病残犯监区进行改造。罪犯分到分监区后首先进入分监区高度戒备管理小组进行集中管理、学习，经考核合格后就进入正常小组改造，当他有一天当上杂务犯后又进入到杂务犯群，减刑后即将刑满又到另外一个群——即将刑释罪犯群。

（5）分群管理体现了罪犯管理、教育、改造精细化的要求。分群管理是一种根据罪犯的不同特点，结合罪犯改造实际需要进行分群，并通过细化犯群考核标准，推行比较式管理、比较式考核，使对罪犯管理的力度、深度和广度都得到提升，改变了过去那种管理上吃“大锅饭”的情况，真正把因人施教、因人施管的教育理念落实到工作实际中去。

2. 分群的标准和依据

(1) 根据罪犯生理或心理健康状况进行划分。根据罪犯身体健康状况将罪犯分成病残犯群和身体正常犯群，根据罪犯心理状况将罪犯分成精神疾病或心理疾病犯群和心理正常犯群。这种分类标准贯穿于罪犯整个服刑期间，一方面是通过罪犯入监教育期间的索情索证，将身体上有疾病或残疾的划入病残犯群，对有精神或心理异常的，组织专门医疗机构进行鉴定；另一方面是在罪犯服刑期间，如发现有精神异常的，也要及时组织专门医疗机构进行鉴定。对鉴定出有精神或心理疾病的罪犯，划入一单独的精神或心理基本犯群进行集中收治。其他的划入一般犯群。

(2) 根据罪犯在改造中的现实危险性将罪犯划分为高危犯群、危险犯群和稳定犯群。将那些有现实危险，随时都有可能发生监管安全事故的罪犯划入高危犯群。把那些有疑似精神病、吸毒史、酒精或药物依赖、有自伤自残和自杀史的以及有其他危险因素的分入危险犯群。那些改造表现稳定的划入稳定犯群。

(3) 依据罪犯是否有减刑（假释）机会将罪犯分成无减刑（假释）机会犯群和有减刑（假释）机会犯群。无减刑（假释）机会犯群是指那些刑期过短的，在执行期和考核分方面都达不到减刑（假释）最低条件的，以及减刑后留有余刑的即将刑满释放的罪犯组成的犯群。这部分罪犯因没有追求的目标和改造动力，目前也没有什么特别有效的激励措施，往往成为目前监狱管理中的一个难点。有减刑机会犯群是指由那些通过努力可以获得减刑的罪犯组成的犯群。这部分罪犯有明确的奋斗目标，管理也相对容易些。

(4) 依据入监时间的长短将罪犯分为新犯群和老犯群。新犯入监时间短，对（分）监区的改造环境不熟悉，需要一个熟悉适应的过程，因此要对这个犯群进行特别管理，使之在行为养成、遵规守纪、劳动技能掌握上都能较快适应分监区的改造环境。老犯适应分监区的改造环境，不需要进行特别的管理。

(5) 依据罪犯在现实中的改造表现，通过一定的程序分别评选出改造先进犯群（改造积极分子犯群）和改造后进犯群。通过一定的程序每年评选出改造积极分子，让他们单独组成一个群。同时每月进行民主测评，将那些改造态度不端正、改造表现差的罪犯选出来，单独组成一个后进犯群进入提高班学习。

3. 罪犯分群管理的主要措施

(1) 作好分群工作。开展多层次的犯情收集工作，如通过入监监区的索情锁证进行第一次犯情收集，并按照第一次收集到的表现特征进行初次分群。投入监区改造后，通过个别谈话、犯情日收日解、耳目反映、心情晴雨表等渠道进行犯情收集，根据这些动态收集到表现特征再对罪犯进行多次分群。

(2) 强化民警工作执行力。分群管理是一项差别化的管理措施，是一套精细化的管理理念。需要提高民警对分群管理的认识，特别是各级领导的重视，需要各级组织、基层民警共同参与。要建立民警工作检查督促机制，不断强化民警工作执行力度。要建立犯群定期分析制度，监区每半月进行一次犯群情况分析；分监区在每周的犯情分析会上，分管民警要就各分管犯群进行汇报，分监区民警进行集体研究，解决犯群管理过程中存在的问题。

(3) 深化对比式管理。根据心理学家马斯洛的需求理论，应适度满足罪犯在监内的有关需求，以激发罪犯改造积极性。分群管理正是通过群间的反差式对比管理，体现不同犯群之间的差别，通过群内的比较式管理体现罪犯之间改造表现差距，并通过丰富对比式管理内涵，满足罪犯在监内的物质和精神需求。在群间通过高低戒备度对比式管理让罪犯亲身体验管理处遇的差距，刺激罪犯走积极改造之路，在群内通过考核排名满足罪犯心理自尊的需求。通过平时教育，用奖惩政策进行引导，营造一种积极改造为荣、消极改造为耻的氛围，然后对每个群按设定好的考核项目进行考核。每周排出每名罪犯的名次，并将排名情况进行张贴公示，使犯人在这种排名中感受到自己与别人的差距。对于排在前面的犯人要在周点评会上进行表扬，使这部分罪犯产生一种荣誉感，从而获得心理上的满足；排在后面的人则会产生压力感，促使他们产生努力追赶的动力。

(4) 建立有效的考核机制。首先是在公平竞争中考核。根据每个群的特点，考核内容上各有侧重点。对病残犯考核侧重于改造态度和改造自觉性；对精神（心理）有疾病的犯群侧重控制，同时考核他们配合治疗的情况；对无减刑机会的犯群则主要从改造态度、内务卫生、遵守监规纪律和劳动任务完成情况等四方面进行量化考核；对有减刑机会的罪犯则按照“罪犯奖惩考核办法”进行正常考核即可；对新犯的考核则是从学习、内务卫生、遵守监规纪律、劳动技能掌握等方面进行量化考核；对后进犯群则侧重改造进步情况进行量化考核，把一个月来罪犯分群考核的结果与罪犯个人的奖惩考核结合起来。因为每个群内的罪犯都具有某些相同的特性，犯人间的差异较小，可比性较强，所以通过这种考核机制的建立使罪犯在改造中能比较公平地进行竞争。其次是建立多样化的奖罚措施。根据犯群的不同需求，按照罪犯群内考核情况分别给予大会表扬、罪犯考核分、分级处遇、物质奖励、行政或刑事奖励、文化娱乐等六方面的激励，使每个犯群中表现好的罪犯都得到相应的奖励，满足罪犯的不同需求。同时采取大会批评、扣分、行为规范学习、高警戒度分监区强制矫正、行政处分、禁闭等措施，对表现差的罪犯进行惩罚。

4. 多层次分群管理的实践成效

(1) 构筑安全防范新屏障，实现监管安全新发展。实行分群管理，将有精神问题的罪犯进行集中收治；将有现实危险的罪犯分三级管理，实现其劳动岗位的无危险劳动工具化；对改造表现不好、屡教不改的罪犯进行高度戒备管理；将过去分散在各个关押点的“危险源”分等级地集中在几个点，并在这些点配足警力，强化措施，有针对性地进行教育、控制和防范，牢固地构筑起多层次的新型安全屏障，使监狱的监管安全保障更加有力。

（2）营造自觉改造的好氛围，实现改造质量的新提高。首先是营造良好的竞争改造氛围。每名被分入相应群的罪犯，通过可以比较的量化考核，对自己的改造表现和所处位置有清醒的认识，从而也明确了自己的改造方向、努力目标，激发罪犯改造的自觉性和积极性。犯群内罪犯的充分竞争，加上犯群间的竞争，使整个分监区形成了浓厚的竞争改造氛围。试点分监区实行分群管理模式后，分监区的改造秩序明显好转，罪犯违规违纪现象明显减少，自推行分群管理一年以来分监区未发生一起罪犯打架斗殴等严重违规违纪行为，分监区罪犯劳动积极性、劳动自觉性与以前相比都发生了很大的变化。其次，短刑犯的管理难题得到了较好的解决。通过实行分群管理，将短余刑犯作为一个单独的犯群进行管理，并针对这个犯群的特点采取了排名、表扬、生活处遇、低度警戒小组、蓄发时间延长、每月免费两次拨打亲情电话等激励措施和采取批评、行为矫正班、高度警戒分监区强制矫正等惩戒措施，有效地解决了短余刑犯难管的问题。

（3）贯彻科学执法观，实现执法水平新提升。首先是较好地贯彻了宽严相济的刑事司法政策。通过分群管理后，使每名犯人都有获得平等进步和政府奖励的机会。分群管理在群间实行差别化管理，在群内实行无差别管理，使得罪犯之间的竞争变得更加公平，只要去努力都有机会获得奖励。通过分群管理使那些积极改造的罪犯不敢松懈，使那些身体、技能差的罪犯也能努力改造，真正做到宽严并济，因人施教，科学管理。其次是科学文明执法理念得到了进一步加强。过去有部分民警遇到比较难管的犯人，首先想到的是怎样用惩罚手段去惩治他，甚至出现体罚等违法执法的行为。分群管理后，分监区形成了良好的改造氛围，罪犯积极性有了明显提高，一些原来表现差的罪犯也表现出了明显进步。再加上实行以群为单位进行内部考核，民警自由裁量权缩小了，考核标准细化了，考核对象差距更小了，民警执法的公正性也明显提高，警囚之间的矛盾明显减少，罪犯对民警执法的满意度有了较大的提升，民警文明执法的意识也得到明显的增强。

（4）创新管理模式，实现警力资源新优化。当前中国监狱系统警力配置普遍不足，农场型监狱更为突出，远远达不到司法部创建现代化文明监狱的标准。工作要开展，监狱工作要发展，但监狱警力的缺口又不是短期内能马上解决的。如何合理配置现有警力资源成了很多监狱的一项重要课题。通过分群管理，对罪犯进行合理分群，让民警的管理工作更有针对性，更有重点性，对重点犯群，如精神病犯群、高度戒备管理犯群、老病残犯群等高危犯群在警力的配备上进行重点保证，优秀警力向这些重点犯群倾斜。一般犯群按一般配备，低度管理犯群以罪犯自我管理为主，配备少量警力，实现有限的警力在监狱内配置新优化。

（八）个别教育——多维量化考核工作机制

1. 多维量化考核机制的内涵

多维量化考核机制，是指在监狱的统一组织下，各监区对分监区一线民警的包干片区考核要实现“四无”，并在犯情掌握、“我心中的好警官”个别教育效果认可度测评、分管罪犯违规违纪、谈话教育记录、顽危犯转化及典型教育事例六方面对民警逐个进行量化打分，排出名次后作为个别教育能手评比依据。监狱将每季度进行汇总和综合评估，根据考核结果推荐出季度个别教育能手。在此基础上，评选出年度个别教育能手，并逐步将个别教育能手作为监狱最高荣誉。该机制坚持平时考核与集中考核相结合的原则，坚持多方面、多角度、多层面综合评比的方式，量化工作内容、量化工作效果，初步规范了监狱个别教育能手的评比机制。多维量化考核机制有两大特点：一是积极探索个别教育标准化、精细化的工作机制，用量化的办法衡量评估个别教育工作效果；二是监狱个别教育能手的奖励规格高、待遇高。

2. 多维量化考核机制的组织形式

多维量化考核机制的组织形式主要包括以下几方面。

（1）将“四无”要求作为量化考核机制的否决性条件。参与考核的民警管辖范围内无罪犯脱逃，无非正常死亡，无狱内重大恶性案件，无严重食物中毒和传染病爆发流行，发生以上事故的当月取消该民警的评比资格。

（2）将犯情掌握情况作为量化考核机制的基础。要求每位参与管理的民警对本分监区“无册点名”、顽固危险、重控罪犯的基础信息情况掌握良好。如果参与评比的民警对顽固危险、重控罪犯基础信息掌握不全面，对分监区所有罪犯“无册点名”不理想，根据量化标准扣相应单项分。

（3）将“我心中的好警官”个别谈话教育满意度测评作为量化考核机制的核心。民警对罪犯个别教育效果如何，应由罪犯来回答，也是最切实的考核标准。民警开展个别教育后，监狱必须就民警谈话教育效果在其分管罪犯中进行测评，测评分满意、较满意、不满意三个档次。监狱根据不满意档次的比例和满意程度进行考核，并划定该单项分。

（4）将分管罪犯遵纪守法情况作为量化考核机制的标准。该项考核作为民警个别教育效果的检验标准。它包括：一是分管罪犯严重违规违纪情况，如分管罪犯月内发生打架斗殴、私藏各类违禁品、制作危险物品或饮酒、对抗管教等严重违规违纪的，量化扣分。二是罪犯自伤自残情况，即无论何种原因，分管罪犯发生自伤自残事件的，根据标准，量化扣分。

（5）将谈话教育记录情况作为量化考核的依据。谈话教育记录情况规定：教育要有记录，要有谈话的目的、内容和效果三要素。监狱在考核中要查记录、与罪犯本人核对，检查谈话记录的真实性。民警未普遍找罪犯谈话、记录简单或不符合要求的，谈话记录弄虚作假、未谈话而记录的，则根据标准扣分。

（6）将顽危犯转化情况作为量化考核的补充和目的。监狱开展量化考核的目的，就是作好普通罪犯的教育和顽危犯转化教育工作。但根据转化的难易度，监狱对有顽危犯转化、教育任务的民警，根据工作业绩进行额外加分奖励。

3. 实施多维量化考核机制取得的效果

（1）为考核民警个别教育效果提供了较科学的标准，改变了以往传统的检查模式。以往民警个别教育，因为主要是检查谈话的次数和记录的情况，民警在实际落实中只注重完成的次数和记录，对教育效果不重视，存在应付的现象。通过多维量化考核的办法，使每位民警改变了观念，在达到次数的情况下，更注重教育的效果，从而促使民警增强个别教育的责任心，讲究艺术、讲究方法，真正发挥个别教育的治本攻心功能，使罪犯真正从内心得到转化，从而把个别教育工作做深、做细、做出效果。

（2）以“倒”逼的形式促使民警增强个别教育的能力。罪犯在改造生活过程中因外因和内因产生多样性的犯情，不利于监管安全的长期稳定。通过多维量化考核机制，对提升民警个别教育水平有以下三种作用：一是可以为民警确定个别教育目标，督促民警积极参与到个别教育工作中；二是强化了民警个别教育工作的基本功，及民警对分监区重控犯、顽危犯基础信息掌握情况的评比和考核，促使民警在日常管理和教育中有意识地关注这些情况，进而发现问题、解决问题，确保个别教育工作的及时性；三是促使民警丰富教育手段，讲究教育方法和提升教育艺术。通过在罪犯群体中开展“我心中的好警官”测评、谈话教育核对式的检查等互为评判标准、互为检测手段、互为影响结果的考核机制，促使民警反思教育改造方法是否妥当，教育手段是否丰富，教育效果是否明显等，不断提升了民警的管教艺术。

（3）增强了罪犯积极改造的信心，使改造环境更为和谐。“我心中的好警官”测评在无形中增强了民警工作的主动性和针对性，使民警能够更加细致地了解和关心罪犯的思想问题，特别是一些不善于沟通、性格内向、不主动找民警谈话的罪犯，成为民警重点关注的对象。

（4）便于整合教育资源，建立个别教育能手人才库。在日常罪犯管教工作中发现一批个别教育方面的能才，提炼他们的丰富经验和实践知识，通过言传身教、“一帮一带”等方式，提升全监民警在个别教育方面的整体素质。通过设立人才库，可以实现人力资源的优化和提炼，强化教育改造工作，并加速青年民警的培养，促进青年民警个别教育能力快速提升。监狱依托个别教育能手的评比，采取多维量化个别教育效果评估体系，树立典型，以实现树“点”带“面”的效果。

（5）改变以往以“个别教育论文和经验交流”作为个别教育能手评判的重要依据的问题。现行的个别教育能手评比中，通常将拟推荐的个别教育能手的经验交流材料作为评判的重要依据。不仅使经验交流论文质量上参差不齐，而且将经验交流材料的好坏作为评判个别教育能手的重要标准，这样就会扼杀一些教育经验丰富、成绩突出，但理论水平欠佳的民警的积极性。通过推行多维量化考核办法，有效地解决了这一问题。

（作者：陈飞跃，浙江省十里坪监狱副政委）

找准工作抓手
提高管理水平　提升改造质量

进入21世纪以来，管理规范化成为一项世界性的课题。监狱系统从20世纪90年代初，在司法部的倡导下就陆续开展了此项探索。简单说来，监狱管理规范化就是通过制定并执行一定的标准，使日常管理活动和管理状态达到统一、有序、规范，形成常态化。从2003年始，司法部根据新形势下监狱工作发展的客观需要，提出了推进监狱工作法制化、科学化、社会化“三化”建设，注重管教工作的开放性、法制化和科学性；随后又提出构建监管工作排查、防控、应急处置和领导责任“四项机制”，把规范管理工作与构建长效保障机制结合起来；近期，中央提出了监狱工作的“首要标准”，将监狱工作的中心任务——提高罪犯改造质量放在了更加突出位置上，给监狱管理提出了新的更高的目标和要求。上述思路的提出，是对新中国监狱工作历史经验的提炼、发展与创新，是推动监狱工作不断前进的重大决策，是我国监狱工作在新世纪新阶段的发展方向和奋斗目标，也是实现监狱工作中心任务的根本途径和措施。

陕西省属于西部欠发达省份，与东南沿海发达省份相比，监狱民警思想观念有一定差距，反映到监狱工作上，传统经验型、粗放管理型特征比较明显，各监狱，甚至监狱内部各分监区之间的管理参差不齐，五花八门，一些基础管理活动不统一，要求和水准不高，有的做法缺乏科学性，没有一套成熟的常态化的管理模式，常出现不抓就滑坡和经常反复的问题，管理成本大，成效较低。为了结合本省实际，把监狱工作方针政策、法律法规贯彻执行好，把上级要求落到实处，推动监狱工作又好又快发展，陕西省监狱管理局上下进行了积极探索和大胆实践。

要实现监狱工作的持续发展和突破创新，就必须找到一个有效载体和合适的着力点，陕西省监狱管理局针对监狱管理的实际，把构建长效管理模式作为抓手，在标准、规范管理上下工夫，推行标准化管理，经过连续多年坚持不懈的实践，取得了明显成效。在此基础上，2008 年以来，陕西省司法厅在全省监狱劳教系统大力推动执法规范化建设工作。2009 年 11 月 24 日，吴爱英部长在全国监狱劳教所管理工作电视电话会议上指出："要加强监所规范化管理，按照精、准、细、严的要求，细化监所管理各部门的管理职能和目标任务，明确各管理岗位的具体职责和工作要求，规范工作流程，做到监所管理职能细化、目标量化、流程规范化、考核标准化、部门协同化、效率最大化，使监所管理的每一个细节都做到精益求精、力求最佳。"这充分说明，陕西监狱管理工作思路是正确的。吴爱英部长的讲话，使陕西省监狱管理局备受鼓舞，全省上下按照中央的最新要求，进一步明确方向，加大推行力度，加快推行步伐，走出了一条具有陕西特色的监狱管理路子，即推行监狱管理工作标准化。

一、监狱管理工作标准化的由来及发展

监狱作为国家刑罚执行机关，是国家刑罚体系中最后一道也是最为漫长的执法环节，要大力推进"三化"建设，提高罪犯改造质量，将各类犯罪分子改造成守法公民，这个过程任务非常艰巨，涉及安全防范、狱政管理、教育改造、刑罚执行、劳动改造、生活卫生、狱内侦查、队伍建设、行政后勤等一系列监狱管理活动，是项庞大而繁杂的工程，其中的很多管理工作是日复一日、年复一年的重复性工作。从科学管理层面上讲，任何事物或

概念的多次重复出现，就会产生按统一标准进行规范的客观需要，可以制定一个统一的操作标准，达到程序规范，动作统一，内容一致。监狱管理工作标准化就是把重复进行的大量管理工作予以科学统一并标准化，遇到同类问题就按照既定的标准办理，从而可以大大加快执法速度，压缩执法成本，提高执法成效，可以建立最佳的监狱管理秩序，使监狱的职能作用得到最充分的发挥。这样，监狱管理工作标准化就应运而生了。

二、监狱管理工作标准化的概念及内涵

1. 监狱管理工作标准化的概念

监狱管理工作标准化是顺应社会和监狱工作更好更快发展趋势，在推行分监区工作标准化、监狱管教工作标准化基础上，依照国家有关监狱工作方面的法律法规和改造罪犯的需要，对监狱全部工作的内容、程序、质量制定基本标准，形成统一、规范和相对稳定的管理体系，并通过对该体系的实施和不断完善，达到工作流程统一、管理行为规范、基础工作扎实，实现监狱工作的高效、协调和有序。

2. 监狱管理工作标准化的目标

推行监狱管理工作标准化的目标是建立最佳的监狱管理秩序，不断提高罪犯改造质量，使监狱的职能作用得到最充分的发挥。

最佳秩序是监狱进行高效率管理的前提条件。通过推行监狱工作标准化，使监狱从管理思想到管理组织，再到管理方法、管理手段等都建立起互相适应的配套的标准体系，以保证监狱各项工作进入高效率轨道。这样，就可以节省大量精力，把主要精力放在研究和解决带有根本性、方向性的大问题或新问题上。可以说，监狱管理工作标准化，是全面提升监狱管理工作质量的必由之路。

3. 监狱管理工作标准化的重大意义

(1) 推行标准化管理工作是强化管理、确保安全和提高改造质量的关键举措和重要载体，也是当前落实“首要标准”，实现监狱工作再上新水平、再跨新台阶的必然选择，是监狱实现又好又快发展的重大创新。

(2) 推行标准化管理工作是构建监狱安全稳定长效机制的有效途径，是监狱工作改革创新、勇创一流的具体实践，是新形势下监狱工作深入实践科学发展观的需要。

(3) 推行标准化管理工作是不断提高改造质量的要求，是监狱管理从安全型、传统经验型、简单粗放型管理转变到科学型、法治型、精细型管理模式的客观需要。

三、陕西监狱管理工作标准化的发展阶段

陕西省监狱管理局推行标准化管理工作，经历了一种由管教工作到全面工作、由分监区层面到监狱层面、由单个试点到全面推广的演化过程，通过逐级推进，最终实现了全方位、多层面的标准化管理。纵观陕西省监狱管理局监狱管理工作标准化的发展，大致分为4个阶段。

1. 起步阶段（1998—2002）

陕西监狱系统自20世纪90年代中期，根据司法部提出的创建现代化文明监狱的工作要求，在陕西省部分条件相对成熟的监狱、监区和分监区，开始推行监狱管理规范化建设和创建现代化文明监狱、监区和分监区工作。着重从民警现场管理、教育改造、生活卫生、台账管理等方面进行了全面规范。省监狱管理局在部分监狱召开了现场会，监狱管理水平得到很大提升。

2. 发展阶段（2002—2004）

2002年，省监狱管理局在部分监狱试点推行监区、分监区管教基础工作标准化，进一步规范了监区、分监区建设、狱政管

理、教育改造、生活卫生等管教基础工作，制定、规范了一系列较为全面的工作制度、管理台账。由于试点单位基础管理水平得到明显提升，这一做法得到推广，推行范围也不断扩大，两年后，标准化的内容已经涵盖了分监区日常管理、执法、教育和队伍建设等全部工作，一些试点分监区的整体管理工作明显加强，到2003年底，推行分监区工作标准化的管理模式基本定型。

3. 提高阶段（2004—2008）

2004年，省监狱管理局制订了《监狱工作五年发展规划纲要（2004—2008）》，决定在全省监狱，每年以20%分监区达标的推行速度，稳步、扎实地推行监区、分监区管理工作标准化，全省所有押犯分监区须在2008年年底前全部达标。通过连续五年的努力，到2008年底，全省所有分监区推行管理标准化工作达到标准，监区分监区民警管教、执法能力大幅度提高，分监区整体管理水平和运行质量迈上了一个新的台阶，具有陕西特色的监狱分监区管理模式基本形成，全省绝大多数监狱分监区的管理重点已经转入标准化的保持、巩固和提高上来。

分监区管理在监狱管理环节中处于最基础地位，分监区的标准化及其实现程度必然受制于监狱及职能部门管理层面。实际情况是，监狱及其部门管理的不统一、不规范、不标准正制约着分监区标准化工作的推行，推行监狱层面的标准化势在必行。由于监狱标准化工作涵盖面太广，一下子难以达到，陕西省监狱管理局审时度势，分步实施，决定先搞监狱管教工作标准化，从2007年开始，在分监区工作标准化全面达标的监狱推行。制定《监狱管教工作标准化实施办法》和细则标准，从监狱管理层面的狱政管理、教育改造、刑罚执行、生活卫生、劳动改造等方面大力推进监狱管理工作，监狱管教职能部门工作和分监区管理工作衔接更加紧密，运行进一步规范，监狱管理面貌变化明显。

4. 高速提升阶段（2008年至今）

2008年以来，按照新形势下构建社会主义和谐社会和建设社会主义法治国家的工作任务，以及贯彻落实“首要标准”的改造要求，陕西省司法厅将开展执法规范化建设作为践行科学发展观、构建社会主义和谐社会的重大举措，陕西省监狱管理局党委决定在个别监狱进行执法规范化建设试点，并成功召开了现场会，受到司法部副部长陈训秋的充分肯定，积累了有益经验。多年推行标准化的实践证明，仅仅实行监狱管教部门和分监区之间的标准化管理是远远不够的，没有深入和突破的话，只会事倍功半。2009年，省监狱管理局结合多年推行标准化实践，决定在全省分两年全面推行涵盖监狱管理所有层面、所有部门的监狱管理工作标准化，制订了《监狱管理工作标准》、《监狱管理工作标准化考核细则》和《推行方案》，确定了推行计划、目标和年度任务，全省监狱管理工作以推行标准化工作为抓手，进入了高速发展、迅速提升阶段。

四、推行监狱管理工作标准化的具体内容和做法

（一）推行监区、分监区工作标准化

1. 内容

推行监区、分监区工作标准化主要依据《监区、分监区工作标准化细则》和《监区、分监区工作标准化考核细则》两份规范性文件。《监区、分监区工作标准化细则》共8章148条。第一章总则，包括制定的依据、目的、意义、原则等；第二章监区、分监区建设，包括组织机构、队伍建设、制度建设、设施建设标准等；第三章刑罚执行，包括收监、减刑、假释、保外就医、释放等监区、分监区五方面的执法工作标准；第四章狱政管理，包括考核奖惩、分级处遇、邮汇会见、安全防范等工作内容；第五章教育改造，包括思想、文化、技术教育、个别教育和

心理矫治、社会帮教、监区文化等内容；第六章劳动改造，包括罪犯岗前培训、劳动组织、劳动现场管理、安全生产与劳动保护、生产考核五项内容；第七章生活卫生，包括生活管理、医疗卫生、监舍和活动室管理等内容；第八章附则。标准化细则使每道环节都有法可依、有章可循，每个时段都有严格的工作标准。对押犯设置、警力配备、民警培训、业务台账及警容风纪等严格要求，统一了分监区建设工作标准；规范了罪犯收押释放、减假保等相关制度和工作程序，统一了刑罚执行工作标准；规范了安全防范、考核奖惩、分级处遇、邮汇会见等罪犯管理办法，统一了狱政管理工作标准；对罪犯思想教育、文化技术教育、个别教育及心理矫治、社会帮教、监区文化建设提出了统一要求，统一了教育改造工作标准；对劳动组织、现场管理、安全生产等环节民警应承担的责任作出具体规定，统一了劳动履行工作标准；对罪犯伙食、医疗防疫及监舍内务管理等进行了规范，统一了卫生工作标准。各监狱按标准化要求不断规范以上这六方面的具体业务活动，使实体性和程序性执法管理活动达到了统一、规范、标准和模式化。

《监区、分监区工作标准化考核细则》共分为监区、分监区建设、刑罚执行、狱政管理、教育改造、劳动改造、生活卫生等6项80条，总分200分，其中设定了重点考核项目70分。未出现否定性指标，考核总分在160分以上，且重点考核项目在60分以上者为达标。

2．推行

（1）为了具体指导监区、分监区民警对罪犯进行全天候24小时直接管理，省监狱管理局出台了《分监区警察一日管理工作规范》和《罪犯一日改造行为准则》，对民警管理工作的7项内容、24道程序、22条要求，对罪犯改造的7个方面、24道环节、22条规定逐一明确，并统一设立15种业务台账，对每道环节既严格按要求执行又规范记录。

（2）强化民警直接管理。直接管理是标准化的生命，全省从实行“七个亲自”和“七个在场”入手强化直接管理，“七个亲自”即民警亲自吹哨起床、开启监舍门、整队带队、监督就餐、组织学习、外出就诊、查号查铺；“七个在场”即民警在场组织罪犯整队、开饭、学习、劳动、集会、会见、训练。

（3）实行“421”督察制度，不间断检查督促标准化制度的落实。值班民警对罪犯生产生活现场检查每天至少4次，分监区领导对辖区检查每天至少2次，监狱领导每天对全监巡查至少1次，形成了管理监督网络。

（4）从教学时间、设施等方面量化教育改造工作，保证教育的治本职能得以发挥，努力提高教育改造质量。全省各监狱结合自身实际进一步细化分解，把民警直接管理和罪犯日常改造按照时间顺序划分为启封、就餐、出工、劳动、收工、工余活动、就寝7道管理环节，逐个环节确定民警的24项管理程序与工作标准和罪犯的22项改造行为程序与行为标准，形成了各具特色的民警对罪犯的直接管理模式。如商州监狱针对民警七道管理环节，一一制定出民警如何具体管理，罪犯如何进行操作，罪犯积委会、监督员、监舍号长如何进行协助的64项具体操作要点和管理程序、标准，形成统一的民警管理的“七亲自、七在场”，“五巡查”（劳动现场巡查、“三课”现场巡查、就餐现场巡查、集体活动巡查、就寝现场巡查），“八集中”（集中学习、集中劳动、集中训练、集中娱乐、集中就餐、集中购物、集中就诊、集中拨打亲情电话），“九点名”（罪犯起床时点名、出收工前后点名、就餐前后点名、集体活动时点名、劳动时点名、就寝前点名），“七个薄弱环节管理”（外协人员管理、车辆管理、病犯管理、重要时段管理、区域控制封闭管理、劳动和生活工具管理、监舍和生产车间定置管理）的管理模式和罪犯“五列队”（点名列队、洗漱列队、就餐列队、出收工列队、集体活动列队)、“五报告”(起收封前报告、洗漱前报告、就餐前后报告、出收工前后报告、有事情报告)等改造模式,统一了民警管理行为,使分监区标准化每项管理细节都有标准可依。

省监狱管理局对各监狱坚持不定期检查和动态考核,按考核细则将每次检查打分结果年终汇总评议,评议中达不到标准的坚决不予通过;对于已经达标的单位,若在本年中连续两次检查中发现有三处以上的问题存在或整改不力,则取消其称号,归于下一年度重新验收;同时,对完不成任务的单位从综合考核、经济上给予处罚,对推行标准化工作中变化明显、成效较大的单位则给予奖励,实现标准化工作整体推进;为有效防止低水平徘徊,又规定每年全省考评中必须产生一至两个推行标准化工作不合格单位(相对较差),予以相应处罚。通过以上措施,即使上一年推行标准化突出的单位也不敢松劲停步。从广度和深度上不断提升了推行标准化工作的层次和水平,使推行标准化工作得以健康发展。

(二)推行监狱管教工作标准化

1. 背景

推行标准化实践中发现,即使分监区全面达标了,也还有很多工作,尤其是管教方面的工作难以理顺和深入,主要是监狱层面的诸多工作比较零乱,标准不统一,活动不规范,愈来愈成为持续推进分监区标准化的桎梏,必须对监狱层面管理工作进行标准化。但监狱工作涵盖的面很广,千头万绪,不能一下子铺开,应该有主有次、有先有后地进行,最可行的办法是先对监狱管教工作进行规范。因而,出台了《陕西省监狱管理局监狱管教工作标准化实施办法》(以下简称《实施办法》)和《陕西省监狱管理局监狱管教工作标准化考核细则》(以下简称考核细则)。

2. 内容和结构

《实施办法》共分9章、29节、182条。第一章，总则，包括制定的依据、意义、含义、原则和推行要求；第二章，设施、组织与制度标准，包括基本设施、组织机构和监狱制度三方面；第三章，检查督察标准，将此作为专门一章规定，突出了其在监狱管教工作中的重要性；第四章，刑罚执行标准，包括收监、减刑假释暂予监狱执行、释放、狱务公开、罪犯权利保障及其他执法活动等六方面内容；第五章，狱政管理标准，包括安全防范、考核奖惩、分级处遇、会见通讯通信、罪犯临时出监、基础管理等六方面内容；第六章，教育改造标准，包括设备与组织、思想教育、文化与技术教育、个别教育与心理矫治、社会帮教与监区文化以及其他教育活动等六方面内容；第七章，生活卫生标准，包括生活管理和医疗卫生两方面内容；第八章，劳动改造标准，包括劳动组织、劳动培训、劳动管理、安全生产与劳动保护、劳动时间和劳动考核等六方面内容；第九章，附则。

《考核细则》分为组织与制度标准、设施建设标准、狱政管理标准、刑罚执行标准、教育改造标准、生活卫生标准、劳动改造标准、检查监督标准等8个部分95项考核内容、评分标准，总分100分。还根据监狱管教工作的重点，设置了重点考评项目，计20项共25分。凡监狱未发生否决性问题，考核总分在85分以上，且重点考评项目得分在20分以上者为达标；考核总分未满85分或虽满85分，但重点考评项目未满20分的，均为未达标。

3. 推行

监狱管教工作标准化以分监区工作标准化细则为基础，依照国家有关监狱工作方面的法律法规，对监狱层面管教工作的内容、程序及其质量加以规范和确定的基本标准，重点对监狱管教部门内部及这些部门对内对外、对上对下开展业务进行规范。监狱在实施监狱管教工作标准化的同时，在监区、分监区继续推行监区、分监区工作标准化，实现两个层面标准化的全面推进和整体提升。

（1）明确、统一监狱管教部门的组织机构设置、各职能部门的工作业务划分。为解决监狱狱政管理、刑罚执行、狱内侦查、教育改造、生活卫生、劳动改造等职能部门的机构设置和业务划分不统一、不规范等问题，实现监狱管教部门对分监区日常管理和业务指导的科学、协调，通过推行监狱管教工作标准化，明确监狱长（对全监管教活动负总责）、主管管理教育副监狱长（分管狱政管理、刑罚执行、教育改造、狱内侦查和生活卫生工作）、主管劳动改造副监狱长（分管劳动改造工作）的领导责任，并对各职能部门的业务工作一一进行了明确分工，与监区、分监区的各项业务工作一一对应起来，理顺了监狱领导、职能部门、分监区三者的关系，实现了监狱管教工作标准化与分监区工作标准化的良性互动和发展。

（2）加强职能部门软件建设。通过“立、改、废”等形式修订、完善各项管教工作制度，实现管教工作制度对管教工作的全程覆盖，实现监狱执法全程无制度缺项与空当。夯实各个管教部门民警岗位职责，建立各项业务工作处理流程和工作标准。设立体现监狱管教部门和分监区执法管理全过程的工作台账，构建一整套从罪犯收监开始，一直到罪犯释放的执法管理工作制度、工作流程及工作标准，提升了监狱民警的执法能力、执法水平和执法公信力。

（3）加强监狱硬件建设。长期以来，由于多种原因，陕西监狱系统的物防技防设施比较落后，尤其与东部发达省份的监狱相比差距更大。近几年来，尤其是推行监狱管教工作标准化以来，全省监狱结合创建、安全防范和科学行刑的需要，不断加大物防技防设施投入，健全完善物防技防“四道”防线，大力加强监区文化设施建设，加强管教机关及狱内规范化设施设备建设，狱内设施功能布局更加合理，设施设备更加健全，民警工作和罪犯服刑的环境面貌明显变化，为监狱依法、严格、科学、文明的管理创造了更有利的条件。

（三）推行监狱管理工作标准化

1. 背景

推行监狱管教部门工作标准化后，使分监区标准化管理和监狱管教部门的标准化管理有机衔接起来，也为监狱层面与监区、分监区层面标准化管理积累了有益经验，随着形势的发展，推行监狱管理工作标准化的条件已经成熟。2009 年，省司法厅适时提出了推行监狱管理工作标准化的要求，陕西省监狱管理局将标准化工作由分监区、监狱管教部门层面提升到监狱整个管理工作层面上，覆盖到监狱管教口、劳动改造口、政工行政财务等综合口各方面。

2. 内容

推行监狱管理工作标准化，主要依据两份规范性文件，即《陕西省监狱管理局监狱管理工作标准》（以下简称《监狱管理工作标准》）和《陕西省监狱管理局监狱管理工作标准化考评办法》（以下简称《考评办法》）。

《监狱管理工作标准》共分为 5 个部分、9 章、50 节、298 条。第一部分，总则，包括制定的依据、含义、意义、内容、原则和推行要求；第二部分为监狱管教工作标准（含刑罚执行、监管安全、狱政管理、教育改造、生活卫生工作标准）；第三部分为劳动改造工作标准（含机构组织、劳动改造计划、劳动技能培训、劳动现场管理、安全文明生产、劳动时间标准）；第四部分为队伍建设、监狱综合工作标准（含领导班子和党建工作、队伍建设工作、行政保障工作标准）；第五部分为检查督察工作标准。《监狱管理工作标准》对工作的依据、安排、开展、完成、考核评估和奖罚等标准进行了逐项明确、细化，特别将监狱信息化建设专设一章列出，既规定信息化建设的基本标准，又将一些管理标准融入信息化之中，通过信息化的方式使管理标准化得以实现。

《考评办法》规定的考评项目共分管教工作、劳动改造工作、队伍及综合工作三大部分（检查督察工作分解到相关部分考评），其中管教工作130分，劳动改造工作70分，队伍及综合工作100分，总计300分。同时，该《考评办法》根据监狱工作的重点，设置了重点考评项目，共100分。监狱未发生一票否决性问题，考评总分在270分以上，且重点考评项目得分在90分以上的，才能符合达标验收条件；监狱发生一票否决性问题，或者虽然没有发生一票否决性问题，但是考评总分未满270分，或者虽满270分但重点考评项目得分未满90分的，均为不达标。

概括起来，陕西省监狱管理局的监狱管理工作标准化主要从以下五方面的工作标准化进行考核。

（1）监狱各业务部门、各分监区自身建设的标准化。包括内部工作制度、工作职责、工作流程、工作标准、纪律要求、办公环境、学习培训和基础业务建设的标准化。

（2）监狱各部门日常工作纵向管理和运转、横向联系和协调的标准化。包括设施建设、制度建设、履行具体的管理、指导、监督、教育职能及开展对内对外业务的标准化。

（3）分监区工作标准化。包括融入分监区一日管理七环节中的管教工作标准化、劳动改造和生产经营标准化、队伍建设和后勤保障标准化。

（4）检查监督标准化。包括监狱各部门对工作内容、程序、环节、标准等执行情况进行检查考核评定的标准化，特别是对工作开展过程及完成结果进行监督、考核、质量评估和奖罚的标准化。从性质和作用上来看，检查督察工作标准既是管理标准，对监狱而言又是考核标准，是监狱推行标准化工作的日常考核要求和考核依据。

（5）监狱各部门分别通过制定并执行监狱管教工作标准、劳动改造工作标准、队伍建设及后勤保障工作标准，将三大类标准融入分监区工作标准化之中，实现全监狱工作的标准化管理。

3．结构、原则

总体看，推行监狱管理工作标准化包含监狱层面的标准化、监狱各口各部门管理标准化和分监区工作标准化三个层面，分监区推行标准化和监狱管教工作标准化也包含其中，监狱全部工作的内容、程序及质量要求都有基本标准，使监狱管理工作标准化更为系统、全面。随着形势的发展，监狱信息化建设、技防设施完善升级、“首要标准”落实等将显得愈加重要，监狱将其吸收进《监狱管理工作标准》并进行了细化量化。推行中，坚持充分体现监狱工作宗旨、积极贯彻“首要标准”的原则；坚持实事求是、先易后难、勇于创新、扎实推进的原则；坚持实践性、可操作性与前瞻性相结合的原则；坚持创建和标准化工作有机结合、相互促进的原则；坚持以分监区工作标准化、管教工作标准化为基础，其余各部门工作紧密衔接、整体推进的原则，保证了推标工作的正确方向。由于一开始就注重此项管理模式的可操作性，对监狱管理是什么、干什么、怎么干、依据什么干、干到什么程度、干好干坏怎么办等方面逐一进行明确，各基层监狱也着力在科学统一标准、科学实施标准和确保科学考核等方面下工夫，重点从四方面解决实际问题：

（1）各监狱结合自身实际，制定整体管理网络图、监企规范运行图和各个部门民警的岗位职责，明晰层级管理，明晰各部门及各岗位民警的工作职责，解决“做什么”的问题。

（2）各监狱根据省监狱管理局制定的《监狱管理工作标准》和各项监狱管理工作制度，结合自身管理实际建立、健全覆盖监狱管理各个层面的管理制度，并且编印成册或在局域网上发布，方便民警学习、查询，解决“依据什么做”的问题。

（3）各监狱结合具体的工作要求，制定主要的执法、管理工作流程和工作标准，解决“怎么做”和“做到什么程度”的问题。

（4）各监狱制定检查、督导、目标责任考核和责任追究制度，解决“是否到位”和“干好干坏怎么办”的问题。

在统一标准时，各监狱充分考虑到监狱管理工作的整体性，达到横向均衡协调以及纵向层次明晰的有机统一，做到既符合省监狱管理局推行标准化工作的宗旨和原则，又切合各监狱的工作实际，实现标准和实际的有机统一。同时，结合监狱工作法律法规和当前最新管理理念及管理要求，融入新的管理要求和标准，增强了活动的适应性，利于指导实践，强化了推行标准化效果。

4. 保障

（1）各监狱建立具有各自特点的监狱长负总责，分管领导分工负责，监企在党委统一领导下各负其责的“一盘棋”工作体制。由监狱长负责全面工作，监企重大问题由党委会研究审定，具体工作由监企共同研究，共同出台制度，界定责任，明确职责，科学界定了监狱、企业、分监区三者的关系，形成了分监区对劳动改造科负责，劳动改造科与企业生产技术科协调解决，企业也有责任和权力对分监区进行检查指导的管理机制。理顺了关系，夯实了责任，形成了监企团结拼搏、密切配合、政令畅通的工作格局，保证了监企各项工作都在确保监管安全的前提下高效、有序地运转。形成了一级对一级负责、上下联动、齐抓共管的工作格局，在体制上为监狱各项工作的高效运转提供了组织保障。

（2）各监狱狠抓政令畅通工作，建立监狱周例会工作机制。如某监狱在每周一上午，召开由监企领导参加的监狱工作周例会，各主管监狱领导小结上周工作，提出本周工作要点，党委进行审定和统一。主管监狱领导召集各业务部门和各基层单位领导召开分口周例会，安排布置监狱周例会上确定的工作任务。周一下午，各业务部门派员参加各基层分监区召开的犯情分析和安全大排查周例会，一一制定、落实具体的工作措施。周一晚上，各分监区召开罪犯大会进行周清，布置本周的改造任务和具体要求。全监从上到下形成一个腔、一个调、一口气、一股劲，在机制上保障监狱管理工作的有序推进。

(3) 各监狱建立严密的监狱管理工作考核机制。各监狱结合自身实际，建立各具特色的目标责任考核细则和考核办法，坚持每月对各单位完成既定任务情况进行全面考核。月底，监狱长、政委、企业厂长亲自牵头，分别考核管教口、生产口和政工口，各主管领导带领各科室考核基层分监区，评等划类，经党委审定后召开党委扩大会通报考核情况，对考核的后进单位，帮其查找原因，限期整改，连续三个月考核最后一名的，对第一责任人进行诫勉谈话，并连带经济处罚，在考核机制上规范监狱管理工作。

(4) 强化监狱管理工作督察及责任追究机制。各监狱强化监督检查，强化责任追究工作不放松，坚决体现监狱管理工作的刚性要求和常态化管理。各监狱抽调各科室业务骨干组成警务督察队，由当天监狱带班领导带队，对早、午、晚等要害时段的值班民警现场管理情况，对监门、禁闭室、监控室、罪犯出收工路途、警戒设施等要害部位亲临现场检查；各职能部门每周进行联合安全检查，每周对罪犯人身、互监、要害时段、重点部位进行突击检查；分监区主要领导和带班领导检查本分监区值班民警在岗履职情况。对发现的问题，现场分析原因，现场制定措施，现场追究责任，现场落实整改，在督查和责任追究机制上确保监狱管理工作成效。

5. 初步成效

截至2009年底，除硬件设施建设受限外，管理标准化工作取得初步成效。

（1）全省普遍开展了学习教育培训活动，广大民警对推行标准化内容和要求做到了应知应会，对管理标准、基本业务做到了熟记熟用，监狱管理能力进一步提高。

（2）省监狱管理局在广泛调研基础上，统一设置了全部基础台账，各监狱细化了推行标准，健全制度，完善流程，统一了各种标志板牌，监狱管理基础工作更加扎实。

（3）实现了部门职责和工作流程上墙、岗位职责上桌，监狱各口、各部门、各监区分监区自身建设更加规范，内部管理更加科学、合理。

（4）监狱各职能部门在管理、指导、教育、监督、协调及开展对内对外业务方面明显规范，内部配合更加协调，日常管理的运转更加高效。

（5）分监区推行标准化工作进一步得到巩固和提高。

陕西监狱系统在新时期的监狱工作中进行了积极尝试和探索，积累了一些经验，取得了明显成效，尤其监区、分监区基础管理水平和民警管理能力得到了大幅度提升。从监狱层面的标准化推行情况看，管理、执法、教育、劳动改造方面的标准化力度较大，效果明显，但监狱综合工作、后勤保障工作方面的标准化还有很多工作要做，队伍建设和监狱综合工作在标准化的过程中如何向监狱管教工作靠拢、为提高罪犯改造质量服务，这方面还有待进一步的探索和实践。

（作者：高生玉，陕西省商州监狱党委书记、监狱长）

外籍犯改造特点及对策

一、目前广东省关押外籍犯的基本情况

截至2007年10月底，广东省监狱共关押外籍犯181人，其中男犯146人全部关押在东莞监狱，女犯34人关押在女子监狱（另1名为韶关监狱泰国籍在逃犯）。这181名外籍犯来自40个国家。其基本情况可以归纳为“三多”：一是来自亚洲国家的罪犯多，共135人，占75％；二是十年以上刑期的罪犯多，共127人，占70％；三是涉毒犯多，共86人，占48%。

广东省对外籍犯管理采取了在东莞监狱、女子监狱集中关押管理的模式。2004年以前，广东省关押的外籍犯不多，总数一直未超过70人。从2005年开始，外籍犯人数开始迅速增加，特别是2007年前10个月就净增62人，而且增加的外籍犯以来自中东地区的居多、以35岁以下的年轻人居多、以涉毒犯罪居多。由于外籍犯身份的特殊性，对外籍犯的监管改造越来越成为广东省当前狱政管理工作的难点和重点问题。

二、外籍犯的改造特点

与国内罪犯相比，外籍犯这个群体确有其特殊性，主要是由每个外籍犯所属国的社会环境、法律制度、文化背景、生活习惯与中国的较大差别造成的。从广东省监管外籍犯的工作实际来看，外籍犯在改造中既有他们的共性特点，同时又有不同国家（地区）罪犯之间呈现出的诸多差异。

（一）外籍犯改造的共性特点

1. 普遍存在较强的抵触情绪

由于对中国法律法规和监狱工作方针政策基本不了解、不熟悉，甚至盲目与其所属国、本地区的法律法规、监狱进行换位比较，因此很多外籍犯都认为自己的行为不构成犯罪或者是被轻罪重判。

2. 对我国监狱劳动改造的观念不认同

不愿意参加学习和劳动。认为服刑就已经是改造了，把遵守监规纪律作为改造好的唯一标准。

3. 维权意识较强、方式过激

特别是一些来自发达国家的罪犯，经常就某些小事和个人问题进行所谓的“合法”抗争，尤其是对外籍犯难以获得假释、保外就医的现实情况提出质疑。

4. 拉帮结伙倾向明显

由于广东省外籍犯关押相对集中，时空范围比较狭小，加之外籍犯语言、宗教信仰、生活习惯异同等因素，导致外籍犯极易以地域、语言等形式暗中纠合，形成一定的关系网，给监狱监管安全造成一定的压力。

5. 特别渴望亲情乡情温暖

由于山长水远、往来不便，外籍犯很少有亲人会见，大部分罪犯主要由所属国领事馆的领事来会见。而且有近 1/3 的罪犯是无会见、无顾送、无通信的“三无人员”。远在异国他乡、身陷囹圄，再加上语言不通、生活习惯不同等因素，因此整体而言，外籍犯是一个孤独的，情感上比较压抑、悲观的特殊犯群。

（二）外籍犯改造的个性特点

1. 来自南亚和东南亚地区的罪犯

这类罪犯大多性格温和，宗教信仰虔诚，易与其他罪犯和睦相处。且因多数是华裔，其文化背景和意识形态受中国传统文化影响较深，因此能较快地适应改造生活，较好地认罪服法，听从管教，积极悔改。

2. 来自中亚和西北亚地区的罪犯

他们普遍好表现、敏感、偏激。行为容易冲动，且宗教意识强烈，对狱内禁止从事集体朝拜、诵经等宗教活动极为不满，再加上文化素质较低，只重权利、不讲义务，一切以自我为中心，难管难教问题突出。

3. 来自拉美、非洲发展中国家的罪犯

这类罪犯大多为“三无”人员，由于语言交流障碍，极少与民警或其他罪犯沟通，思想封闭、自卑感强，自我约束能力差，行为规范较差。

4. 来自欧美、新加坡等发达国家的罪犯

文化程度普遍较高，身份意识不强，不满改造环境。对部分监规纪律不能完全接受，认为劳动改造是一种变相体罚，常常以“人权”为借口，向民警提“合理化建议”。

三、外籍犯管理工作中存在的主要问题

（一）配套立法相对滞后，诸多问题无章可循

严格地说，目前除了《外国籍罪犯会见通讯规定》和《外国籍罪犯管理工作研讨会纪要》（司办通〔2002〕第89号）之外，中国还没有与外籍犯监管改造工作相关的、具体的法律法规。即便是《中华人民共和国监狱法》（以下简称《监狱法》），也没有任何针对外籍犯的专门条款（前苏联、日本、意大利等国家均有相关内容），这与依法治监和日益严峻的国际人权斗争形势极不相称。例如，外籍犯的暂予监外执行、假释、保外就医等至今没有明确的法律规定。虽然《外国籍罪犯管理工作研讨会纪要》中有涉及上述内容，但会议纪要并不具有法律效力，且规定的内容不详细，不能从根本上解决工作中的具体问题。

此外，由于现行外籍犯管理的相关规定与实践之间存在较多不适之处，因此监狱在外籍犯日常管理中可以说是困难重重。如劳动改造方面，由于存在抵触情绪、懒惰思想以及语言障碍等原因，外籍犯的劳动积极性、劳动效率、劳动产值都不高。外籍犯的劳动时间、劳动项目、劳动定额管理究竟应不应该给予一定的优待？如果优待，应怎样把握优待的尺度？在财力、警力配套等方面应如何保障？这些目前国家也都没有明确规定。再如外籍犯释放路费问题：释放路费的发放标准是什么？是发放外币还是人民币？如果参照国内罪犯按里程计算的方法，对一些非洲、美洲国家以及太平洋上的岛国，如何计算？还有外籍犯的教育改造、死亡处理等。这些法律都没有明确规定，监狱在处理这些问题时常常是“摸着石头过河”。

（二）**语言障碍、交流困难、行刑成本高**

广东省在押外籍犯来自40个国家，使用20多种语言，其中有不少小语种如阿拉伯语、波斯语、普什图语、乌尔都语（据了解该语种的翻译人员全国不到10位）、印尼语、越南语等。语言障碍使得外籍犯无法理解和掌握中国监狱的现行法律法规。当前国家颁布的有关监狱法律法规都只有中文版本，很多外籍犯都无法阅读，广东省虽然自行翻译出《罪犯改造行为规范》、《罪犯考核奖惩实施细则》和《狱务公开手册》的英文版本，但其准确度尚有疑问，而且对英语水平不高的外籍犯来说，仍然不起作用。

语言障碍也使得监狱日常管理工作存在一系列的困难。比如很多时候民警与罪犯交谈不得不借助同国籍罪犯中的“翻译”，即便如此，由于对法律术语、监狱管理制度理解程度以及文化背景等差异，双方在沟通上仍然会产生各种问题，这也使得外籍犯在服刑期间比较倾向自我封闭，进一步加重其陌生感和孤独感。语言障碍还直接导致了罪犯的会见通讯管理困难。比如亲属会见和拨打亲情电话，如果不允许其使用母语，外籍犯则认为是侵犯他的人权；如果使用母语，对一些小语种通话的监听和监管则非常困难，目前监狱采取的是先录音、事后翻译，这样做一方面时效性严重滞后，另一方面也增加了行刑成本。还有罪犯与亲属的往来信件，监狱无法翻译的信件，必须外请专家，这必然会导致发信时间的迟缓，外籍犯又会认为是民警故意扣留信件。同样，也增加了行刑成本。

（三）**专业人才匮乏**

外籍犯管理工作要求专管民警既要熟悉监狱管理制度，还要懂外语，了解外籍犯所属国的相关情况。目前全国既没有相关大专院校培养这样的专业人才，也极少相关的业务培训学习。民警只有靠自学，靠平时的经验积累，能成为专业人才的少之又少。因此在管理水平的提高方面，确实存在相当大的困难。

四、广东省在外籍犯管理工作中的做法

长期以来，广东省始终本着“外事无小事”的原则，针对外籍犯的构成和特点，保障其合法权益，不断提高改造质量。

（一）**依法公正管理，维护中国司法制度的尊严和权威**

依法公正管理是广东省监狱在外籍犯管理中一直坚持的首要原则。也只有坚持依法、公正，工作才不会授人以柄，才能维护中国司法制度的尊严和权威。

实际工作中，广东省监狱邀请政府外事办的专业翻译，将《监狱法》、《监狱教育改造工作规定》、《监狱服刑人员行为规范》、《外国籍罪犯会见通讯规定》、《罪犯考核奖惩实施细则》等翻译成英文，还设立了英文版的“狱务公开”和“狱务公开信息查询系统”，使每一名外籍犯都了解掌握监狱基本的法律法规，清楚地知道自己该做什么、不该做什么；能做什么，不能做什么。充分认识到享受权利必须以履行义务为前提，不履行义务

就等于放弃了权利的行使。同时，还坚持“法律面前人人平等”，不因国籍、种族、肤色、贫富而对某个国家的罪犯歧视或区别对待。曾经有过一名信仰伊斯兰教的罪犯，入狱后坚持不肯剪发，声称只有其部落的族长才有权剪他的头发，并且以此事为借口在狱内大吵大闹。在这个问题上狱方坚决不让步，一方面耐心地给他解释中国监狱管理的有关规定，不断地做他的思想工作，另一方面向他提出，除非其所属国使馆、领事馆能证明其所言属实，否则必须剪发。最终，在狱方的坚持下，该犯还是按照监狱统一规定剪了发。

（二）**以人为本、文明管理，彰显中国监狱的人文关怀**

1. 要严格要求民警文明执法

严格按照联合国《囚犯待遇最低标准规则》和《禁止酷刑和其他残忍、不人道或有辱人格的待遇或处罚公约》（1986 年 12 月 12 日）的有关部门条规执行。严禁违反规定使用警戒具，严禁打骂体罚罪犯，对确有违反监规纪律的外籍犯，首先进行批评教育或给予扣分（考核分）处理；情节特别严重的，依照《监狱法》的规定，分别予以警告、记过、禁闭处分。

2. 特别注意保障外籍犯的申诉权

监区设有驻监检察室信箱、监狱长信箱、监区长信箱，由对应的机构或人员每周开启，每周五为监狱长接访日、每周一晚为监区长接谈夜，及时收集和了解外籍犯的改造情况；专管民警实行点警约谈制和首问首责制度，对分管罪犯实行“三包”（包管、包教、包转化），每月进行至少两次的个别谈话教育，密切掌握外籍犯的思想动态，帮助解决实际困难，做到事事有回音、件件有答复。

3. 对外籍犯的日常生活予以适当照顾

使外籍犯能够在希望中改造，在充满关爱的环境中服刑。比如针对外籍犯的饮食特点，专门邀请营养师配制营养套餐。在医疗保障方面，建立了外籍犯个人医疗档案，对外籍犯每年进行一次全面体检，有病及时治疗。在亲属会见方面，考虑到外籍犯亲属路途遥远，基本上做到了只要是上班时间，随到随见，会见时间上也考虑适当放宽。在圣诞节、感恩节等外国传统节日，均参照外籍犯所属国习俗，适当安排其休息以示尊重。再如语言翻译问题，广东省外籍犯使用的语言达20多种，但为了有利于外籍犯的改造，监狱克服了经费紧张、程序复杂等困难，与广州市外事翻译协会达成协议，利用他们的翻译资源对外籍犯的来往信件、会见录音、顾送书刊进行翻译，目前广东省所有外籍犯的来往信件、亲属会见都是使用母语，一些外籍犯亲属顾送来的外文书刊比如阿拉伯语、波斯语等，考虑到这些书刊在社会上很难买到，而外籍犯又很喜欢这种来自本国的书刊读物，只要没有不利于外籍犯改造的内容的，经翻译审核后都发放给外籍犯。2006年11月，有一名尼泊尔籍罪犯被执行驱逐出境，按照规定本应经西藏边境出境，但因该名罪犯双下肢不完全性瘫痪，基本丧失行走能力，并患有高血压等疾病，无法自行离境，更无法经西藏出境，监狱克服重重困难，在省公安厅的支持配合下，积极与香港警方联系，使该犯直接从香港离境。而且，经努力，对该犯的救治一直延续至香港机场，充分体现了中国政府对入境犯的人道主义关怀。

（三）**实行专门的分类教育，体现中国监狱的改造宗旨**

在教育方面，广东省始终坚持“以感化教育为主，以改造人为宗旨”。考虑到外籍犯思想文化的差异，一直以健康的、积极向上的文化去引导、感化外籍犯。比如针对大多数外籍犯对中国传统文化感兴趣的特点，成立文学社、书画组、醒狮队等兴趣小组，组织外籍犯开展文艺创作、书法绘画等文娱活动，活跃狱内改造氛围，舒缓外籍犯的改造压力；再如每逢国际节日，监狱都组织全体外籍犯共同举办大型文艺活动，并安排外籍犯表演富有异国民族风情的鼓舞节目，让外籍犯互相融合、交流，消除陌生感和孤独感。

文化教育方面，主要以有利于外籍犯在狱内改造、提高其文化素养的活动形式为主。如东莞监狱举办中英文识字班提高外籍犯的中英文会话交流能力，女子监狱针对越南籍罪犯较多的情况，邀请广东外语外贸大学越南语系学生到监狱教授中文。还专门购买外语类书籍（主要为文学类读物）供外籍犯阅读，监狱还制作、英语广播节目、英文歌曲等，使外籍犯充分感受到我国监狱改造政策的文化气息。

思想教育方面，主要以法制教育为主，强调认罪服法，重点组织外籍犯学习《中华人民共和国刑法》、《监狱法》、《中国罪犯改造人权状况白皮书》等，引导他们正确认识自己的犯罪行为已经触犯了中国刑事法律，中国政府有权对其进行刑事惩罚。

技术教育方面配合劳动改造，以技能培训为主。一方面，联合地方劳动局、职业技术学校在狱内开办服装剪裁、电脑操作、烹饪饮食等职业技能培训班，向外籍犯传授基本的劳动技能；另一方面，组织外籍犯从事习艺性、轻体力劳动。每月根据个人的劳动表现兑现当月劳动报酬，促使外籍犯养成良好的劳动习惯。

（四）加强与使领馆的沟通与联系，树立中国监狱的良好形象

外籍犯多数是通过使领馆了解家庭情况和取得帮助。为了促进外籍犯的改造，监狱一直十分重视与相关使领馆建立良好的工作关系，注重充分发挥使领馆在外籍犯管理中的正面作用，尽可能使使领馆成为有利于中方、有利于外籍犯改造的积极因素，而不是消极因素。比如对使领馆提出探视、咨询等要求，都及时给予答复和安排。每次领事馆官员到监狱探视，监狱都首先主动介绍罪犯的改造情况，并与使领馆官员协商解决外籍犯在改造遇到的具体困难。前不久，一名赞比亚籍女犯因艾滋病病发死亡，其间监狱四次正式照会赞比亚驻中国大使馆，通报病情；在对罪犯遗体的处理问题上，由于赞比亚国内并没有火化的风俗，因此监狱与赞比亚驻中国大使馆反复协商，一方面将中国有关法律规定明确地告知赞方；另一方面充分尊重赞比亚的风俗习惯，耐心等待家属的答复。并且对赞比亚大使馆提出的如查看该犯外出就医医院，拍摄尸体入焚化炉照片、骨灰照片等要求都尽可能地满足。整个事件处理得比较顺利。最后，赞方大使馆还专门发照会给广东省监狱管理局，感谢对该犯的大力救治以及对其善后事宜的妥善处理。

五、对外籍犯管理的几点建议

（一）推动高层立法，制定外籍犯管理专项规章制度

近年来，最高人民法院、最高人民检察院、外交部、公安部、司法部等部门就外籍犯管理出台了不少司法解释、行政规章和规范性文件，但规格层次低、缺乏系统性。因此，需要加快立法步伐，及早出台《监狱法实施细则》，专门制定《外籍犯管理规定》，把外籍犯监管改造工作纳入法律的框架之内，使各个执法程序和环节有法可依、相互衔接，进一步推进依法治监，促进公正执法。

（二）加大对外籍犯实行区域性集中关押的调整力度

提高各省份外籍犯监狱（监区）中某一类别外籍犯的关押纯度。按照2004年部局有关精神，广东省原则上主要关押东南亚籍贯的罪犯，但随着外籍犯人数的增多，关押的其他国家及地区籍贯的罪犯也逐渐增多，截至11月10日，关押的中东地区（包括巴基斯坦、伊朗、阿富汗、伊拉克）外籍犯已达31人。这部分罪犯普遍使用阿拉伯语，信仰伊斯兰教，生活习惯与中国南方也有较大差别，而且他们之中不少人还分别存在亲属、同案、同地区等关系，给监狱管理带来了极大困难，形成了较大的监管安全压力。因此，建议部局加大调整关押力度，将相关罪犯

调往有利于其改造的监狱服刑。使各地监狱得以针对某一类别的外籍犯合理利用资源、科学调配警力、确保监管安全、提高改造质量，同时降低行刑成本。

（三）加强培训，组建专业队伍，提高对外籍犯的管理水平和改造质量

对外籍犯的专管民警要开展定期的业务培训。使他们熟悉监狱监管改造业务、精通外语、了解外籍犯所属国基本情况（包括政治、经济、法律、历史、宗教等），唯有如此，方可使外籍犯工作更具有针对性和有效性。

（四）立足长远发展，单独设置外籍犯监狱

《外国籍罪犯管理工作研讨会纪要》明确指出："考虑到外国籍罪犯文化、生活等方面的差异，各地可结合本地区实际，参照联合国《囚犯待遇最低限度标准规则》，在居住、饮食、劳动、学习等方面给予适当的照顾"。然而，中国监狱分类主要是依据罪犯的性别、年龄、刑期划分为未成年犯管教所、女子监狱、男犯监狱（含重刑犯监狱、短刑犯监狱），尚未设立专门的外籍犯监狱，实践中，外籍犯与境内犯大多同监混押（同一监狱、独立监区），非但有针对性的监管、教育工作难以开展，还给监狱日常管理带来了许多负面影响。

我们认为，有必要结合监狱布局调整，在各省份（外籍犯人数不多的中部省份除外）单独设置外籍犯监狱。按照对等互惠原则，认真履行国际公约和双边条约，对外籍犯在生活待遇、医疗条件、劳动项目等方面给予适当照顾，从而使中国在国际人权斗争中处于有利的地位。

（作者：郭子川，广东省监狱管理局狱政管理处处长）

外省籍罪犯的改造特点与对策

随着改革开放的不断深入和市场经济的迅速发展，我国的人口流动愈加频繁。尤其是在一些沿海和经济相对发达的省份和城市，外来人口已经占了相当大的比例。以广东省为例，据第五次人口普查结果显示，广东省从外省流入的流动人口有1506万人，占全省总人口8642万人的17.4%。按10%抽样长表数据测算，在这1506万人中约有1370万人来广东省就业打工。勿庸置疑，这些外来人口为各地社会经济发展注入了强大活力，起到了十分积极的促进作用。但是，流动人口的出现也引发了一系列社会治安问题，突出体现在流动人口犯罪呈逐年大幅度上升态势。2002年至今，广东省在押外省籍罪犯数量平均年增加3700人。截至目前，广东省在押外省籍罪犯63854人，占押犯总数的52.07%，已经超过了本省籍罪犯人数。如何有效加强对外省籍罪犯的管理教育，稳定狱内改造秩序，促进社会和谐建设，已成为当前监狱系统普遍关注和迫切需要解决的问题。

一、外省籍罪犯的构成与改造特点

（一）外省籍罪犯的构成特点

从广东省在押外省籍罪犯的构成来看，主要有以下特点。

（1）原籍相对稳定与集中。虽然广东省在押的外省籍罪犯涵盖了全国各省份，但主要集中在经济相对欠发达地区、人口流出大省和周边省份。如广东省在押外省籍罪犯中来自广西的占

19.01%，来自湖南的占18.18%，来自四川的占17.25%，来自贵州的占11.33%，来自湖北的占9.28%，来自河南的占7.27%，来自重庆的占6.52%，其他省份的相对较少。其中，来自广西、湖南、四川、贵州的占到了2/3。这就要求有重点地关注这几个省的地域、人文、风俗、语言等情况，甚至发生的一些有重大影响的事件，以便于与罪犯沟通、交流。

（2）年纪轻，刑期短。从广东省在押外省籍罪犯年龄层次来看，18岁以下的占1.32%，18~25岁的占45.79%，26~35岁的占39.59%，36~50岁的占12.35%，51岁以上的占0.96%。其中18~35岁的占到了外省籍罪犯总数的85.38%，年纪普遍较轻。从刑期结构来看，不足2年的占3.36%，2~4年的占37.17%，4~7年的占22.99%，7~10年的占11.17%，10~15年的占15.94%，超过15年的占5.46%，无期徒刑的占2.63%，死缓的占1.22%。其中刑期短的罪犯占绝大多数。短刑期罪犯是监狱违纪的高发群体，一直是改造的难点，是监狱关注的重点。

（3）文化程度低，多数来自农村。目前广东省在押外省籍罪犯中文盲占1.76%，小学学历占35.61%，初中学历占52.83%，高中学历占8.41%，大专以上学历占0.99%，文化程度以初中以下为主。尤其是法律知识缺乏，很多甚至是法盲。从判刑前职业来看，农民占60.38%，无业占26.49%，其中绝大多数为来广东的打工人员。另外，外省籍罪犯户籍在农村的占87.22%，在城镇的占6.36%，很多缺乏专门的技术培训，就业谋生的能力不高。

（4）未婚的居多。从外省籍罪犯的婚姻状况来看，未婚的占71.11%，已婚的占25.49%，离异的占1.11%。很多罪犯长期单身在外，缺乏来自家庭的约束。

（5）财产型和暴力型犯罪比例高。从犯罪性质来看，侵犯财产罪的占67.82%，侵犯公民人身权利、民主权利罪的占17.42%，妨害社会管理秩序罪的占8.22%。其中抢劫占53.18%，盗窃占13.19%，故意伤害占10.88%，贩卖毒品占4.94%，破坏电力设备占3.78%，绑架占2.85%。反映出外省籍罪犯的犯罪动机多数以侵犯公私财物为主要目标，且犯罪手段简单、恶劣。

（二）**外省籍罪犯的改造特点**

（1）心理上，外省籍罪犯普遍自卑心理较重，认为远离家乡，受家庭亲人关心接济少，与广东籍罪犯的生活有差距。戒备心理较强，很多外省籍罪犯在心理测试中反映出说谎指数偏高。有些外省籍罪犯经常想自己在狱内会不会吃亏，会不会受歧视，进入监狱后处处小心谨慎，对民警和他犯的言行敏感。主动找民警谈话的少，即使民警找其谈话，回答也是留有余地。性格容易在内向和暴躁上两极分化，要么少言寡语，很少交际；要么动辄用拳头说话，处理矛盾的方式简单粗暴。

（2）思想上，一是认罪但不服判，虽然承认自己犯罪的事实，但认为在外省容易被量刑过重，受到不公平的待遇。二是仇视社会思想较重。多数将自己的犯罪原因归结为家里太穷，社会不给就业的机会，打工又经常受到欺负，认为自己犯罪主要是社会造成的，这与本省籍罪犯有很大不同。三是有外调想法的多，认为民警没有一视同仁地对待本省与外省的罪犯，生活上有不适应的地方，有的片面认为外省的减刑幅度比广东大，希望回家乡改造。四是改造信心不足，对前途悲观失望，认为出去后可能还是找不到工作，会走上重新犯罪的老路，思想包袱重，有的甚至存在轻生念头。

（3）生活上，突出表现在会见少、通信少、邮寄少、汇款少，有的甚至是无会见、无邮寄、无汇款的“三无”罪犯。狱内消费方面比较克制，一般只购买一些日常生活用品。对监狱的伙食要求不高，反映较好，因为多数外省籍罪犯来自贫困地区，监狱的生活条件几乎高过其家乡的生活水准。少数外省籍罪犯采取交换劳动产值或者为他犯提供洗衣服、洗碗等服务换取一些日用品或零食。

(4) 劳动上，普遍能够服从岗位安排，吃苦耐劳，希望通过劳动表现争取成绩，早日减刑出监。尤其是一些四川、湖南籍罪犯，学习技术比较快，劳动能力比较强。学习劳动技能的愿望强烈，希望通过掌握一门实用技术，出狱后能够自食其力。对劳动报酬的政策反映良好，有的甚至将报酬积攒下来寄回家里。但是，外省籍罪犯普遍不愿担任专项工种，认为自己本身就是外省人，担任专项工种会得罪其他罪犯，另外，专项工种罪犯的劳动报酬也没有直接劳动岗位的高。

(5) 行为上，一是容易拉帮结伙。外省籍罪犯在狱内普遍看重老乡关系，彼此间容易相互依赖，形成团体。尤其在与本省籍罪犯出现矛盾时，容易出现“抱团”，甚至引发打群架的事件。另外，还有些外省籍罪犯采取联合签名写信的形式提出一些不合理要求，这也是一种新情况。二是自报名罪犯多、假姓名、假地址、假社会关系的“三假”罪犯多，主要是外省籍罪犯流动犯罪较多，有的存有漏罪和余罪，想隐瞒真实身份逃避法律追究。部分外省籍罪犯不愿意家里人知道自己在外省犯罪的情况，故意隐瞒家庭情况。这类罪犯的增多，容易给监狱安全带来隐患。

二、外省籍罪犯的改造对策

有效管理教育外省籍罪犯，除了要不断提高监狱管理工作水平、严格落实各项罪犯管理制度等宏观的治理方略之外，还必须科学分析、正确把握外省籍罪犯的犯罪特点、构成特点、心理特点、行为特点等，认真研究、创新理念、标本兼治，才能确保监狱安全稳定和提高罪犯改造质量目标的实现。

（一）破除地域观念，实现司法公正，营造外省籍罪犯与本省籍罪犯和谐相处的环境，在同化中改造罪犯

司法公正，其基本内涵就是要在司法活动的过程和结果中坚持和体现公平与正义的原则，这是社会主义法治的重要目标。监狱作为国家的刑罚执行机关，就法律实施而言，是保障法律公正的最后一道关口，也是保障法律公正的最重要和最有实效的一种手段。当前，国家对人口管理、户籍管理的改革正在不断深入。在构建社会主义和谐社会的大环境下，社会对外来人口的观念也在发生变化，管理模式也在不断创新。近期，广东省东莞市就取消了“外来工”称谓，推动实施“新莞人”活动，将外来务工人员纳入本地社会管理体系，给予同等对待。同样，罪犯在监狱服刑改造，无论是本省籍还是外省籍，其公民地位、法律地位都是平等的。监狱在管理外省籍罪犯中，也必须紧跟时代步伐，牢固树立社会主义法治理念，坚守公正执法这一生命线，坚决破除地域观念，努力营造一种和谐的改造环境，给外省籍罪犯以同等待遇，使他们能够安心改造。在减刑、假释、罪犯日常考核、分级处遇等环节上，要坚持依法依规办事，进一步加大狱务公开工作力度和透明度，消除外省籍罪犯对执法工作的误解。在对外省籍罪犯的使用上，要坚持重条件审查，重改造表现，不能主观上认为外省籍罪犯不可信任，不能使用。在处理罪犯之间的矛盾尤其是外省籍罪犯与本省籍罪犯的矛盾时，要以事实为依据，“一碗水端平”，不能厚此薄彼。对外省籍罪犯的一些生活习俗要给予理解，增强包容性。比如广东人有每天冲凉的习惯，但部分外省籍罪犯并没有这种习惯，那就不能简单认为外省籍罪犯没每天冲凉就是不讲卫生，给予批评甚至扣分处理。

（二）坚持严格管理，实行分开关押，采取有针对性的防控措施，确保监管安全稳定

安全稳定是监狱工作发展的重要前提，监管安全是监狱安全稳定的重要组成部分。在外省籍罪犯比例逐步增加，甚至在有的监狱已经超过本省籍罪犯的现实情况下，加强外省籍罪犯的管理教育，防范监管安全事故的发生显得尤为重要。

（1）要作好分押工作。因为外省籍罪犯中团伙型犯罪多，地缘、亲缘、血缘关系多，如果放在同一个监区服刑改造，容易形成团体，尤其在抗改时容易形成同盟关系，不利于民警的日常管理。广东省的做法原则上是同案犯的、原籍为同一个县或同一个家族的分开监区关押。另外，在罪犯的学习小组、劳动岗位、监舍床铺安排、互监组编排上，也尽量注意将同省籍的罪犯分开。

（2）要查实外省籍罪犯的真实身份。尤其针对外省籍罪犯中自报名罪犯多、“三假”罪犯多的特点，加大调查力度，尽量核实罪犯的具体情况，掌握改造的第一手资料。广泛开展检举揭发活动，深挖罪犯的余罪、漏罪，维护法律的严肃性。

（3）要将防外省籍罪犯脱逃、自杀、拉帮结伙作为防范工作的重点，密切关注思想、行为出现异常的罪犯的一举一动，及时采取防控措施，避免监管安全事故的发生。可以采取在外省籍罪犯中选择物建耳目的办法，掌握和了解外省籍罪犯动态。在日常管理中，要严格落实各项监管制度，做深、做实、做细清仓、点名、搜身、互监组、劳动工具收发等基础性管理工作，及时堵塞监管安全漏洞，有效处置罪犯的矛盾，增加监管安全系数。

（三）深化普法教育，强化技术培训，增加社会适应性教育内容，提高教育改造质量

教育工作在改造罪犯中起着举足轻重的作用，发挥着“治本功能”。对外省籍罪犯的教育改造工作应当本着贴近监狱发展实际、贴近罪犯改造实际、贴近社会需求实际的原则，将针对性和有效性结合起来，将科学性和创新性结合起来，切实找准外省籍罪犯教育改造的切入点，不断提高教育改造质量。在入监教育中，既要强化罪犯的行为规范意识，也要注意讲明监狱的职能与有关法律、政策，消除外省籍罪犯的顾虑和戒备心理，使之尽快融入改造。在思想教育上，针对外省籍罪犯法制意识淡薄、悔罪意识不强的特点，应当在外省籍罪犯中深入开展普法教育，使其掌握一定的法律知识，认识犯罪对家庭、对他人、对社会、对自己造成的危害，真正做到知罪、认罪、悔罪、赎罪。另外，外省籍罪犯因为远离家乡，往往在遇到离婚后的财产分割、农村土地纠纷、宅基地处理等问题时不知道怎么办，法律援助也是薄弱环节，因此很有必要增加此类法律知识。在文化教育上，要针对外省籍罪犯文化程度偏低的特点，重点抓好扫盲教育、九年义务教育的普及，使其掌握一定的文化知识。在技术教育上，要有优先发展技术教育的观念，以社会需求、市场需求为导向，增强职业技术教育的针对性、实用性和有效性。从广东省外省籍罪犯的调查情况来看，多数外省籍罪犯表示出狱后仍将继续留在广东打工。因此，除了监狱劳动改造的岗位培训外，还要结合社会务工需求的变化，加大与社会联合办学的力度，积极开办一些适应社会需要的技术培训班。同时，可以加大与地方劳动部门的联系，在狱内组织举办招聘会。在出监教育上，也要针对外省籍罪犯出狱后务工的实际需要，增加一些如何应聘、如何签订劳动合同、如何处理劳动纠纷等知识。另外，还要宣传一些政府对外来流动人口管理的政策和方法，一些社会救助、法律援助的途径和渠道，引导外省籍罪犯正确确立在社会上的角色，以提高他们参与和融入社会的积极性和主动性。

（四）开展“心理扶贫”，给予帮助关心，将解决心理问题与解决实际问题相结合，促使安心改造

外省籍贯罪犯中青年多、农民多、单身多，身处异地，远离家乡，思想复杂，情绪易波动，既需要生活上的关心，也需要心理上的帮助。他们也有自尊，也渴望与人交流，也不甘处于弱势地位。因此，要在对外省籍罪犯心理状况进行全面调查分析的基础上，针对其心理特点，广泛普及心理健康教育，开展心理测试，建立罪犯心理档案。对罪犯的心理问题要及时给予干预和矫治。尤其要深化民警个别谈话教育工作，经常性地与外省籍罪犯进行交流沟通，以舒缓外省籍罪犯的心理压力，稳定他们的情绪。在日常生活中要多给予外省籍罪犯必要的关心与照顾，比如，对家庭贫困的外省籍罪犯适当给予一些生活日用品的补助，在技术培训中给予一定支助；定期召开“三无”人员座谈会，表达监狱的关心；当外省籍罪犯家乡或者家庭发生灾害或变故时，给予拨打亲情电话；对外省籍罪犯亲属非规定时间的会见给予适当放宽，在寒暑假期间开展亲情帮教等。另外，对罪犯的月购物总额按处遇级别进行限制，避免罪犯中生活水平档次悬殊过大，引起外省籍罪犯的心理不平衡。

三、存在问题与思考

当前，外省籍罪犯管理教育中还存在一些不太明确、不太规范的地方，需要加大调研工作力度，共同探讨与完善。

（1）外省籍罪犯的调遣问题。广东省目前监狱关押罪犯总量接近13万人，押犯爆满，监管资源不足已成为影响监狱事业发展的一大难题。因此，需要也必须向外省大批量调遣罪犯，这其中又主要是外省籍罪犯。另外，监狱系统也经常遇到一些个别罪犯省际调动问题。调遣罪犯应当依据什么原则和程序进行，哪些罪犯该调，哪些罪犯不调，具体调到哪里，调犯的资金标准如

何计算，这些问题目前还没有统一的规定，只能靠部局协调和省际协调。因此，需要从法律、政策上进行统一和规范。

（2）外省籍罪犯死亡处理的问题。监狱在遇到外省籍罪犯死亡处理的问题时，往往感觉一是与罪犯家属联系比较困难，尤其是一些“三无”人员。二是对尸体的处理有困难，究竟是不是一定要征求罪犯家属的签名同意。广东省监狱就遇到过罪犯尸体在停尸房放了三个多月的情况。有时还会遇到这样一种情况，就是罪犯家属因为路途较远，在电话中同意监狱作火化处理。但是隔了一两天后，罪犯家属又反悔，找各种借口将责任推向监狱，造成监狱的工作被动。三是钱的问题。如果是执法的过错将涉及国家赔偿，这些都有相关规定。但是一些罪犯家属将罪犯的正常死亡也归咎于监狱，故意闹事、闹大事，严重干扰了监狱的正常工作，处理的难度也比较大。

（3）对外省籍罪犯重新犯罪率的统计问题。目前，监狱对重新犯罪率的统计方法主要是发放问卷到地方司法部门或者进行实地考察。如果是在省内，往往容易得到地方政府的支持，统计的数据比较真实、全面。目前，外省籍罪犯数量急剧增多，比例越来越大，如果不考虑、不调查外省籍罪犯的重新犯罪情况，显然是不客观的。但是，由于很多外省地方政府对刑满释放人员的管理不到位，对调查工作的不支持，经常出现量表发放得多，收回的只有极少数的现象，严重影响了重新犯罪率数据统计的科学价值，不利于准确评估罪犯改造质量。

（作者：郭子川，广东省监狱管理局狱政管理处处长）

科学发展语境下罪犯教育改造工作的创新发展

一、为什么要创新——基于科学发展的需要

1. 当代社会发展，要求教育改造工作必须创新与发展

（1）是推进依法治监的需要。

（2）是构建和谐社会的需要；化消极因素为积极因素，变破坏力量为建设力量，变监狱人为社会人——教育改造要发挥治本功能。

（3）是贯彻落实科学发展观的需要。

2. “首要标准”的提出，要求教育改造工作必须创新与发展

周永康在中央政法委专题研讨班上的讲话强调“监管场所要把改造人放在第一位，通过创新教育改造方法，强化心理矫治，提高教育改造质量，真正使他们痛改前非、重新做人，要把刑释解教人员重新违法犯罪率作为衡量监管工作的首要标准，确保教育改造工作取得实效”。突出了教育改造的主体作用。

3. 监狱体制改革，要求教育改造工作必须创新与发展（监狱体制改革表明监狱惩罚与改造职能的纯化和回归）

4. 公民主体意识的确立和罪犯构成、人格特征、需求变化，要求教育改造工作必须创新与发展

这是适应人权入宪后，公民权利意识的觉醒和法律意识的复苏后对监狱工作提出的新要求及应对新挑战的需要。是适应罪犯

构成、需求、行为新变化对教育改造工作提出的新要求及应对新挑战的需要。

（1）罪犯群体变化。北京大学法学院教授陈兴良指出，中国目前的犯罪现象已经不同于几十年前的犯罪，犯罪的政治色彩逐渐淡化，更多的犯罪都是由于对财产的过度追求与社会不能提供更多获得财产的合法途径之间的矛盾所引发的，还有些犯罪是由于邻里纠纷、干群矛盾等各种社会因素所导致的。“现在，在各种犯罪人中，绝大部分是我们这个社会的弱势群体，诸如下岗工人、失地农民、外来务工人员等。在被判处死刑的犯罪人中，95%以上都是这些人。这些犯罪人是我们这个社会的成员，而且是处于社会最底层的成员。对于这些犯罪人，不能像过去那样简单地采用对敌斗争的方式。事实已经证明，一味地强调严刑重罚是解决不了当前存在的犯罪问题的，我们应当实行宽严相济的刑事政策，对不同的犯罪采取不同的处理措施，才能尽可能地将犯罪控制在社会所能容忍的限度之内。”时至今日，法律机构作为“专政工具”的性质在逐渐淡化，作为“法律机构”的属性在逐渐回归。

（2）罪犯构成变化。“80后”增多，外省籍犯增多，来自农村的罪犯增多，二次以上改造的增多，有心理和精神问题的罪犯增多。

（3）人格特征。根据北京市监狱管理局的调查表明，现在的罪犯具有三种普遍性的人格特征：一是价值观扭曲，负罪感差。主要表现为，多数为了实现早日释放这一最大利益，表面服从管理，但对监狱的教育和改造很少有内心触动，悔罪意识差，功利性强。二是心理扭曲，人格不健全。人格障碍的比例明显上升，特别是存在反社会人格和犯罪人格的数量明显上升。三是情感扭曲，社会责任感严重淡化。传统的教育模式和社会帮教工作对他们几乎没有什么作用，他们对外界的帮助和教育普遍持不信任、无所谓的态度，甚至把自己的犯罪归因于家庭、社会。对特定地域而言，犯罪由个别转向普遍，罪犯个体羞耻感降低，悔罪意识下降，自我改造的内驱力不足。

（4）需求变化。“一主多元”，即以尽早结束监禁状态、回归社会为基本需求，多种需求并存。即要满足其合法、合理的需求，调整其合理但不合法的需求，遏制其不合法、不合理的需求。

二、创新什么——基于对传统教育改造工作的反思

1. 对传统教育改造工作的反思

（1）改造理念不科学，缺乏全面系统性。理想主义教育理念、刑本位理念、专政式教育理念已经与现代法治社会、平民社会、公民社会的要求相脱节；空泛的、千篇一律的教育内容已经与信息社会的现代人对教育方式、教育内容的要求不相适应，如社会主义核心价值体系的建设和培育问题，要建设核心价值体系，首先也要在构建“话语”体系上下工夫。中国古代有仁、义、礼、智、信等，西文现代有自由、平等、博爱等。我们要建设现代核心价值体系，也应当有这些标志性的价值概念，如科学、务实、民主、法治、公平、正义、诚信、友爱、富强、文明、和谐、和平等，这样才能使现代价值观念体现在人们物质生活和精神生活的各方面。

（2）教育模式的封闭式、经验型、粗放型、僵化型。由于当前民警年龄和知识结构的不合理、民警知识更新滞后、有效的激励机制缺失等原因，普遍存在着民警改造能力整体还不能完全适应工作要求的提升、罪犯结构和需求的变化、社会民主法治进程加快的需要，老民警有经验但少动力少技术，新民警有知识但缺经验和能力，出现了断层现象。教育的封闭式、经验型、粗放型、僵化型问题没有得到根本改观。因此，对罪犯的教育改造工

作，要从真空、屏蔽走向兼容和开放，从单一走向多元，从理想走向务实。

2. 对教育改造工作创新的思考

创新应包括三个层次：一是继承基础上的改良。如十里坪监狱“日收日解”，就是对原有的处理问题不过夜的改良。省金华监狱罪犯评议会制度，就是在继承罪犯年终双评的罪犯评议小组测评机制的基础上的衍生和发展。二是借鉴基础上的改进。如十里坪监狱的“心情晴雨表”制度、省十里坪监狱的低戒备罪犯的教育模式。三是前瞻性的创新。如罪犯改造难易度评估和危险性评估等。

在创新过程中，必须明确两点：一是创新不是否定一切，不能割断历史。二是创新不是标新立异，不是为创新而创新，而应立足于解决问题而开展。

(1) 理念更新。一是人本理念。二是科学理念。科学地认识罪犯，开展改造难易度评估和危险性评估；吸收和借鉴国际通行的科学的矫正方法，如行刑个别化、行刑社会化、恢复性司法等；开放式的教育思维（当前社会处于政治转制、经济转型、社会转轨期，也是各类社会矛盾高发和叠加期，特别是在人口大流动、物质大流通、信息大流转的“麦克风时代”，社会危机高发，必须敢于直面现实开展教育，不回避社会矛盾、不规避现实问题、不脱离客观实际地开展教育应是科学和明智的选择，应把引导罪犯树立正确对待自己犯罪和改造、正确对待他人和社会、正确对待矛盾和困难、正确对待改造和新生，进而提高他们的认知能力、辨别能力、自律能力、谋生能力和合法处理人际冲突能力作为教育改造工作的努力方向。使他们明白环境可以改造人，人也可以改造环境，当你不能改变事实时必须改变自己。列举汶川大地震后的罪犯教育，谣言止于智者，危机也是教育契机，人文关怀和及时引导是化解危机和教育罪犯的有效方法）。三是融合理念。合理地整合教育资源，将狱政管理、教育改造、劳动改造三大手段有机融合、整合，达到综合施治、辩证施教的目的。四是成本理念。罪犯是可以改造的，但不是每个人都是可以改造的，且不同个体的改造成本是不一样的，在建立不同戒备度管理同时，实施区别化改造、分层改造、分类改造，还要鉴定和区分思想、心理、精神等不同问题，不一概而论，不开同一副药方。

（2）机制创新。一是互动教育机制。包括建立和谐的警囚关系，确立罪犯既是改造的客体，更是改造活动的主体，实现教育者和被教育者互动，监内教育与社会教育的互动。二是文化育人机制。三是科学激励机制。

（3）工作求新。包括依法施教、科技兴教、社会帮教。

三、怎么创新——基于浙江罪犯教育改造工作创新实践的探索

总的思路是，围绕把罪犯改造成为守法公民这一目标，把握好罪犯的需求调控；关注“80 后”和外省籍罪犯两大群体；坚持走法制化、科学化、社会化道路；在了解、理解、降解、破解（了解犯罪原因，理解服刑心理、个体需求和改造体验，降解犯罪恶习，破解再社会化难题）上下工夫。在方法、内容、手段、制度创新上做文章。帮助罪犯实现由“监狱人”向“社会人”的顺利转变和由“犯罪者”向“守法公民”的转化。

1. 以需求调控为导向

罪犯犯罪是“需求—动机—行为”的过程，对他们的改造也必须遵循这一规律，以需求调控为导向。罪犯需求具有多样性、具体性和递进性，监狱管理局先后开展了万名罪犯改造需求调查和外省籍犯改造需求调查，进而对三课教育的组织方式、技能培训重点和执法行为规范等进行了适度的调整。

2. 开展改造质量评估工作

加强入监教育和出监教育，作好罪犯改造难易度评估、危险性评估、重新犯罪的预测评估。

3. 强化罪犯改造中期教育

(1) 以方法创新为基础，使教育改造工作充满鲜活的时代气息。以监狱信息化建设为载体，提高教育改造工作的科学化水平。

(2) 以内容创新为重点，使教育改造工作有的放矢。坚持以先进文化教育人，浙江省先后提出了环境改造人，艺术矫治、文化育人的改造理念，大力加强以庄重和谐的监狱建筑文化、规范公平的行刑文化、多样常态的监区文化为基本架构，以融中国传统文化和道德、社会主义核心价值观、现代公民法治意识等为主体内容的监狱文化建设。

(3) 以手段创新为支撑，不断丰富教育改造工作的内涵。包括金华监狱的评议会制度；十里坪监狱的心情晴雨表、日收日解制度和个别教育多维量化考核制度；省局主办、省第一监狱承办的《心理导刊》；以教育改造实验基地建设为抓手，以点促面典型引路进而提高教育改造工作法制化、规范化水平；本着资源共享、互利双赢的思路，积极拓展利用社会专业力量改造罪犯，如心理矫治、法律援助、矛盾排处、职能发证等。

(4) 以制度创新为保证，不断提高教育改造工作的规范化水平。先后对罪犯高等教育自学考试工作、职业技能培训工作进行了制度性规定；制定了教育改造工作考核实施细则；正在制定罪犯心理矫治工作规范。

四、罪犯改造质量评估——创新发展的新方向

加强罪犯改造质量评估体系建设，开展罪犯改造质量评估工作是司法部对教育改造工作提出的前瞻性、现实性的工作要求。

这是一项系统性工程，也是一项技术要求高、操作难度大的工程。全国各地都开展了探讨和实践，江苏省既提出了系统的理论架构，又以罪犯改造难易度评估为重点开展了实践工作，走在全国的前列。从现有资料看，大多采取的是定性与定量相结合；测评与日常改造考核相结合，以日常改造表现考核作为衡量改造中期质量的主要依据的评估方法。浙江省罪犯改造质量评估工作坚持分段实施、先易后难、由点及面、整体提升的思路，将罪犯改造分为初期、中期、后期，以初期评估作为切入点，2005 年在省南湖监狱开展新入监罪犯改造难易度试点，在省第四监狱开展了罪犯改造危险性评估试点，并于 2006 年开始在全省推开，目前这两项评估的评估体系的科学性、可操作性和信度、效度都有了明显提高。

从 2008 年始探索刑释前的改造质量评估和重新犯罪可能性评估，总体思路和测评设置是，以心理测试为基本技术支撑，同入监初期测试结果相比照，看是否有心理健康水平的变化；以罪犯认识为前提，看是否真正认罪悔罪、找准犯罪原因；以现实改造表现为依据，看是否在行为上提高自律水平，思想上是否有从善愿望；以家庭环境为参照，看是否有利于改造成果的巩固和后续的帮教；以谋生能力的掌握为重点，看是否真正掌握了一门可以立足社会自谋职业的实用技能。根据与重新犯罪的关联度设置不同的权重比例。

（作者：李光照，浙江省监狱管理局罪犯教育处副处长）

老病残罪犯心理行为特征剖析及改造对策初探

一、老病残罪犯的界定

老年犯是指年满60周岁的罪犯（男性）；病犯是指未达到老年犯规定年龄，但符合《浙江省罪犯老、病、残鉴定标准》规定程度疾病的罪犯；残疾犯是指具备6级以上残疾的罪犯。

二、老病残罪犯的心理特征

老病残罪犯作为监狱的一个特定群体，其心理状态有别于正常犯群，通常个体心理活动随病情的变化而表现出焦虑、恐惧和忧郁等消极情绪的色彩。

1. 共性心理特征

（1）刑期较长的。这些罪犯表现出对前途茫然、意志消沉、得过且过的心理特征，有的老年犯因刑期过长，已经没有希望获得新生。

（2）文化程度低的。由于文化程度低导致他们认知水平低，法制意识淡薄，遇事总想不开，总喜欢武力解决问题。

（3）来自农村的。这些罪犯小农意识明显，以自我为中心，吃不起亏，总爱斤斤计较。

（4）体弱多病的。这些罪犯心理严重失衡，自卑、猜疑、自私心理严重，心胸狭窄、情感脆弱、情绪波动大，报复社会的想法比较突出。

2. 类型心理特征

（1）老年犯。由于年老体弱多病，又怕家庭不接纳，思想负担比较重，抑郁寡欢，不愿跟人交流，独来独往。

（2）残疾犯。残疾罪犯由于身体上的残疾导致心理上的扭曲，自卑心理、妒忌心理、猜疑心理相当严重，对同监犯的议论较敏感，害怕别人议论自己的残疾部位；在改造生活中遇到困难和挫折时，容易产生愤怒、敌视和焦虑的情绪。

（3）病犯。

精神病犯主要表现出情感淡漠、喜怒无常、嫉妒、疑病妄想，情绪低落、抑郁、悲观，对前途丧失信心，常有自责观念，认为自己已是废物，或小题大做，出现消极观念，有自杀企图。传染病犯由于长时期的隔离，生活单调、枯燥，活动范围小，造成性情急躁、压抑；有的担心病治不好，产生恐慌心理，于是破罐子破摔，消极改造。其他因生理疾病导致心理疾病的罪犯，具有封闭、固执、狭隘、脆弱等心理特征，爱钻牛角尖，情绪往往随病情而变化，反复性大，与民警有敌对心理。因患慢性病长期医治无效的，悲观失望，有轻生念头。

三、老病残罪犯的行为特征

老病残罪犯往往过分强调自己的老、病、残角色，总是按照自己的意愿行事，总想逃避劳动改造。

1. 共性行为特征

（1）偏执性。

（2）盲动性。

（3）人际关系的复杂性。

（4）懒惰性。

（5）安逸性。

2. 类型行为特征

(1) 老年犯。

(2) 残疾犯。行动不便，生活自理能力相对较差；不合群，喜欢独来独往；攻击性强，自我保护意识强。特别是聋哑犯，同监犯不经意地瞪他一眼，或瞄他一眼，或讪笑或指划，都会激怒他，甚至大打出手，闹得不可开交。

(3) 病犯。精神病犯一般呈季节性、间歇性发作。传染病犯由于隔离时间长，按捺不住情绪，有时会发疯般地吼叫。其他病犯由于思想上的偏激，遇事往往听不进民警苦口婆心的教育，在病情上，小病装大病，小病大养；在就医上，不相信监狱医院和民警医生，无理纠缠，闹着去地方医院就诊，还有试图用自伤自残的方式威胁民警，以达到保外就医的目的。

四、老病残罪犯的改造措施

老病残罪犯的心理和行为特点，决定了他们的改造特点。要把他们改造好，不管是管理还是教育，都必须把握其规律性，抓住主要矛盾，有针对性地开展工作。

1. 针对共性问题，主要从面上开展一些富有特色的教育、感化、救济等工作

(1) 坚持文化育人。主要开展了“情感、态度、价值观”主题教育活动，积极采用老病残容易接受的方式方法，如组织收看中央电视台的《百家讲坛》节目。开展监区“文化建设年”活动，成立老年健身太极拳队、铜管乐队、老年合唱团等文艺团队，以丰富多彩的文化体育活动，满足老病残罪犯不同的文化生活需求，调节老病残罪犯的改造生活情绪，极大地调动老病残罪犯的改造积极性。

(2) 坚持以情感人。针对老病残罪犯群体所表现出来的情感淡漠、感恩缺失这一心理特征，紧紧抓住人们普遍难以违背传

统价值准则和家庭伦理道德的心态，开展以读书明理，“说一句感恩的话、打一个感恩的电话、写一封感恩的家书、做一件感恩的事、写一篇感恩的学习心得”等为主要内容的主题教育活动，在春节期间组织“亲属探监恳谈会”，母亲节开展“慈母进监教子”等活动。

(3) 坚持以疏导行。老病残罪犯群体所表现出来的又一突出心理特征是郁闷，从行为特征上说容易冲动。因此，在管理、教育过程中，坚持“疏而不堵、启而不压、导而不诱、诲而不倦”，理顺老病残罪犯的不良情绪。在“疏”字上主要作好三项工作：一是开展心理健康宣传月活动，开办心理健康知识讲座，实施个别心理辅导、心理咨询、心理矫治等心理危机干预；二是加强个别谈心谈话工作，采取做耐心细致的谈话教育与解决实际困难相结合的办法，推行“三进”教育模式，有效地化瘀解惑；三是建立“犯情沟通日”制度，通过与老病残罪犯面对面的交流沟通，了解并掌握他们的思想动态和实际困难，对于其子女就学、家庭纠纷、产权债务等问题，及时与当地司法部门联系共同妥善解决，让老病残罪犯能安心改造。

(4) 坚持以环境改造人。要立足于营造良好的罪犯生存空间和人际关系，从有利于罪犯从“监禁人”向“社会人”转变的角度出发，把监狱建设成富有现代气息、符合生态人居环境要求的花园式监狱。赏心悦目的人居环境对调节老病残罪犯的心境，缓解老病残罪犯紧张、郁闷、痛苦的情绪，引导老病残罪犯良好行为习惯的养成，都能起到积极的作用。

2. 针对每类老病残罪犯存在的问题，从关注生活细节、体现政府关爱着手，认真实施分类管理、教育，做到区别对待，真诚感化

(1) 针对老年犯牙齿老化、消化功能衰退等生理原因，在他们的伙食安排上每天提供两餐稀饭，菜以清淡、易咬碎为宜。

在住宿上相对集中，住在僻静处、平房里，这样既避免了正常犯人的干扰，又便于他们户外活动。在文体活动方面，充分考虑老年犯行动不便、体力不支、喜静等特点，给他们安排一些象棋、跳棋、军棋等棋类活动；安排他们吹吹口琴、拉拉二胡、练习书法绘画等文艺活动；成立老年健身太极拳队。老年节（重阳节）组织游园活动，以老年人特有的方式欢度他们自己的节日。在每年的春节、重阳节还要为他们发放生活用品和水果、糕点，为他们改善伙食，为他们体检。

（2）对残疾犯给予尽可能的关心和照顾。对全身瘫痪、生活不能自理的，分监区指派表现好的正常犯全天护理；对于一般残疾犯，在劳动改造方面给予照顾，安排适合他们的轻体力岗位；考虑到他们行动不便，床位尽量安排在下铺。为消除残疾犯的自卑感，在"全国助残日"开展主题不同的助残活动，邀请残疾人艺术团来监演出，邀请地方上自强创业的残疾人进监演讲，开展帮扶残疾人等活动，营造助残扶残的良好风气。立足于残疾人刑释后谋生就业，根据残疾程度和他们的愿望，安排适合他们的工种，如花木园艺、面点制作、书画装裱等，与地方劳动部门联系，作好培训技术等级获证工作。

（3）在改造生活中，病犯是最难管理和教育的一个群体，他们往往以病说事、以病抗拒改造。因此，我们主要从防病治病着手，消除他们的不良情结，引导他们走踏实改造之路。一是把好入监体检关，建立健康档案，掌握他们的病情，以防医疗纠纷；二是建立巡诊制，监狱医院每天派两名民警医生在"三大现场"巡诊，做到及时发现、及时治疗，有效地解决医患矛盾；三是与地方医院建立长期协作关系，定期进监会诊，病情严重的及时住院就诊，从而及时有效地化解医疗风险。

（作者：梁春雷，浙江省第三监狱副监狱长）

管教工作技巧和创新举措探讨

监狱管教工作既是执法工作，更是进行思想教育的工作，而且是做罪犯的思想工作，因而难度很大，具有挑战性，必须具备管教工作的艺术和技巧才能更有效地开展工作。对此从三大方面分别介绍几种管教工作的技巧和创新举措。

一、狱政管理方面

1. 成本低、效果佳的“巡更器”

在每个互监小组设立罪犯流动登记本，罪犯离开岗位时要作好登记，写明时间、去向及回来的时间。民警每半小时要到每个互监小组检查，并签字确认。由于罪犯流动具有时间上的不确定性，民警和罪犯记录交叉，避免了虚假记录的可能，使登记本实际上起到了“巡更器”的作用。见表1。

表1 罪犯流动登记

时间	去向及返回记录	签名	互监犯签名	民警签名
8：55	去仓库领手套	张某	李某	
9：00	核查无误			陈某
9：10	从仓库返回	张某	李某	
9：30	核查无误			陈某

意义和作用：彻底解决民警半小时巡查点名不到位的问题。

2. “和谐101”制度

实质上就是结对帮教制度。把表现不稳定、有较大危险因素、入监时间不长、情况掌握不清的罪犯与表现好、情绪稳、能做一定思想工作的罪犯结成对子实行明帮暗控。

取得成效的关键是让罪犯乐于接受：宣传发动，考核激励，合理搭配，疏堵结合。

意义和作用：防止罪犯拉帮结伙，有利于控制罪犯而不致产生逆反心理；使极少数敌对分子预谋犯罪的时空受挤压，避免罪犯密谋制造恶性团伙案件；能发挥“近朱者赤”的正面效应，扼制“近墨者黑”的负面效应。

3. 红黑榜测评制度

把罪犯中值得提倡的行为表现和需要遏制打击的行为表现制作成测评表，让罪犯一人一桌独立完成测评表的填写，并在存根联上填写姓名。民警收回后装订成册，剪下存根联后交给罪犯统计，并将结果全部公布。署名测评能使结果更真实，避免罪犯借机打击报复，通过犯群舆论的压力来弘扬正气，打击歪风邪气。促使罪犯之间形成互相监督的意识，达到稳定改造秩序的目的。见表2、表3。

________分监区　　姓名________　　编号________

表2　红榜测评表

编号________

序号	测评内容	红榜					
1	敢于协助管理，不怕得罪人的事务犯						
2	以身作则，带头作用好的事务犯						
3	表里如一，诚实改造的罪犯						
4	坚持原则，敢于制止违法行为的罪犯						
5	默默无闻，任劳任怨的罪犯						
6	不求回报，乐于助人的罪犯						
7	勤俭节约，艰苦改造的罪犯						
8	仪表整洁，行为养成好的罪犯						

____________分监区　　姓名____________　　编号____________

表3　黑榜测评表

编号____________

序号	测评内容	黑榜					
1	有做老好人倾向的事务犯						
2	有私藏手机、电脑存储介质、现金嫌疑的罪犯						
3	有持有、吸食、交易香烟嫌疑的罪犯						
4	有变相赌博嫌疑的罪犯						
5	有以物易劳嫌疑的罪犯						
6	有挑拨离间、拉帮结伙嫌疑的罪犯						
7	有传播小道消息行为的罪犯						
8	有对民警评头论足嫌疑的罪犯						

二、狱内侦查方面

1. 犯情“日收日解”工作

要求事务犯作为信息员每日进行一次情况汇报、重点情况随时汇报。

要求信息员收集的信息包括以下六方面：

（1）当日分监区或小组罪犯遵守纪律的情况。

（2）分监区或小组中有身体不好、胃口不好、睡眠不好、家庭有变故或关系不好、劳动表现不好、情绪反常的罪犯。

（3）罪犯与罪犯、罪犯与民警间的矛盾情况和牢骚怪话。

（4）罪犯中存在的拉帮结伙或私自与外来人员接触的情况。

（5）罪犯干私活、送物品、私藏食物和违禁品的情况。

（6）罪犯讨论的热点话题或传播的小道消息。

2. 心情晴雨箱

以分监区为单位设置罪犯“心情晴雨箱”，分为晴天、阴天、雨天三只箱子并配卡通图像附以温馨提示。

晴天：表示心情不错；

阴天：表示遇到了烦心事，有点麻烦；

雨天：表示心情非常糟糕。

值班民警应对心情“雨天”的罪犯进行个别谈话教育和引导，从而做到思想疙瘩不过夜，以消除隐患、解决问题、化解矛盾。

3. 危险程度评估制度

（1）要建立危险程度评估标准。浙江省第四监狱的评估标准是综合了大量现实案例在分析统计的基础上建立起来的，共有28项61条与罪犯危险相关的信息。这些信息分为三大类：一是罪犯基本情况，包括罪犯刑期、刑种、入监时间、年龄、前科情况。二是罪犯危险程度静态表现，包括具体犯罪情节、人生成长和家庭情况、价值取向和服刑态度、心理生理状态、服刑期间异常表现。三是罪犯危险程度动态表现，以罪犯发生的严重违规，家庭重大变故，罪犯与民警、亲属和罪犯出现的矛盾等改造和生活事件作为危险程度动态系数。将前两项的数值乘以动态系数即为危险分值。依据不同的危险可能分为脱逃、自杀、行凶三类。评估值达12的为具有一定危险，评估值达18的为具有现实危险，评估值在24以上的具有紧急性危险。

（2）是把握好评估的时间周期：一是新犯入监进行初始评估；二是分监区每月进行一次评估（主要对有情况变化的进行调整性评估）；三是有异常情况即时评估。

三、教育改造方面

1. 运用心理咨询技术开展个别谈话教育

（1）体现尊重：要尊重罪犯的人格，切忌出现口头禅和污辱性语言，不要以势压人、先声夺人。

（2）体现热情：民警要善于倾听，目光应注视对方，让罪犯充分表达、合理宣泄。尤其是对方看法偏激甚至错误时，也不宜粗暴地打断对方。

（3）适度共情：通俗一点讲，就是进行换位思考。但要进得去出得来，尤其是要善于点出对方的不合理想法。

（4）积极关注：对对方的积极面给予关注，及时表扬鼓励，善于发掘对方的闪光点，对其不足的方面适度宽容。

2. 运用心理学知识初步甄别精神异常的罪犯

（1）重要意义：防止恶性事故发生。

（2）重点在于掌握核心特征。

①幻觉：主要有幻听、幻视等。

②妄想：主要有关系幻想、被害幻想、物理影响幻想、夸大幻想。

3. 化解和消除罪犯的对立情绪

(1) 民警在处理罪犯事务中，要慎重处理，防止意气用事，避免矛盾激化。

(2) 如果已经产生了对立情绪，则对该犯进行处理处罚时该民警应主动回避，而对该犯涉及奖励和改善等时，有意由该民警出面处理。

(3) 矛盾尖锐、无法调和的要进行环境调动，避免罪犯走极端。

（作者：王桔成，浙江省第四监狱教导员）

监狱工作若干热点问题初探

随着监狱狱务公开工作的不断深化，人们法治观念的不断增强，监狱内部监管与外部监督力度的不断加大，对监狱工作提出了更多更高的要求。而由于监狱相关法律制度和保障体系的不完善、不配套，造成监狱及其执法主体——监狱民警在许多具体执法行为方面出现难作为的现象，在由此引发的矛盾纠纷中也处于被动地位。现从以下几方面探讨一下目前的现状与解决的对策。

一、减刑、假释工作方面面临的困惑

从总体上看，由于《中华人民共和国刑法》（以下简称《刑法》）、《中华人民共和国监狱法》（以下简称《监狱法》）的相继出台，最高人民法院也根据形势的发展和监狱的工作实践及时修订了《关于减刑、假释案件具体应用法律若干问题的规定》，使减刑、假释工作更科学、更合理、更具有操作性。但仍然存在以下几方面的问题。

（一）对减刑、假释工作的规定仍原则性较强，造成实质上的执法尺度不统一

《刑法》、《监狱法》规定减刑、假释的前提是确有悔改表现、悔改表现突出或有立功表现，但怎样认定这三种情况没有统一的尺度。因此各省份根据各地的情况，制定出各自的具体规定，各地区、各监狱又根据自己的特点再规定实施细则。从而造成各省之间、不同主审法院的地区之间、监狱与监狱之间、监狱

与看守所之间对减刑、假释掌握标准有较大差异。如有的省份采取每月评奖、以奖联刑的方式（如新疆，减刑频率和幅度较大，造成原来带有惩罚性的调疆工作逐步演变为罪犯创造条件甚至托关系要求调新疆的局面）；有的省份（如湖北）采取每季度评记功、表扬的方式，累计到一定数量的奖励就可以呈报减刑；有的省份（如浙江）采取月度计分考核、年度行政奖励相结合，把奖励和计分折算为积分，再按积分来确定减刑、假释的幅度。这些做法都各有利弊，问题的关键在于全国不统一。在同一省份内，做法也不完全一致，比如浙江省杭州地区基本上按25分减一个月，但金华衢州地区基本按30分减一个月，湖州地区还将罪犯罚金的交纳执行直接与减刑、假释挂钩，分别给予多减、少减甚至不减，社会效果不好。

（二）对法律的理解和执行中的不统一

现行《刑法》规定对累犯以及因杀人、爆炸、抢劫、强奸、绑架等暴力性犯罪被判处10年以上有期徒刑、无期徒刑的犯罪分子不得适用假释。最高人民法院《关于适用刑法时间效力规定若干问题的解释》（法释〔1997〕5号）则明确，1997年9月30日以前犯罪，1997年10月1日以后仍在服刑的，适用修订前的刑法第七十三条的规定，可以假释。但浙江省的法院按照从严掌握的原则，在新刑法实施后就停办了此类罪犯的假释，而其他省份仍在办理。又如对专利证书能否认定为重大立功表现的问题，《刑法》第七十八条第三款和《监狱法》第二十九条第三款规定：有发明创造或者重大技术革新的视为有重大立功表现，应当减刑。《中华人民共和国专利法》第二条也明确规定，本法所称的发明创造是指发明、实用新型和外观设计。浙江省第四监狱有一名因利用邪教组织破坏法律实施罪入监的罪犯，连续申请了八项实用新型专利，要求认定为重大立功表现，但中院、高院和监狱局一致认为由于对专利权中的实用新型和外观设计专利的授予已由实质审查改为形式审查，专利的价值无法得到保证，因而对专利权取得之后能否认定为重大立功表现设立了一道前置程序，即要求专利人提供省级专业权威机构关于该专利能够产生社会效益、经济效益的评估证明。该犯在向监狱长信箱、局长信箱反映后，监狱也就此向监狱管理局进行书面请示，监狱管理局为此以浙监办〔2006〕266号文件作了专题批复，罪犯才暂时息访。但2007年5月27日《法制日报》周末版第三版却刊登了云南昆明的类似案例，给予了与浙江省完全相反的解释，导致该罪犯及其妻子重新开始信访。目前明显存在两难——按法律条文的理解和其他省的判例，应当认定为重大立功表现。而如果对实用新型专利和外观设计专利均认定为重大立功表现，又可能造成罪犯通过各种途径获得专利证书，造成对执法严肃性的挑战，甚至成为权钱交易的又一新途径。

（三）**现行的减刑、假释裁判权归属于法院，造成了行刑权的割裂**

按照目前的运作模式造成了事实上“了解情况的无权作决定，不了解情况的反而有决定权”。难以保证减刑、假释的及时性、公正性。既浪费了大量的审判资源，也迫使监狱机关每年要投入大量的人力、物力去制作整理减刑、假释材料，从而分散了监狱民警对罪犯进行思想教育转化的精力。现在法院为了减轻工作量被动地设定了减刑比例，又造成了罪犯达到监狱设定的减刑标准后不能及时获得奖励而要排队轮候的局面，造成了罪犯改造情绪的波动。另外，由于减刑、假释裁定权归属法院后，法院对生效的法律文书不愿撤销，导致罪犯投机改造局面的形成，表现在减刑裁定后松口气、减刑不满意发脾气、减刑无望后泄怨气的状态，形成罪犯越改造越坏的现象，很难从根本上提高罪犯的改造质量。

解决对策：

（1）建议减刑、假释的决定权由监狱上级主管部门掌握，检察院全过程监督，解决行刑权割裂和审判资源浪费的现状。减刑、假释的幅度采取多次累计，一次裁定兑现的方式既解决了监狱花费大量精力、物力制作减刑、假释材料的问题，也解决了减刑、假释比例受控的问题，更避免了减刑、假释裁定不可撤销带来的综合征，有利于改造质量的稳步提高，对监狱安全防范工作也必将产生积极的作用。设想监狱可以根据考核累计其可减刑、假释的幅度，也可根据其违规违纪的情况扣除其可减刑、假释的幅度，还可以根据其出现的自杀、脱逃、行凶等行为部分和全部剥夺其可减刑、假释的幅度，那监狱就真正掌握了主动权。

（2）最高人民法院或司法部需要出台一项能通行全国、操作性强、具体明了的减刑、假释工作实施细则，从而实现全国行刑制度的统一，维护法律的威严。

（3）对法律的理解和执行需要最高人民法院和司法部做更多、更及时的工作，适时出台司法解释和有关规定，以解决不同省份、不同系统乃至不同监狱执法不统一的问题。

二、监狱执法过程中出现的惩罚手段不足与罪犯维权意识增强之间的矛盾

随着执法工作的规范，严格禁止民警体罚、虐待、殴打、辱骂罪犯。而对体罚、虐待、殴打、辱骂的界定又十分模糊。罪犯把民警组织强度稍大的训练视为体罚，组织劳动强度稍大的生产视为虐待，正常使用警戒具视为殴打，进行批评教育视为辱骂。驻监检察室为了体现工作实绩，完成各项指标，也热衷于搜集民警有关执法方面的素材。许多民警为了明哲保身，就出现了不作为的现象。而少数恶习深、对改造抱无所谓态度的罪犯恰好利用了这一点，故意大错不犯、小错不断，甚至公然向民警挑衅。如狱中有名罪犯，在民警教育时公开说：“我就不听你的，你敢给

我怎么样？你有本事打我好了，你打我我就让你这身虎皮也没得穿。”还有一名罪犯被民警使用警具之后，到处告状要求进行身体检查，要求追究民警的刑事责任。为了让其息诉，监狱做了大量的劝说工作，并按其要求为其作全面的身体检查，检查结果其有高血压、心脏病等，该犯就不依不饶称自己原来没有这些病，是用了警棍之后造成的，表示刑释之后要告监狱和该民警。监狱对其的答复是，如果有医学鉴定证明这两种疾病与使用警棍有直接关系，让他通过法律途径来解决。该犯刑释后到目前为止尚未就此事再提出信访或诉讼。

解决对策：

（1）对体罚、虐待、辱骂、殴打等行为，出台一项更明确、更量化的界定标准，以达到保护民警的目的。

（2）对民警使用警戒具的规定作必要的修改，使之更具操作性。如赋予民警即时使用警戒具的权利，对执勤民警统一配发警戒具，要求民警武装上岗，遇到罪犯有对抗行为即可使用（美国法律对使用武器的规定）。规定赋予民警较为宽松的正当防卫权，如正常使用警具造成罪犯伤残的，不受追究；为制止罪犯袭警、劫夺武器等行为而使用警戒具和武器的，赋予无限防卫权（《刑法》第二十条第三款：对正在进行行凶、杀人、抢劫、强奸、绑架以及其他严重危及人身安全的暴力犯罪，采取防卫行为，造成不法侵害人伤亡的，不属于防卫过当，不负刑事责任。）。

（3）设定更多的惩罚手段，为监狱民警执法行为提供坚强的后盾。目前，监狱对罪犯采取的惩罚手段只有扣分、行政处分和禁闭。省内的某些监狱根据西方不同警戒度监狱设置的理念，设立了高度戒备管理区，除对有现实危险无法消除的罪犯进行管理外，还负责对那些屡违监规、对抗管教的罪犯进行强化矫治，收效明显。

三、因罪犯之间的矛盾冲突导致罪犯致伤、致死引发的纠纷

由于罪犯本身固有的恶习，导致他们在处理矛盾冲突时往往会采取打架斗殴等过激行为。另外，民警利用罪犯管理罪犯，也容易出现牢头狱霸现象，导致罪犯打死罪犯后果的发生。如刑满释放人员徐某，因犯强奸幼女罪被判处有期徒刑 11 年，于 1994 年 3 月 24 日送第四监狱入监队服刑，同年 9 月 1 日调遣新疆服刑，2002 年 5 月刑满释放。徐某刑满释放后多次到第四监狱上访，称其在第四监狱服刑时被他犯踢伤阴部，造成性功能丧失，要求监狱赔偿并追究当事人和民警的责任。监狱多次向其答复但其不满意，于 2005 年 1 月开始向省监狱管理局上访，监狱为此对当时在入监队工作的民警和其指认的当事人及旁证人逐一调查制作了笔录。由于事隔十多年，大家都大致知道有那么回事，但对具体细节和当事人无法回忆，也找不到原始的诊疗记录，于是送其到省人民医院进行伤害鉴定，鉴定结果表明其患有阴茎尖锐湿疣、淋菌性尿道炎，虽有阴茎海绵体纤维硬结症，但未发现有勃起功能障碍。因此监狱认为其主张的伤害没有证据证明。即使受到他犯伤害，在民警没有失责行为的情况下监狱也没有赔偿的责任。但徐某不服，又于 2006 年 5 月 24 日到省监狱管理局上访，并称准备了农药和告全国人民书，监狱派人反复做工作也没有效果。为了制造轰动效应给监狱局施压，徐某于次日下午有意在监狱局门口喝农药，引来浙江电视台的采访，此事成为局督办信访案件。根据上级领导理到、情到、利到的精神，监狱采取了一方面让徐某签监狱无过错协议书，另一方面让当地政府以建房补助的方式花钱息诉。但时隔 6 个月徐某钱用完了又来找监狱，监狱方义正辞严地告知他，监狱一级信访程序已经办理完结，且其未在 30 日内提出二级信访异议，故信访程序已经终结，如果

再上访没有任何部门会受理，劝其放弃幻想。此后徐某至今未再上访。

解决此类纠纷的对策与建议：

（1）规范对罪犯之间伤害行为的处理。第四监狱现在的做法是，凡是罪犯之间冲突引起的伤害行为，分监区要作好笔录，拍好照片。凡是构成轻微伤的，一律对加害人处行政处罚，避免因处罚力度不足使被害人将不满转移到民警身上。凡是可能构成轻伤的，一律由驻监检察室进行验伤，如果鉴定构成轻伤的，由检察院提起公诉，并告知被害罪犯有提出附带民事赔偿的权利，罪犯也可以协商赔偿或放弃赔偿权利，但必须让罪犯写下协议和承诺存档备查。如果因罪犯之间的伤害导致重伤、死亡后果的发生，监狱应在第一时间通知罪犯亲属，并让罪犯亲属全过程了解事件过程和抢救情况。在检察院提起公诉时，引导罪犯亲属提出附带民事赔偿。罪犯亲属愿协议解决的，由法院帮助调解并制作相应的文书归档备查。各部门应协同作战，固定所有的相关证据：由狱侦部门对事发现场进行拍照、录像作笔录进行证据固定，由监狱医院对治疗和抢救的所有病历资料进行规范记录、保存，由狱政部门对整个事件处理过程进行记录，并将相关资料汇总交监狱档案室归档永久保存，以防日后纠纷。

（2）对民警管理过程中有无存在失职行为进行调查认定，制作调查报告。对失职民警给予必要的处罚，以提高民警的工作责任心，减少此类事件的发生。

（3）罪犯亲属有赔偿要求而监狱认为不能满足的，尽量按照《信访条例》引导他们走完信访三级终结程序，不在法律层面上造成监狱的被动局面。

四、因罪犯工伤导致的纠纷

因罪犯工伤导致伤残和死亡的纠纷在监狱执法过程中并不多

见。主要纠纷在于：

（1）罪犯工伤责任认定有异议导致的纠纷。如狱中罪犯柯某，因劳动时违章作业，导致一异物飞进眼睛内，目前两眼视力受到影响。该犯对责任认定不服，并希望能保外就医。

（2）罪犯对工伤补偿标准过低有异议。监狱处理工伤补偿的依据是《司法部关于印发〈罪犯工伤补偿办法〉（试行）的通知》（司发〔2001〕013号），该通知出台时间较早，加上全国范围内经济发展状况很不平衡，发达省份对补偿标准不认同。第四监狱处理2003年一起河南籍罪犯工伤事故中，按标准只能赔1.5万元左右，监狱考虑路途费等因素赔了2万元，该犯亲属就千恩万谢地回去了。如果此事发生在具有江、浙、沪等发达地区籍贯的罪犯身上，用这样的标准根本平息不了罪犯亲属的心。监中一名温州籍的罪犯阮某，因做电工时被电网所击，导致手大面积烧伤，后被保外就医。2006年狱方在清理工伤补偿时一次性给予补偿，但罪犯及其亲属均表示不能接受。监狱称这是司法部的规定，如果拒绝接受，将对其收押执行。该犯被迫签下了“如果符合有关规定我接受，如果不符合有关规定我保留进一步索赔的权利”的意见。

解决方案：

（1）希望司法部能出台更具操作性的办法，并适当提高补偿标准。

（2）对因工伤残的罪犯适当放宽保外就医的条件，这样能使罪犯和亲属对监狱机关产生感激之情，有利于事故的处理。

（3）给罪犯投综合保险，作为工伤补偿的资金来源之一。

五、罪犯医疗纠纷导致的矛盾冲突

罪犯因医疗方面的问题导致病情加重乃至死亡，成为监狱目前涉法涉诉案件较为集中的焦点问题，光浙江省近年来就有

“三具尸体闹监狱”的说法，监狱一时成为弱势群体，变成被上访、被投诉相对集中的对象。

乔司监狱第四分监狱原罪犯卢某，因患脑胶质瘤、脑疝形成，于2005年10月28日上午在浙江省监狱中心医院病亡。该犯于10月9日送青年医院治疗时，监狱按规定通知罪犯亲属来医院探视，亲属对卢某手腕、膝盖表皮挫伤提出质疑，并于12日向检察院投诉乔司监狱存在“民警体罚虐待”、“延误诊治”等问题。罪犯死亡后，卢犯亲属分别于10月28日、31日纠集二三十人到监狱吵闹，出现掀翻办公桌、毁坏办公设施、拉扯民警扯下民警警务证等过激行为，2005年10月31日和2006年3月20日，卢犯的78岁父亲强行在监狱留宿达8天和31天，向监狱施压。2005年12月1日向检察院提出尸体解剖的申请，2006年9月29日在省监狱局指导下进行尸体解剖时，又受到其近20名亲属及其成员的阻挠。当地政府三次到监狱，监狱十次到余杭区良渚镇政府协调处置此事，2005年11月9日余杭区临平地区人民检察院作出书面调查报告称：①卢某在其服刑期间并没有受到监狱民警的体罚、虐待；②从现有的看病记录和调查情况来看，乔司监狱对其疾病一直是给予积极治疗的。但是家属对调查报告仍然不信，不断上访。省委副书记、政法委书记夏宝龙批示：“抓紧依法处置。”后在政法委的协调下，通过省司法厅、省监狱局及余杭区良渚镇政府的共同努力，以司法厅领导挂牌督办的形式，终于在补偿问题上达成一致，于2006年12月将尸体火化。

女子监狱原罪犯施某，因故意杀人罪被浙江省高级人民法院判处死刑，缓期二年执行，剥夺政治权利终身，1997年12月31日到浙江省女子监狱服刑。1999年10月减为无期徒刑，2002年1月减为有期徒刑20年。1999年3月，罪犯施某被鉴定为精神分裂症，无服刑能力。2002年7月初施犯脾气暴躁并伴有暴力行为，监狱即于7月19日送其至杭州市公安局安康医院（精神病专科医院）住院治疗。9月9日监狱根据安康医院的转院意见，将施犯转入省监狱中心医院（综合性医院）治疗。10月3日，监狱中心医院发出施犯病危通知书，女监及时通知施犯家属。10月4日12时40分经医院抢救无效死亡。经鉴定，施犯的死因为“中毒性休克，多脏器衰竭”，检察机关鉴定意见为施犯“系正常死亡”。10月5日施犯的尸体由医院送至杭州市殡仪馆后，因家属对死因有疑义，由家属出面办理了尸体保存手续。罪犯施某的家属曾于2003年写信上访，省检察院明确答复：“女子监狱对施某死亡后的处理都是按法定程序处理的，并无违法、违规行为，并认为尸体无保存的必要，应予火化。”2006年4月3日罪犯施某的家属又以“女监私藏尸体三年半，至今不给家属交代，强烈要求司法部门公正解决”为由写信给省监狱管理局。2006年7月，省委政法委在全省范围内开展联合大接访活动，在省司法厅领导的直接挂帅指挥下，依靠省监狱管理局领导的多次协调和余姚市当地镇政府的支持配合，采取由当地政府出面给予亲属一次性困难补助的方式使亲属书面承诺息访、息诉。

第六监狱原罪犯汪某因故意杀人罪被判处无期徒刑，捕前系杭州交通管理干部学校一教师。2003年10月30日入监，入监时曾自述患有忧郁症，言行和精神时有异常表现。2005年1月17日开始情绪反常，拒绝进食，拒绝说话，随地大小便，监狱通知其父母亲对其三次帮教，但没有效果。2月21日上午出现烦躁、不安、咬人等症状，23时30分病情突然恶化即送省监狱中心医院抢救，次日因多脏器功能衰竭而死亡。经临平地区检察院法医鉴定，属正常死亡，对死因无异议。罪犯家属对死因鉴定有异议，母亲及奶奶等身穿孝服，于2月23日至5月29日，先后24次在监狱大门口设灵堂、烧纸钱，冲监门，无理取闹。3月2日还到省人民大会堂“两会”会场门口取闹，之后采取到处上访，发信、上互联网等方式，以不实之词混淆视听。省监狱管理局为此多次将有关情况向相关部门汇报，省委副书记夏宝龙、副省长章猛进先后作批示：“不许扰乱监狱工作秩序，请政法委派人过问。”“对扰乱监狱秩序者要依法处置。”然而时隔4月之久汪某亲属在10月22日至11月6日间继续采取在监狱大门口烧香、吵闹、冲越监狱大门、用石块砸监狱大门、用头撞击民警等行为，扰乱监狱工作秩序。根据省委政法委《关于在全省政法系统集中开展联合接访活动的意见》，省司法厅、省监狱局领导挂牌督办，以建德市杨村桥镇社会治安综合治理委员会的名义与汪某的亲属签订了协议，同意对汪某的尸体进行火化，综治委考虑其家庭困难给予一次性经济补助10万元。2006年9月24日尸体得以火化。

医疗纠纷造成的原因分析：

（1）罪犯亲属维权意识增强，出现了“无理维权”的现象。群众受“人死为大”、“不吵不闹自己吃亏，吵吵闹闹捞到便宜”的想法所支配，无理也要闹三分。加上监狱工作的一些疏漏被亲属抓住不放，甚至无限放大，从而使监狱在纠纷中处于被动地位。如女监罪犯施某因服用精神类药物出现中毒症状，由安康医院转到监狱中心医院时未经其亲属的书面同意，导致其亲属以监狱中心医院没有治疗精神病的资质为借口上访，停尸4年光尸体保存费就达10多万元。乔司监狱罪犯卢某因生脑瘤导致精神异常，出现不服管教、拒食、随地大小便、多次跌倒摔伤，但没有真正及时确认病情，民警为防止其攻击他犯给其加戴戒具，从而被亲属误认为体罚虐待；省第六监狱汪某因精神病拒食，监狱既没有送精神病院治疗，也没有设法解决其拒食问题，从而导致病情加重。

（2）法律法规不完善。由于罪犯的特殊身份不能完全依据《医疗事故处理条例》进行处理，而浙江省二院二厅《关于处理在押人员死亡的若干规定》又存在操作性差、与目前形势不相符等情况。

（3）保外就医条件限制大，引起家属的不满。由于保外就医条件的限制，客观上造成“未保就死”、“保外就死”的情况。如女监罪犯施某已于2002年1月减为有期徒刑20年，可以按照精神病患者生活不能自理保外就医，但检察院的态度趋于保守，未能保外。乔司监狱罪犯卢某因病危才符合保外就医条件，而亲属又因种种原因不愿接受；第六监狱汪某也因未减为有期徒刑而无法办理保外就医手续。

（4）不同部门和系统之间存在推诿和消极应对的现象。如乔司监狱卢某、第六监狱汪某亲属大闹监狱的问题发生后，虽然有省领导的批示和政法委的协调，但公安人员对亲属的打砸哄闹行为只停留在控制和劝说的层面上，没有依法采取强制措施，在一定程度上助长了他们的嚣张气焰。分析公安部门的动机主要是怕亲属的冤气转移到公安机关不好收场。女监施某尸体存放达4年之久，与殡仪馆怕承担法律风险也有很大关系。因施某的亲属对死因有疑义，由其女儿出面与杭州殡仪馆办理保留尸体1个月的手续，并明确过期不来办理将由殡仪馆直接办理火化。基于这项协议，女监多次要求殡仪馆按协议火化，省检察院的答复也很明确，但殡仪馆就是怕承担法律风险而拖延不办。在三起纠纷的处理过程中，当地政府在经济补偿方面也明显同情和支持亲属方，使监狱在协商中增加了难度，最终均以较大额度的经济补偿终结纠纷。

（5）监狱医疗资源的缺乏和罪犯亲属期望值高的矛盾。《中国改造罪犯的状况》白皮书向社会告示：“中国监狱罪犯的吃、穿、住、用等物质生活条件由国家予以保障，罪犯享受免费医疗，生病予以及时治疗。”《浙江省狱务公开办法》也向社会公开承诺：“罪犯有病及时给予医治。”以致罪犯亲属形成了监狱要承担无限医疗保障责任的错觉。事实上，每名罪犯目前的医疗费仅为每月12.50元，监内医院的医疗设施也普遍较为简陋，医务人员的职业素质也因监狱待遇低下而无法在短期内提高。所有这一切决定了监狱只能给罪犯提供最基础的医疗保障。

(6) 利用社会医疗资源存在监管安全隐患问题。由于罪犯被囚禁的特殊性，送社会医疗机构治疗中存在着罪犯脱逃、劫狱和发生交通事故等隐患，加上医疗经费紧张，迫使监狱对罪犯外诊十分慎重，因而社会医疗资源不能为监狱所共享。

(7) 对罪犯的经济补偿缺乏相关依据。社会医疗机构有《医疗事故处理条例》，但监狱医院和罪犯身份的特殊性决定了不能依据此条例处理医疗纠纷，从而导致经济补偿办法和标准的缺失。加上经费来源和列支渠道没有保障，造成纠纷协调中补偿标准随意性大、经费难以落实的问题。

解决对策：

1. 通过将罪犯统一参加社会医疗保险的方式解决医疗经费不足和补偿经费无来源的问题

省监狱管理局与省人寿保险公司签订了罪犯统一参加综合保险的协议，监狱管理局每年为每名罪犯交纳30元的保险金即可获得以下保障——

(1) 意外身故保险金8万元；

(2) 意外残疾保险金8万元（根据残疾程度按比例赔付）；

(3) 重大疾病保险金3万元；

(4) 意外医疗保险金3000元，100元以上部分按80%赔付。

以上保险的受益人是监狱，而不是罪犯本人，监狱取得意外身故、意外残疾保险金后可根据情况部分或全额补偿给罪犯及亲属，也可以将积余部分存入补偿基金，重大疾病和意外医疗保险金则主要冲抵医疗经费的不足。

2. 通过与社会医院签订合作协议，开辟有监管设施的专用病房，提供罪犯急重症外诊的绿色通道

全省监狱都按要求就近与社会定点医院签订合作协议，监狱有急重症病犯送到合作医院，医院要无条件先予救治，并提供监管方面的便利条件。为减少途中和就诊期间罪犯脱逃和被劫的可能，第四监狱规定外诊必须有三名民警押送，并全程带镣。

3. 建立罪犯疾病三级预警机制，及时启动应急抢救方案

规范向罪犯亲属进行疾病告知，凡是达到二级疾病的，就要向罪犯亲属进行电话和书面告知（电话告知要录音，书面告知要亲属签字），凡是达到一级疾病的，要即时通知罪犯亲属来监、来院探视，并在疾病告知书上签字。如危重病犯还允许亲属陪护，使罪犯亲属对罪犯的疾病和治疗过程有知情权。监狱设立24小时值班的应急抢救小组，配备应急车辆，确保罪犯病危、病重能即时送往社会医院，实现罪犯不死在监内的目标。

4. 强对监狱医院的管理，确保医疗主体的合法性

为防止无执业资格的罪犯从事医务工作引发医疗纠纷，浙江省监狱管理局已明确要求医疗岗位必须按照法律规定由具备相应执业资格的医务人员担任，监内医院实行医务民警直接诊疗制度。对精神病等专科类疾病采取与社会专科医院签订协议，由专科医院在监内设立专门病区，并由其负责诊断和决定用药，监狱医院按专业医院要求负责执行。省监狱管理局还指定了金华市精神病院作为重症精神病的定点治疗医院。由金华市精神病院提供有监管设施的专用病房，负责治疗，并由金华监狱的民警负责监管。从而避免了因医院资质不具备而引发纠纷的可能。

5. 严格体检程序，建立健康档案

（1）作好入监体检和调查摸底工作，防止社会上发生的疾病转嫁给监狱。入监体检要对体表、外伤用照片、录像等方式加以固定，对内科疾病要保管好化验单等检查凭证。

作好新入监罪犯的摸底调查工作，主要了解以下情况：

①入监前身体状况如何？得过什么重病？有没有动过手术？

②入监前身体有无残疾？是何残疾？

③有没有得过传染病？有无吸毒史、酗酒史？

④家庭成员有无遗传病史，有无早逝现象，有无精神疾病？

⑤有无不明原因的昏厥史？

（2）给每名罪犯建立健康档案，把罪犯服刑期间所有的外诊审批单、病历、处方和各类检查报告单、X 光片进行归档管理，并对应建立数据库，便于管理与查阅。

（3）作好罪犯出监前的体检，把体检报告归入罪犯健康档案，防止罪犯刑释后把在社会上造成的疾病和伤残推向监狱。

6. 完善制度和法律，从根本上防范和减少纠纷的发生

为了吸取罪犯亲属借尸闹事的教训，省司法厅联合省人民检察院、省公安厅、省民政厅、省卫生厅印发了《关于处理在押人员死亡问题的若干规定》（浙检会（监）字〔2006〕第 11 号），此规定对死因鉴定单位和程序作了明确的规定，特别对火化尸体的期限规定为收到死因最终鉴定结论后三天内完成，死者家属有正当理由要延期火化的，经监管单位同意后不得超过七天。如果还需延期须经监管单位书面同意，并由亲属承担保管费，并每月结清。死者家属逾期拒不办理尸体保存相关手续或费用未按月结清的，监管单位可以决定强制火化。同时规定了死亡在押人员家属实施扰乱监管场所、医疗场所、殡葬场所等行为，公安机关应视情节轻重分别给予不同的处罚直至追究刑事责任。对在押人员非正常死亡需要赔偿的，明确规定了按照《国家赔偿法》的规定合理赔偿。

（作者：王桔成，浙江省第四监狱教导员）

当前监管工作形势分析与对策

当前，人民群众对于社会稳定的要求日益强烈，这使得政法系统面临的压力空前巨大。作为监狱，确保监管场所的持续安全稳定，被列为首要政治任务。如何确保首要政治任务的顺利完成，如何提高监狱的安全防范系数，认清监管工作形势，是摆在监狱系统各级领导和民警面前的首要课题。笔者从基层一线的角度出发，结合与基层民警的交流和呼声，认为以下五对矛盾是制约当前监狱监管工作科学发展的重要瓶颈和根本弊端，只有从根本上予以解决，才能够确保监狱监管工作回归良性轨道。

（一）监管硬件不足与确保监管场所绝对安全稳定之间的矛盾

确保监管场所持续安全稳定是监狱在任何时期的首要任务，也是人民赋予监狱民警的根本要求，更是监狱和监狱民警为之奋斗的最终目标。然而，自从监狱存在开始，改造与反改造、维护安全稳定与破坏安全稳定之间的矛盾始终存在，要有效解决这些矛盾，确保监管场所持续的安全与稳定，先决条件就是筑牢监管安全的硬件防线。纵观浙江省监狱系统，监管硬件条件不足问题显而易见。以我南湖监狱为例，主要存在以下几方面：一是警力配备严重不足，根据司法部警囚配置标准，严重缺编，导致现场警力无法按照要求保障。二是监房、生产区厂房 AB 门设计不科学或未有设计，以上缺陷涉及所有关押罪犯的监区或监区厂房。三是监墙围墙内专用巡逻通道部分存在或未有设计，使得监墙围墙的巡逻安保工作难以开展。四是红外线报警系统或电栅栏系统未有安装或已经损坏，科技防范的功能未有能力发挥。五是监内楼道防坠铁栅栏防护装置少数安装，防罪犯跳楼自杀隐患依然存在。六是防撞桩、破胎钉、阻车装置未有设置，罪犯劫持车辆隐患未有消除。七是监控、信息化等其他必需设施相当薄弱，不能实施实时监控。以上硬件不足只是列举的部分最为急需解决的，还有其他更多的尚未一一列举。就是这些列举的要基本解决就需要花费大量的经费，而且这只是一所监狱存在的硬件不足，纵观全省、全国，要彻底解决硬件不足问题所需费用无法估量。所以，硬件不足问题将在目前乃至今后极长时期客观存在，确保监管场所绝对安全稳定的硬件隐患也在短时期内不可消除。

在目前阶段，应对的办法只能如下：

（1）硬件不足软件补。通过抓民警的业务技能，不断提升软件管理水平，提高人防作用。

（2）花钱花在刀刃上。上级部门和监狱通过多方筹集资金，利用现有资金，充分调研，进行论证，对于各个监狱存在的最需解决的硬件隐患进行改造，力求最大限度发挥投入回报。

（3）特别事项特别办。由于各个监狱都普遍存在监管硬件不足的问题，与这些不足同样存在的还有一些不相适应的工作安排或配置，如经济指标（诸如指标过高导致夜间加班等现象）、民警配置（如责任心不强的民警配置较多等）、产业结构（如涉及进出车辆、外来人员较多等）等，这些不适应因素需要一定层面的力量才能解决，所以需要为了监管安全稳定工作而进行特事特办。

（二）民警思想现状与上级高标准严要求日益提升之间的矛盾

当前，人们对安定稳定的社会环境要求日益迫切，在此形势下，监狱作为维稳的前沿阵地之一，标准要求日益提升，一方面要确保监管场所的绝对安全稳定，不断提高教育改造质量和水平；另一方面要遵循各种规范要求的绝对贯彻执行，不断探索研究新型教育管理方式。既要守规矩，不能突破规则，又要敢创新，不断与时俱进，这为监狱民警提出了前所未有的考验和挑战。所以，在高标准、严要求面前，民警的思想出现了两极分化的趋势：一是诚惶诚恐。由于上级部门对于当前监狱工作的要求标准不断提升，使得一些民警产生了巨大的工作和精神压力，生怕由于个人的能力不足或疏忽，导致工作上发生失误或错误。整日提心吊胆，诚惶诚恐，思想弦长期处于高度紧绷状态，容易导致有朝一日弦断人倒，于工作无利。二是得过且过。另一些民警的表现则恰恰相反，认为上级对当前的监狱工作要求过高，反正自己无法达到或是不愿意去努力达到，既然如此，就随它去，做一天和尚撞一天钟，得过且过。并且用自己的消极思想不断影响其他民警，给工作的科学发展带来阻力。在这两种思想的影响下，监狱民警中“不愿为、不要为、不善为、不敢为、不便为、不能为、不作为”的“七不为”现象有所抬头。

为此，我们要不断深入了解民警的思想动态，调查研究，探索应对办法：

（1）抓好民警思想政治工作。监狱民警一直是一支战斗力极强的队伍，当前民警中出现了一些这样那样的问题，是很正常的现象，必须要找到产生问题的根源，从根子入手，抓好民警思想政治工作，既要要解决民警“怨天尤人”的想法，又要解决民警“赌运气”的想法，更要解决民警“七不为”的现象。

（2）建立科学的民警评价激励机制。如阳光工资的推行、民警提拔任用机制的调整、民警考评方法的变化等。许多民警面临着政治、经济发展空间缺失的情况，干好干坏一个样，犯过错误白努力等思想在部分民警中普遍存在，所以，如何建立科学的民警评价激励机制，已经成为充分发挥监狱工作民警这一主体能动作用的关键，也是如何实践“以人为本”理念的落脚点。

（3）启动温暖警心工程。得民心者得天下，民警目前身上担负着太大的责任和压力，由于工作原因，对家庭的负欠更多。在此情况下，民警由于工作的疏忽，还有可能招致更大的不理解甚至终身的损失。现实中，很多民警就是因工作疏忽丢失了政治前途，受到经济损失，也因此对监狱工作失去了信心和热情。启动温暖警心工程，用组织的力量，重新帮他们树立工作的积极态度和热情，是促进监狱工作科学发展的重要因素之一。

（三）**罪犯权利膨胀与监狱发展现状无法快速满足之间的矛盾**

随着社会文明的不断发展，社会对监狱的关注度不断提高，由此带来对罪犯权益保障的监督力度不断增强，依法保障罪犯合法权益的呼声日益升高。纵观社会，普通百姓的权益保障依旧处于一种比较艰难的状态。在此形势下，社会对罪犯的权益怎么看，却是一种模糊的概念，过多主张罪犯的权益，使得一部分反改造分子，尤其是有服刑史的罪犯及其家属权利意识极度膨胀，混淆罪犯权益与普通百姓权益概念，大打权益保护之旗，扰乱监狱正常管理。主要表现在：一是以健康权为由，通过伪病、装病等手段逃避劳动改造。二是以控告检举权为由，通过夸大、虚构等手段攻击监狱机关。三是以减刑假释权为由，通过闹情绪、施压等手段要求减刑假释。四是以医疗权为由，通过对抗、拒不履行义务等手段要求最高医疗条件。五是以监狱监管责任为由，通过无理取闹、上访等手段对罪犯正常死亡等突发问题索要巨额经济赔偿。六是以人权为由，通过混淆是非、挑衅等手段干扰监狱正常管理。以上六类情况是当前存在的突出问题，由于监狱立法尚不完善，严重冲击着监狱的正常监管和安全稳定，造成监狱机关公信力降低，恶性循环，对监狱发展不利。

应对策略：

(1) 完善法律、法规保障。监狱机关要努力协调人大、检察机关、法院等部门，结合监狱实际制定出台切合监狱实际状况的执法规范。

（2）加大宣传力度。监狱要对监狱管理、教育、关押罪犯的现状进行理直气壮的宣传，要对社会公开监狱执法文明的状况，让广大群众明白监狱执法文明、执法为公的宗旨。

（3）正确回归暴力机关作用。要积极运用好现有法律、法规，要对破坏监狱正常改造秩序的罪犯予以坚决有力的打击，充分作好对突发事件尤其是网络的应对工作。

（4）启动监狱维权中心。要高度重视监狱、民警自身合法权益的保护，成立并启动监狱维权中心，运用法律武器保护监狱及民警的权益，努力消除"花钱买平安"的消极应对处置思想。

（四）监管安全中心与围绕中心齐抓共管科学协调之间的矛盾

中央和司法部、厅、局都明确指出：监狱工作的首要政治任务是确保监管场所的持续安全稳定。而要确保首要政治任务的实现，其核心是监管安全。必须形成监狱所有工作的开展围绕监管安全进行，突出中心、围绕中心、服务中心、保障中心的安全稳定工作才能真正实现科学发展。所以，如何围绕中心齐抓共管、科学协调各部门工作是摆在各级领导面前的一项重大课题。有几方面的现实表现值得注意：一是各级领导班子的所有成员是否都具有监管安全首位意识。尤其是基层领导，是否都视监管安全为己任，懂监管工作业务，能够克服本位主义。二是各类政策的制定是否向监管安全工作倾斜。尤其是关乎民警的政治、经济等切身利益的制度、政策，是否体现了与确保监管安全第一位任务的对等。树立民警的工作积极性难，永葆民警的工作积极性更难，然而摧毁民警的工作积极性却非常简单。不能让做监管安全工作的民警永远处于说起来重要，做起来重要，而奖起来次要的状态。三是各种现有的监狱资源是否最大限度地用于监管工作。尤其是人力、车辆等资源在处置突发事件过程中，能否确保绝对畅通。是否发现基层分监区民警在紧急警务时，出现要人没人、要车没车等情况，导致造成延误、承担责任、有苦说不出的现象。

应对的办法：

(1) 抓思想。思维定式的形成是一定时期的产物，要改变调整，必须通过强有力的手段和措施。在当期形势下，必须采取非常手段，统一监狱系统各级领导和民警的监管安全首位意识。

(2) 定制度。要对现有的政策、制度进行梳理，在充分调研基层的基础上，重点突出对监管安全工作有贡献的倾斜力度，从政策、制度上引导各级领导和民警的工作理念。

(3) 加强交流。要加大各级领导和民警的岗位交流工作，使得所有的监狱民警都具备监管工作的业务能力，也可以解决一些领导和民警长期不在监管工作线上、脱离监狱监管中心工作的情况。

（五）实事求是作风与发生监管问题简单连坐问责之间的矛盾

监管安全稳定工作是一项长期的、艰巨的、充满挑战和智慧的工程，不是一劳永逸的，也不是良好愿望可以长久实现的。道高一尺、魔高一丈的斗争，此消彼长。所以，以实事求是的工作作风对待监管工作实际，可以使我们保持清醒的头脑，以最大的力量努力实现监管工作的持续安全稳定，这是一种基调。然而，在现实形势下，许多工作要求和制度已经偏离了实事求是的轨道，使得具体工作的人员迷失了方向。主要表现在：

(1) 零指标、绝对性要求。随着社会对监狱安全稳定的要求日益升高，导致许多零指标、绝对性要求日益增多。诸如脱逃零指标、自杀零指标、确保监狱场所绝对安全稳定等，当然，这些指标要求是全体监狱民警终身为之奋斗的最高目标，谁都不会懈怠，然而，作为现阶段必须实现的指标提出来，就有脱离实际的感觉，在思想意识上给民警带来迷茫。因为监狱发展现阶段，许多硬件、软件等发展还依然落后，保障与要求不对等，现实与期望有脱节，导致赌运气、过一天是一天的唯心思想产生并弥漫开来。

（2）“一律”性规定、条款。为了配合高标准，许多“一律”的规定和条款营运而生。有针对民警的，也有针对罪犯的。其直接的结果是否认了人的个别差异性，违背了邓小平“不管是白猫黑猫，只要抓到老鼠就是好猫”的思想精髓。“一律”规定，由于缺乏灵活性，也为其他部门追究监狱和监狱民警责任提供了强大的现实依据。

（3）坏人干坏事，好人担责任问题。监狱关押的是罪犯，其潜在的危险性是客观存在的，只要有监狱存在，罪犯又犯罪破坏监管安全始终存在。罪犯发生了重大监管事故，对于民警存在渎职、失责行为的当然要追究责任，对于事实存在领导不力的也要追究责任，这是无可非议的。然而，现在的情况是，追究民警和领导责任日趋简单化，连坐问责化。一名罪犯破坏了监管安全，多名领导、民警丢失前程，几人之例伤多人之心，导致警心不稳。

（4）不分析实际现状追究责任现象。监狱是国家刑罚执行机关，不是医院、养老院、救济所，监狱民警也不是全才，更不是神仙。所以，罪犯中发生的一些突发问题，诸如疾病、猝死等，事后分析，肯定都是有先兆的，但是由于民警不具备这些知识技能，不一定会按照专业要求去处置。一旦事情闹大，追究民警责任则是必然，不够公正。

（作者：徐卫青，浙江省南湖监狱狱侦支队支队长）

职场制怒

每个人在工作和生活中都扮演着不同的角色，在社会的大舞台上演绎着人生剧。不同的角色（如子女、父母、兄弟、姐妹、夫妻、员工、经理等）之间常会发生不同的冲突（如同事、上司、部下、服务对象等），各种冲突引发我们各种情绪反映（如沮丧、厌恶、焦虑、抑郁、自卑、愤怒等），每一种情绪到达一定的程度会造成一定的行为反映（如自伤、自杀、伤害等激情行为或激情犯罪）。

情绪没有好坏之分，所谓不良情绪是指两种情形：一是过于强烈的情绪反应（即使高兴的情绪也要适度，《儒林外史》中屡试不弟的穷书生范进，在突然听到自己中了举人的消息后，喜极发疯，这就是“乐极生悲”）；二是持久性的情绪反应（据美国耶鲁大学医学院对500名门诊病人的调查分析，76%的病人是由于长期陷于某种情绪状态而患病的，因对这种状态已习以为常，就把注意力集中在身体的症状上，不觉得它与情绪有关）。二者对人的健康和社会适应都是有害的。

人类的情绪有数百种，所谓人生百态，皆由情绪而起。由于期间差异甚小，一般可以分类如兴奋、恐惧、悲伤、惊讶、厌恶、羞耻、爱、愤怒等。

人们常说的七情六欲，愤怒就在其中。

儒家思想把人的基本情绪确定为喜、怒、哀、惧、爱、恶、欲（《礼记·礼运》）；中医把七情确定为喜、怒、忧、思、悲、恐、惊（《素问·举痛论》）；现代心理学把快乐、悲哀、愤怒和恐惧作为人最基本的原始情绪状态。这说明愤怒是人的基本的原始情绪。

愤怒人人都有，不可回避，也回避不了。下面主要介绍愤怒对人的身心和行为的影响，及如何控制愤怒，适调情绪。

一、愤　　怒

三国时期，吴国大都督周瑜在与曹军拼杀中，“用计策，损兵马，费粮草”，却被诸葛亮坐收渔人之利。诸葛亮不费一兵一卒，不仅占了南郡、荆州、襄阳三座城池，而且让周瑜将孙权之妹嫁给了刘备。“赔了夫人又折兵”致使周瑜怒气攻心，仰天长叹：“既生瑜，何生亮。”连叫数声后，伴随金疮迸裂命丧巴丘，留下了“赤壁遗雄烈，青年有俊声。弦歌知雅意，杯酒谢良朋。曾渴三千斛，常驱十万兵。巴丘终命处，凭吊欲伤情”的千古遗憾。

（一）什么是愤怒

愤怒这个武器有奇妙的效用，所有的武器都由人类使用，唯独这个武器是它在使用我们。

——塞缪尔·约翰逊

1. 愤怒的定义

愤怒是我们预设的目标和愿望不能达到或在实现的过程中反复地、一再地受到阻碍后，逐渐积累而成的一种身心紧张、不满的情绪体验。

在实现各种人生目标和愿望的道路上，有着来自方方面面的困难和挑战。这些困难和挑战有的能够战胜，有的则无法或暂时无法战胜。那些无法战胜的困难和挑战，就形成了人生道路上的一次次挫折。正是这些无法逾越的挫折，导致产生了愤怒情绪。

因此，愤怒是各种无法逾越的挫折的产物。

2. 愤怒有强弱之分

愤怒的强度一般由弱到强分为九级台梯：不满，怒的缘由；生气，怒的萌芽；愠，怒始于"青萍之末"；怒，公开的对抗由此而起；忿，由小怒向大怒转化的中介；激愤，怒的程度在递升之中；大怒，怒以冠大，程度可观；暴怒，怒之谓暴，后果逆料；狂怒，情至此时，必有后祸。

愤怒级梯越高，情绪的自我导向能力越低。

3. 愤怒情绪导向能力同人的理智能力、意志能力密切相关

意志薄弱、理智不强的人，小事生大怒，怒的梯级升格速度就会很快。

4. 愤怒意义的大小决定愤怒的强弱

如果对象对人所具有的意义越大，那么引起的愤怒就越强烈（如一怒为红颜，这种意义的大小既可以由该对象在个体生活中所居的地位来决定，也可以由人对自已所提出的要求来决定，还可以由个人的需要来决定）。

目标订得越高、愿望越迫切，遇到挫折时产生的愤怒情绪就越强烈；反之，则相对较平缓。

5. 发怒与人的气质类型相联系

胆汁质的人直率热情，容易冲动，情绪变化快，心理和行为灵活而快捷，脾气急躁，容易发怒，如李逵、张飞就属于这种类型的人。

6. 引发愤怒的其他因素

易怒还与人所处的地位（一般来说，所居的地位越高、所提出的要求越大、需要越强烈，由此产生的愤怒强度就会越大）、环境和气候（长时间处于脏乱差的环境中或阴雨、高温天气中，人的心情会差、情绪易怒）、身体状况（病人的脾气一般较差）等因素有关。

7. 愤怒情绪男女有别

男性容易产生愤怒情绪。男性因工作影响家庭关系、对工作环境和兴趣的要求、职务提升、对领导能力的期望值和领导作风的看法、人际关系、观点、顾忌、发牢骚、恋爱婚姻失败、天灾人祸、身体疾病等方面的原因，比女性更容易产生愤怒情绪。女性因无法给子女创造更好的学习环境，产生愤怒的概率比男性大。

8. 易怒也与年龄有关

青年人年轻气盛，情绪冲动而不稳定，自我控制能力差，比成年人更容易发怒。

不同年龄阶段产生愤怒情绪的因素有差异。30 岁以下的人在生活遭遇困难、恋爱婚姻出现问题、工作成果被利用、人际关系紧张、完不成任务、工作成绩不突出等方面容易产生愤怒情绪。30 ~45 岁的人在给子女创造学习环境、家庭收入、家庭关系、利益分配、频繁加班、工作环境差、意外伤害、提升职务等方面容易产生愤怒情绪。45 岁以上的人在看不惯领导、不能调动工作积极性、居住条件差、升职时间被延长、观点不被采纳、工作难度大等方面容易产生愤怒情绪。

在对全国部分省份的 1781 名公务员的调查中发现，愤怒情绪普遍存在，其中，因工作和家庭原因引起愤怒情绪的前十种因素分别是家庭收入不高、经济拮据；因工作受限，不能有效调动工作积极性；不能很好地与家人享受天伦之乐或不能更好地照顾子女，尽孝心；无法给子女创造更好的学习环境；看不惯领导的作风或上级能力有限，偏执，使自己感到不公平；员工不听管教，顶撞，感觉威严受到挑战；工作环境差，条件艰苦；名利分配不公平；容易发牢骚，容易看不顺眼；长期加班加点导致影响家庭关系等。

（二）愤怒与犯罪

愤怒是一种非常消极的、具有针对性的负面情绪，它表达了人们对某一特定人或事的不满情绪。一般来说，很多种类的情绪情感都会以恨这一形式为中介引起报复性犯罪，比如嫉妒、自卑、义愤、自尊受到挫伤、因爱生恨等。

如果一个人看不出是什么事物阻碍他达到目的，他一般只有沮丧，而不会愤怒。但一旦明确了阻碍其行为的对象后，极度愤怒的情绪往往会诱发攻击性行为，这就是激情犯罪。

根据对省内某监狱的14612名罪犯的犯罪类型的调查，暴力型的6119名，占41.88%，且每年都上升1~2个百分点，其中激情犯罪的2017名，占暴力型的32.96%。

按照激情的性质，可以把激情分为积极的激情和消极的激情。当然，激情也有积极的一面，有些激情状态能推动人的活动，成为人的一种强有力的推动力。

激情是一种持续时间短、表现剧烈、自我控制力减弱的情绪。

1. 激情犯罪的人大多心胸狭窄，斤斤计较，认知水平低下，稍有不如意之事便勃然大怒或痛不欲生悲观绝望

在强烈的情绪支配下，犯罪人的行为失去理智，往往做出毫无理智、不顾后果的突发性犯罪行为。

从激情爆发到违法犯罪行为的实施，仅仅是一步之遥，这是因为在激情状态下行为人确定目的、方法和评价行为的心理过程变得极其短暂，几乎是无暇顾及，一旦有了目标，就立即转化为行为，因此激情犯罪一般没有犯罪预谋、没有预先确定的犯罪动机，也没有事先选择好的犯罪目的和目标，而只是在偶然的、强烈的冲突过程中突然发生。

2. 具有易激惹、情绪爆发以及病理性激情等情绪障碍的行为人，都较多爆发攻击性伤害行为，有的甚至会导致恶性伤害、杀人案件

处于这几种情绪障碍的人比较容易对轻微的刺激产生剧烈的情感反应，甚至会暴怒发作，导致严重的危害结果。

对福建省某监狱内 2934 名服刑人员进行的个性分测验显示：有 282 人表现出为情绪易变，起伏不定，通常性情暴躁，易生烦恼；有 353 人表现为冲动、鲁莽、情绪易激动，精力旺盛充沛，富有激情；有 141 人表现出不安守本分，恃强霸道，渴望冒险，不甘于现状；有 305 人表现出有较强的报复欲；有 450 人表现为缺乏同情心；有 353 人表现为焦虑不安，是自残自杀的高危人群；有 353 人表现有较强的自卑感，缺乏信心。

马加爵杀人案是一个比较典型的情绪型犯罪案件。马加爵自幼家境贫困，在家中是个幼子，他聪明好学，成绩优异，因此个性自卑、任性、以自我为中心；由于受幼年生活的影响，进入大学后，进一步形成了他敏感多疑的性格特点，在人际交往中表现为行为怪异。因为内心封闭，没有知心朋友，导致同学对他采取忽视和冷漠的态度。慢慢地，在与同学相处的过程中，由于某些小的矛盾，使他逐渐形成对同学的一种仇恨，这种仇恨的积累最终导致了犯罪行为。

3. 由于情绪失控而导致的激情犯罪

激情下往往失去理智，不知下手轻重、不管什么部位、不论什么物器，致使伤害的程度、后果无法预料和控制。

如父母亲打死亲生儿女的案子（将亲生儿女打死的父母事后都后悔说很爱儿女，只想教训一下，但越打越失控，这些父母往往因工作、家庭、经济等因素，长期的压力等负面情绪，在儿女不听话时点燃了愤怒的火山，爆发的火山毁灭了亲生儿女的同时也毁灭了自己）和在杭州引起很大反响的出租车司机杀害女

大学生吴某案件（该出租车司机在傍晚出车前因春节是否回东北老家与妻子发生矛盾和争吵，带气出车又遇吴某指责其绕道，从城北教工路到钱塘江南岸滨江区一直负气开车，到目的地后，据司机案后交代，吴某付车费时一句话让其情绪一下失控，下车抓住已打开车门下车的吴某，推倒在后排车位上，双手掐住吴某脖子致死，抛裸尸于30多公里外的下沙一阴井内，伪造奸杀现场，又开30多公里将手提电脑等抛弃在城东北的舟山路，既无劫色也无劫财）等，就是典型的激情犯罪的例子。

在激情状态下，人认识活动的范围缩小，控制力减弱，对自己行为的后果不能作出适当的估价。

4. 由于反社会性情感或情绪障碍引发激情的犯罪也日渐增多

如2006年世界杯比赛期间，重庆三名男子看完世界杯比赛出来后，对一名推着流动点心车的老妇人无辜地殴打，并将开水浇在其头上一案。

（三）**愤怒与健康**

祖国的传统医学认为，剧烈的情绪波动，可引起脏腑功能紊乱，导致疾病的发生。

剧烈动怒时，人的头脑会变得混乱，思维也随之变得肤浅，对有关问题也就不能进行全面、周密、系统、深层次的分析（发怒时最容易丧失理智，轻则出言不逊，影响人际关系；重则毁物伤人，甚至造成重大伤害）；这时满脑子装的都与愤怒有关的内容，自觉头昏脑涨，考虑其他问题也是很困难的，记忆力明显减退，见到很熟悉的人却叫不出他的名字，很熟悉的词汇也回忆不起来；注意力不集中，学习和工作的效率下降，原来可以连续学习、工作数小时不觉疲劳，头脑清晰，而发怒时，可能仅半小时就感到大脑疲劳，思维迟钝，不能继续学习和工作。并且视力和听力都下降，出现眼花和耳背的现象，语言表达能力下降，不能用简单的语言阐明自己的观点（气得说不出话）。

过度的愤怒则使人气血上逆，蒙蔽清窍，可致突然昏迷；反之，脏腑功能失调也可导致情绪的改变（如肝病可出现烦躁易怒）；二者都可诱使血糖升高。

仇恨、发怒、狂躁等不良情绪可导致内分泌紊乱，使皮肤营养供应不足，进而出现斑点、干燥、萎缩等现象。此外，由于愤怒发泄方法的不当，也会导致严重损害身心健康，甚至产生疾病。对于一些身心疾病患者，愤怒还会使病情加重，甚至导致死亡。

现代社会竞争加剧，生活节奏加快，人们面临的心理压力增大，事业受挫，家庭矛盾也容易产生心理问题，表现出愤怒、忧郁、悲伤等多种不良情绪，这些不良情绪如果在短时间（一般认为是两周）内得不到改善，就会严重影响身心健康，诱发诸如抑郁、焦虑等精神症状，甚至是心理疾病。

最新调查显示，每年全球死于自杀的人数大约100万人，而自杀未遂的人数可能至少是自杀死亡人数10倍。有关自杀现象的报道也屡见报端，从海内外影视明星的跳楼身亡，富豪和企业家的悲观厌世，再到大中学生的自杀身亡，自杀的手段之多、自杀的频率之高令人咋舌。

据卫生部报告，中国每年有25万人自杀死亡，自杀是第五位重要的死亡原因、15～34岁人群首位重要的死亡原因。自杀人群中女性比男性高，青年人和老年人比中年人高（虽然中年人压力大于、多于青年人和老年人，但责任也大于、多于青年人和老年人，责任感和使命感迫使其不轻易走绝路）。

中西方的文化背景和传统理念的差异，使二者之间的自杀原因也不同。西方人是绝望自杀，受良心谴责、无法承受的赎罪感，如莎士比亚笔下的麦克白夫人、雨果《悲惨世界》的沙威；中国人“做人”、“过日子”是自杀的原因，含义很丰富，是生存技术和人际交往技术，如屈原的抱负性自杀、《红楼梦》中尤二姐的情绪性自杀和尤三姐的琐事性自杀。西方基督教是谴责自杀的，有一系列一整套的生命关怀，犹大自杀赎罪的罪比背叛基督的罪还要大，因为所有人都是罪人，你发现自己是罪人就应怀有救赎的希望，人的生命是上帝给予的，除非对上帝不抱希望而绝望，自己谋杀自己，受法律严厉的处罚（羞尸、游尸、没收财产等）；中国人受儒家影响，一重柴米油盐的物质生活，二重家庭邻里人际关系的社会生活，以死抗争、杀身成仁的儒家和佛学精神深深熏陶着人们（如子女不赡养、婆媳争吵、夫妻吵架、小孩儿不听话等造成自杀）。

心脑血管疾病专家洪昭光经过研究后列出了一道健康公式：

健康 = 合理膳食 + 适量运动 + 戒烟戒酒 + 心理平衡

《黄帝内经》说人主要是精、气、神。精是生命的物质基础；气是功能和能量；神是意识、情绪和调控，是三者最高统帅者，是信息和调控能力。人要养精、补气、守神。守神即守喜、怒、悲、思、恐五气；因喜伤心、怒伤肝、悲伤肺、思伤脾、恐伤肾；故要四季养生，首先是春季养肝，戒怒。

二、制 怒

人是有感情的，但更是有理智的。一个心理健康的人能用理智驾驭情感，不做情感的俘虏，而做情绪的主人。

人的一生时刻生活在不同的冲突之中，特别是成年人，每天都要面对来自家庭、工作上的各种压力和烦恼，周旋于大大小小的各类问题，无论解决与否，情绪都要发生变化。

压力是有机体在生理或心理受到威胁时出现的一种非特异性的身心紧张状态。压力如同一把刀，它可以为人所用，也可以把人割伤。当压力太重，人在忍无可忍的情况下，怒火从心底涌出，燃烧自己，也燃烧别人。

在心理学家眼里，愤怒是一份上天赋予的礼物。它提醒人必须在生理和情绪上武装自己，运用愤怒来自我维护，以及坚持不失真我，如2008年奥运圣火传递时海外华人、留学生护圣火和国内群众抵制法货、德货、日货及示威活动等种种举动，就是用自己愤怒的情绪来表达爱国之情，维护尊严。用理智驾驭愤怒，找到最真实、最愉悦的自己。

一旦愤怒达到了五六级（忿与激愤），无论一个人理智、意志有多强，若没有外界帮助，自我克制愤怒是非常困难的，就有可能一怒成为千古恨。

因此，预防、控制和消除愤怒就像是一场战争，必须运筹帷幄，采取适宜的战略战术。

（一）适当控制（三十六计走为上）

在日常生活中，可以碰到许多事，使人产生愤怒情绪，假如能想方设法躲开这种不良刺激，暂时回避一下，可以避免矛盾激化，消除愤怒情绪的产生。

躲避刺激法是在遇到动怒刺激时采取回避、躲避的方式以避免愤怒发生的方法。躲避刺激是一种积极预防发怒的办法。但是，人们不可能遇到不顺心的事情都躲避。因此，在遇到想发怒的刺激时，最好先试一试克制。

1. 克制（咬定青山不放松）

一般情况下，怒气在刚刚开始产生时是脆弱的，也是容易控制的。当人们感到很气愤时，要特别注意克制自己，防止冲动的发生。

千万保持冷静，暂时压住怒火，推迟动怒时间，推迟、推迟、再推迟。如第一次推迟10秒钟，第二次推迟20秒钟，然后不断地延长动怒的时间间隔。一旦你意识到自己可以推迟动怒，也许就控制了愤怒。

如果怒火依旧在燃烧，还可以强迫自己不讲话，采用静默的方式，熬过了最初的10秒钟，也许愤怒的火焰就会熄灭。如有话非说不可，你可以在开口之前，先把舌头在嘴里转十圈。动怒之时少说话，是缓解情绪、冷静头脑的好办法。

孔子说："暂忍暂益、小忍小益、大忍大益。"就是说，你能忍到什么程度，你所获得的益处就是多大。

2. 躲避（逃避未必是狗熊）

忍得一时之气，必得日后安宁。在克制和提醒都不能让怒火熄灭的情况下，离开引起发怒的现场，就失去了发怒的对象和环境（如到洗手间、会议室、户外或任何能独处的地方，让自己尽量冷静下来，用冷静、理智的方式描述事情真相，就如同写一份总结报告，怒气有可能会消除）。

如果是他人特别是领导正在发怒，也要尽快离开现场，避免因他人发怒使自己的情绪受到感染，心情变坏；如果在特定的场合下不便离开现场，建议采取"模糊"技术，"人在曹营心在汉"（就是思想开小差，想一些其他的人和事，如愉快的周末、快乐的朋友聚会等），使自己远离矛盾中心；如果是领导在指责你的工作，你想发怒时，建议你说："能否让我仔细考虑一下把事情做得更好"，这样，你既没有让步，又允许领导解释想要你做些什么。这就使自己远离了争执的焦点，不必去反驳或批评，最后离开现场。

记住：如果不能有效控制愤怒，躲避就是最好的办法。

（二）转移视线

人在发怒时，大脑皮层有一个比较强烈的兴奋灶在起作用，使怒火越烧越旺。如果这时能转移一下目标，即在大脑皮层建立起另一个兴奋灶，则可减弱、抵消原兴奋灶的作用。这就是转移刺激法，也叫干扰抑制法。

1. 乐而忘怒（用音乐和欢笑与愤怒情绪达成合理的协议）

人在愤怒的情绪作用下肯定是快乐不起来的。但是如果用音乐和笑声来想方设法让自己快乐起来，一定能冲淡愤怒情绪，找到心理平衡点。

三国时蜀国刘蝉被晋国活捉后，亡国之痛令其痛心疾首，阿斗心里明白：如果不“乐不思蜀”，必遭杀身之祸。阿斗找到了心理平衡点，所以他既保全了脑袋，又转移了愤怒。

笑就是阳光。俗话说：笑一笑十年少。一句得体的幽默能使一种尴尬的场面在笑语中消逝，能驱散怒色，缓解情绪。当愤怒无情到来时，可以有意识地尝试微笑、大笑，既是一种转移，也是一种宣泄。

2. 动而忘怒（冲出愤怒情绪的包围圈）

运动是冲破愤怒情绪包围的枪手，也是防止成为愤怒情绪俘虏的狙击队员。运动是健脑剂，它能协调大脑的兴奋和抑制，改善人的神经系统功能，使人从神经衰弱的阴影中走出来。

通过打球、散步等有意义的活动来宣泄愤怒，不失为一种行之有效的制怒方法（如有的人生气时拼命干活儿等）。有些人由于工作的特殊性，导致缺乏锻炼，更需要运动（如慢跑、游泳、散步等体育锻炼或中国气功、印度瑜伽、日本禅宗等健身运功都可以促进高质量的夜间睡眠，从而促进心理保持良好的状态，提高学习工作效率，减少愤怒。但有的运动要注意安全，因为在激怒情况下，动作往往不够准确、协调）。

3. 忙而忘怒（给愤怒情绪打上麻醉药）

忙碌是愤怒情绪的麻醉剂。

当愤怒的情绪袭来时，千万不能自我封闭、胡思乱想，否则会越来越愤怒。采用听音乐、看电影或转移话题的方式来分散注意力，迫使大脑去思考和处理其他事情，让工作或学习等有意义的活动占据脑海，这样就没有时间和精力去考虑愤怒了。文化娱乐活动是消除怒气、宣泄情绪的好办法。

特别是在盛怒之下，更需要用忙来转移刺激。一般而言，盛怒之下的人单纯依靠心理疏导不会奏效，但如果脱离争吵现场，去工作，去学习，去从事有益的活动，让自己忙碌起来，就能使怒气淡化，再及时配合心理疏导，就能更快消除怒气。

4. 想而忘怒（最浪漫的事）

《西游记》中的猪八戒憨吃傻睡、身体强壮、无忧无虑是因为他总想着高老庄的媳妇。想好事是因为美好的往事能激发美好的心态，愤怒情绪就会被挤出脑外；想坏事必然使怒者更怒。

研究发现，人们在长时间的美好静思后，免疫功能有明显提高，抵御各种疾病侵袭的能力增强。传统中医经典《黄帝内经》论述：聚精会神乃养生大法。

每个人都有这样的经验：当你感到愤怒的时候，头脑里就充满有关这些事情的情节，像阴影笼罩，昏天黑地，很难摆脱，即使想集中精力也很难办到。这时可以警告自己：不能再想这件事了，否则怒气会越来越大的；同时，要立即强迫自己回想美好的往事，唤起美好的记忆，特别是想想自己的成绩。这样，就能清楚地认识到自身存在的价值，产生自豪感，提升兴趣。

（三）合理宣泄（泄怒的快感）

一般情况下，人的愤怒情绪一旦产生，就会在人体内逐渐积累，形成“情感势能”，这种负性势能达到一定程度，就会产生心理障碍，导致一系列身心疾病的发生（在生理上常见的有胃病、高血压、心脏病等躯体化症状；在心理上常见的是心智障碍、记忆力下降、思维受损等心理问题）。

情绪宣泄有直接和间接两种方式。直接宣泄就是直接针对引发情绪的对象或事件来宣泄，往往会对人、对己都不利（如场合、时间、对象等选择不当，会增加人际关系紧张；有的人回家对妻子、孩子出气，影响婚姻、家庭；有的人对工作对象发火，既违反工作制度和纪律，又影响自身形象和前途），一般采用间接宣泄的方式。

1. 以说泄怒（当山洪暴发的时候）

当遇事产生怒气时，可将心中的不满、意见坦率地讲出来或发泄出来以宣泄愤怒。

找到自己的亲人或朋友，将心事全部倾诉出来，将痛苦全部倾倒出来，愤怒就会降低，心情就会轻松。人生旅途中，总会有几位志趣相投的知己朋友。遇上不愉快时，与朋友聚一聚，一盏清茶，一杯咖啡，奢侈点儿的来两杯淡酒，就事论事地倾诉一番，听听朋友的见解，以严于律己、宽以待人的态度重新审视事实，辨别是非，或避而不提不愉快的事件，海阔天空、云天雾地地神聊海侃一通，直到自己觉得较之宇宙、天地之浩荡，个人的得失、荣辱之渺小实在不足挂齿，激烈或忧郁的情绪至此便烟消云散。

德国诗人歌德曾经说："对别人诉说自己，这是一种天性；而认真对待别人向你叙述他自己的事，这是一种教养。"作为朋友、同事的你，应该了解你的亲人、朋友在什么时候需要你的倾听，应学会或善于倾听，这样能进一步巩固你们之间良好的人际关系。

除了可以通过向人倾诉外，还可以通过自述的方法，缓解心理压力。具体方法是，找一个暂时无人的地方，面对一个特定的物体，将其视为忠实的听众，然后将压抑在心中的话一股脑地讲出来，以求"一吐为快"的感觉。

也可以用发牢骚的方法发泄不满和怒气，这也是一种宣泄。发牢骚要注意几点，否则会伤害他人，也会伤害自己。除了自己的亲人或比较知心的朋友外，不在大庭广众之下发牢骚，防止传话；不在下级前发牢骚，有损自己威信；不在小辈前发牢骚，有损自己威严。

2. 以写泄怒（记录动怒的轨迹）

英国心理学家克利切尔说："积蓄的愤怒绝望情绪就像是一

种热能，若不释放出来，必定在内心世界造成一定破坏，但若能及时地用对人倾诉或自我倾诉的方法，取得内心感情和外界刺激的平衡，则可消除隐患。”

把愤怒写成长信或文章，把事情的起因、过程、结果等所有的情感细节都写出来，是可以帮助化解愤怒情绪的。写动怒日记的过程就是认知愤怒的过程，也是愤怒情绪宣泄的过程。

歌德年轻对曾遭遇失恋的痛苦，几次想自杀，但他终于抑制了这种轻率的行为，把自己破灭的爱情作为素材，写出了震撼欧洲的名著《少年维特之烦恼》。

3. 以喊泄怒（阳光总在风雨后）

人的吼叫对降低愤怒情绪是有帮助的。

喊是由面部肌肉、胸肌、腹肌等共同参与的一项体育运动。当有怒气产生时，可以找个适当的地方大喊出来。每喊 10 秒钟，休息 20 秒钟，连续多次，就会感到愤怒情绪减轻，烦恼减少。如果此时能应用心理免疫疗法，想着自己身体的正气正在将体内的所有致病的邪气因子从口中喊出去，愤怒情绪改善的效果会更加明显。

唱歌也是一种泄怒的方法，还可以调适其他情绪。中国民间有句话，“黑夜过坟地唱歌——给自己壮胆”，就是缓解紧张和恐惧的情绪。《北京人在纽约》中的王启明面临失败、破产，在失望之时边驾车边高唱“太阳最红……”，求得暂时的放松。所以，当愤怒或情绪不佳时，粗犷的人随意吼唱几句，细腻的人回家后打开音响或戴上耳机跟着哼上几声，再不行约上几位亲朋好友到 KTV 唱上几曲。

只有将愤怒情绪及时宣泄出去，才能确保身心健康。

（四）理智理性（理性战胜情感）

理智战胜情感，是一种心理调节方法。运用心理调节法消除愤怒情绪取决于人对事物的态度，只有改善态度才能消除愤怒情绪。

心理调节法的关键要实现“变”。变就是改变错误的认知，改变传统观念，改变思维方式，使心理活动向好的方向转变，使愤怒情绪逐渐得到抑制，从而使自己的情绪好转起来。

心理调节分为自我调节和他人疏导。自我心理调节是保持心理健康的重要方法。接受他人的心理疏导就是接受社会心理支持，这种社会支持可使愤怒者产生被关心、被尊重、被理解、被同情的心理体验。

1. 认知分析法（都是我的错）

分析法就是分析愤怒情绪产生的原因。许多愤怒情绪的产生都是由错误的认知模式导致的。

美国一位临床心理医生（著名心理学家埃利斯）根据自己多年的临床经验，提出了一套名为“ABC 情绪纷扰模式”（合理情绪疗法：A 代表诱发事件；B 代表你对这一事件的看法、解释和评价，即信念；C 代表情绪反应或结果）。人们在情绪上所受到的痛苦（C），并非来自那些令我们困扰的事情或问题（A），而是源于人们对这些事情所产生的非理性的观念（B）。如果想要改变人们处理愤怒的反应模式，最快也是最有效的方法，就是从改变自己的想法开始。让人们感到愤怒的（C），不是恶劣的天气，不是别人，也不是引发伤害的事件（A），其元凶竟然就是人们自己（B）！

事实上，外在的因素只是些客观的事情，虽然会引起不快的感觉，可是真正让人们火冒三丈的，还是面对这些客观事情时来自内心的一些想法。也就是说，无论一个人处在什么样的环境，引起愤怒的不是这种环境本身，而是对环境的看法和态度。

愤怒的主观性表明愤怒是可以预防和控制的。

2. 择优择劣法（我得到的是最好的，失去的是最差的）

择优择劣法是通过挖掘事物的优点或缺点的办法，来改善对产生愤怒情绪源的看法的一种方法。

（1）择优法就是选择事物或人的优点，发现其潜在价值（爱的就是你）。如果人们能够换换思维，有意识地挖掘这种事物或人的优点，努力去发现它的潜在价值，甚至加以适当夸大，对其缺点和不足则给予压抑，适当缩小，那么人们对待这种事物或人的愤怒情绪就会得到改善。以“甜柠檬心理”用各种理由强调他人的长处或自己拥有的都是好的。如你曾经有恩于某人，结果这个人反过来与你对抗，你肯定会愤怒。但如果你能够多考虑对方的优点，关系肯定会得到改善。但这种自欺欺人的方法只能作为缓解愤怒的权宜之计，用得过多而成为自己主要的防卫手段，则是一种病态（如阿Q）。

（2）择劣法就是寻找事物或人的缺点，降低其诱惑力（我没那么笨）。尽量寻找这种事物的缺点和不足之处，并给予适当夸大，对其优点则进行有意识的压抑、适当缩小（如谋求的某个职位失败了，就想想这项职位的不利方面，不自由、太辛苦，还常受上司的责备，吃力不讨好等），就能降低对该事物或人的诱惑力，减少失落感，降低愤怒情绪。就像说“吃不到的葡萄是酸的”的狐狸一样，为失败找一种冠冕堂皇的理由自我安慰，“酸葡萄”是不会引起人的欲望的。

择劣法对于改善人际关系，帮扶失恋者恢复心态非常有用。

3. 惩戒法（千万别把明天的伤痛当做释放愤怒的缓冲器）

古罗马人手里总是拿着特别的搏（古代饮器），遇到气愤时能随时把它打碎。聪明的日本人在事务所里放个上司的泥塑，供下属下班后敲打发泄。现在有的宣泄吧也是这种道理，这是因为人们事先预知了气愤的后果。

当一个人在无法控制愤怒，有摔东西、动手打人等毁坏或伤害冲动时，这时不妨尝试运用惩戒法（是行为疗法的原理，如对小孩儿不听话时惩罚等）。

惩戒法就是人在愤怒时，有可能发生具有危害性的行为，把这种危害性行为后果作为惩戒的办法。惩戒法是一种抑制愤怒情绪的有效方法。

虽然惩戒法是震慑邪恶、贪婪和狂怒的武器，但是人往往在狂怒时会丧失理智，因此在狂怒之中运用惩戒法比较困难。所以，运用惩戒法应慎重。

（五）其他渠道和方法

（1）不善于说唱的如学者型的人，可以默默地弄草养花、静坐、独饮或睡觉、感悟人生，这也是一种宣泄。

（2）超视静坐（逐步放松全身，想想青山白云、大海蓝天，进入半自我催眠状态）、自我催眠（催眠有自我催眠、药物催眠、人为催眠）等。

（3）当前社会上也开设了各种形式的心理咨询机构，如自我感觉不佳，可求助于心理咨询师，一般心理咨询师会教你一些控制情绪的方法，如闭眼数数、深呼吸等。

（4）另外，电台、电视台也开设了各类专题节目，收听、收视率也较高，如杭州电台的《孤山夜话》、《午夜心桥》、《爱在不夜城》，甚至《交通之声》等。

总之，我们要通过自己的情绪调适和亲人、朋友、同事的支持及劝慰，有效地制怒，始终保持良好的情绪状态，确保身心健康。

三、防怒小招数

（一）尽量减少发怒或适时适地发怒

人要想不发怒是不可能的，但要尽量减少发怒，或适时适地发怒。不妨可以试试这样一些方法：学会说“没关系”，设想以前发怒的事情，利用镜子技巧对自己说“没关系”；发生不顺心的事，遇到误解后，采用心理放松的方式，对自己说“小事一桩”；试试推迟动怒的时间，每一次比上一次多推迟几秒钟，久而久之，可自我控制；当你发怒时，提醒自己，人人都有根据自己的选择来行事的权利；请你信赖的人帮助你，让他们每当看见你动怒时，便提醒你；写“动怒日记”，记下时间、地点、事件，持之以恒达到自我控制；要自爱，提醒自己即使别人做的事情如何不好，发怒首先伤害的不是别人而是自己；每当要动怒时，花几分钟想想你的感觉和对方的感觉；当你不生气时，同那些经常受你气的人谈谈心，相互指出容易引起动怒的言行；遇到挫折时，不屈服于挫折，迎接挑战就没有空闲发怒了；提醒自己“生活愉快胜过金钱富有”，发怒划不来；自我解嘲，每当游戏、比赛输了就说是有意让对方的。

（二）**有效防止为一些小事发怒**

世界上从不发怒的人是没有的，但不为一些小事发怒是完全能做到的。要做到“五个学会”。

1. 学会将怒气摧垮在苗头阶段

在怒气刚产生时，就及时地抑制它，不让它膨胀。就如救火，在火苗刚燃烧起来时及时浇灭它是比较容易的，一旦火势蔓延、火焰冲天时，就很难扑灭了。当你意识到自己怒火已经起来时，最好的方法是强迫自己不要讲话，采取静默的方法，有助于冷静思考。如有话非说不可，你可以在开口之前，先把舌头在嘴里转十圈。动怒之时少说话，是缓解情绪、冷静头脑的好办法。

2. 学会疏导自己的愤怒

在怒气上升时，有效的制怒方法就是暂时回避，去干自己喜欢干的事情。离开使你发怒的人或事，脱离引起争吵的现场，失去发怒的环境就可以制止怒火的膨胀。若实在不能离开，可多作几次深呼吸，并与他人慢慢地逐字逐句地讲话，以平息怒气。

3. 学会在怒火中“逆惰性思维”

所谓“逆惰性思维”，即朝引起怒气的相反方向思考，或称

“回头想”。这样，可以把自己的思维从愤怒激情中拉回来，使自己考虑到问题的其他方面。这样就能比较客观地看问题，避免做出后悔莫及的蠢事。

4. 学会在怒气中控制自己的行为

事实证明，人在气头上任性地处理问题是容易出乱子的。双方之间争吵必然会讲出一些过头的话，以暴怒对暴怒，最终可导致大打出手。结果会在原有的冲突基础上又造成新的冲突，无异于火上浇油，使冲突不断升级，加剧怒火的膨胀。因此，要注意不要急于在气头上解决问题，更不能在引起发怒的现场解决问题。

5. 学会接受别人的劝告

一般来说，一个人在发怒时，自控能力会减弱，往往难以有效地控制自己，这时他人的劝告可以发挥助控的作用。要学会把怒气的自控和旁人的助控结合起来，关键还在于发怒者要学会乐意接受别人的劝告，不要一意孤行。

（作者：张炜，浙江省乔司监狱）

论“首要标准”与教育改造工作新机制构建

2008年6月16日，中共中央政治局常委、中央政法委员会书记周永康在全国政法系统学习贯彻党的十七大精神和胡锦涛总书记重要讲话专题研讨班上讲话中指出：“对于必须收监关押的罪犯，监管场所要把改造人放在第一位，通过创新教育改造方法，强化心理矫治，提高罪犯改造质量，真正使他们痛改前非、重新做人。要把刑释解教人员重新违法犯罪率作为衡量监管工作的首要标准，确保教育改造工作取得实效。”深入解读“首要标准”，其中内涵丰富，既有高屋建瓴性，更具有引领时代性。一方面体现了党的十七大提出的构建和谐社会国家战略对监狱工作的基本要求，另一方面其实是对多年来监狱工作事实上存在的监狱职能多元、职能错位现象的纠偏。特别是近年来司法部所推动的全国监狱体制改革，更为“首要标准”目标的实现奠定了现实基础。因此，它极有可能会引发新时期监狱工作深层次的变革。本文试图以“首要标准”为视角，探讨如何从宏观和微观层面构建教育改造工作新机制问题。

一、“首要标准”折射的教育改造工作意蕴

监狱是国家的刑罚执行机关。在新的历史时期，中央领导提出“要把刑释解教人员重新违法犯罪率作为衡量监管工作的首要标准”，进一步明确了监狱机关在预防和减少重新犯罪中所担当的社会职责和任务，体现了中国特色监狱工作的本质特征和构

建社会主义和谐社会对监狱工作的本质要求，标志着监狱工作战略重点的转移，指明了监狱工作的努力方向。

（一）“首要标准”蕴涵监狱要从构建和谐社会的大局出发，贯彻以人为本的核心理念，牢固确立“改造人”作为新时期监狱工作目标追求与价值取向

周永康在全国政法系统专题研讨班上曾强调，政法机关作为中国特色社会主义事业的建设者和捍卫者，必须把政法工作放到中国特色社会主义事业发展全局中来谋划、来推进。坚持以人为本，以和谐理念为指导，以和谐状态为目标，实现全面、动态、可持续的和谐稳定。最大限度地减少不和谐因素，促进社会和谐。坚持以人为本，就是要把不断满足人们多方面的需求和促进人自由而全面的发展作为一切工作的出发点和落脚点。罪犯也是人，所以，监狱工作坚持“首要标准”，就是要把握以人为本的核心理念，把改造人放在监狱工作的第一位，进一步树立罪犯的改造主体地位，努力把罪犯改造成为守法公民，让绝大多数罪犯以守法纪、讲道德、有文化、懂技术的合格的社会主义劳动者的身份回归社会，最大限度地减少刑释人员重新犯罪。监狱如果能够最大限度地改造人，就是为构建社会主义和谐社会尽到了责任，就是忠实履行了监狱机关的法定义务，就是成功地实践了科学发展观。反之，如果改造工作主业没有作好，既使经济搞得再好，也是失败。《中华人民共和国监狱法》（以下简称《监狱法》）第三条规定“监狱对罪犯实行惩罚和改造相结合、教育和劳动相结合的原则，将罪犯改造成为守法公民”。周永康指出，“把罪犯改造成为守法公民，是监狱工作的最终目标”，充分体现了监狱工作将“改造人”作为最终价值追求的宗旨性要求。换言之，罪犯在监狱服刑期间被“改造好”的程度，其衡量的“首要标准”就是刑释人员重新违法犯罪率。

（二）"首要标准"蕴涵监狱要从刑罚执行的本质属性着眼，以提高改造质量为中心，进一步确立了教育改造工作在监狱工作中的主导地位

现代监狱刑法执行的核心理念是教育人、改造人。周永康在全国政法系统专题研讨班上所作的《坚定不移地做中国特色社会主义事业的建设者和捍卫者》讲话中，在阐述把宽严相济的刑事政策更好地体现在惩治预防犯罪工作中问题时指出，要通过教育、改造，使他们改恶从善，走上自新之路，而不能使他们走上与社会更加对抗的道路。对轻微违法犯罪人员、失足青少年、初犯、偶犯等，要运用好宽的一手，最大限度地减少社会对抗，最大限度地转化消极因素。这其中折射的教育改造意蕴是，监狱机关必须端正行刑指导思想，把握正确的行刑导向，树立正确的行刑理念，建立科学的行刑机制。就是要把教育改造罪犯放在一切工作的首位，牢固确立了教育改造工作在监狱工作中的主导地位。就是要确立"大教育"的理念，包括政治工作、经济工作和行政工作都要服从和服务教育改造工作的需要。就是要把提高教育改造质量作为监狱工作的中心任务，使监狱工作的各要素、各层面、各种资源围绕改造质量进行配置、运作，使人、财、物向提高改造质量聚集，使精力向提高改造质量集中，使政策导向向提高改造质量倾斜，做到一切围绕罪犯改造质量、一切服务罪犯改造质量，切实把罪犯改造体现到监狱刑罚执行的各道环节，体现到管理、教育、劳动的全过程，体现到从入监执行刑罚到刑释刑罚终结的全时段，真正使工作重心转移到改造人、塑新人上来。

（三）"首要标准"蕴涵监狱要把教育改造工作纳入社会治安综合治理体系，以构建开放型教改工作机制应对面临的复杂挑战，确立了新时期监狱教育改造工作深化的发展路径和努力方向

减少和降低刑释人员的重新犯罪率是一项系统工程，单靠监狱机关自身的力量是无法实现的，因为导致重新犯罪的原因，既有主体层面的，也有客体层面的；既有监狱改造工作不力的因素，也有社会帮教配合不足和社会保障、社会控制缺失问题，如由于亲情的冷漠、家庭和社会的歧视、接茬帮教的不衔接、就业无门、创业无路等，最终促使他们重蹈覆辙。正是由于犯罪原因的复杂性和多元性，容易造成人们认识上的误区。必须承认，长期以来，监狱对罪犯刑释后重新犯罪认识不足，对来自社会的质问不以为然，特别是将罪犯刑释后重新犯罪完全归责于监狱认为是不公平的。常常以改造质量与重新犯罪率没有必然的联系、刑释后重新犯罪原因具有社会性和多元性相推诿，而不愿意在教育改造工作上下工夫，不愿投入较大的精力，以致监狱教育改造工作长期以来处在弱化的格局中。“首要标准”把减少和降低刑释人员的重新犯罪率作为衡量监狱工作第一标准，监狱责无旁贷、无可推卸。这有两层内涵：一是促使监狱机关更加关注提高改造质量问题，努力深化教育改造工作，以使服刑罪犯的思想觉悟、法律意识、谋生技能得到提高后，即便在社会客观诱因的影响下，其主观再犯罪的愿望和重新犯罪的可能性必然降低；二是促使监狱机关打破自我封闭的思维，变压力为动力，主动走出去，把教育改造工作纳入社会治安综合治理的正确轨道中去，通过整合监狱和社会两种资源，既有利于提高教育改造工作的有效性，又有利于实现与社会部门的无缝对接，从而进一步拓展教育改造的路径与空间。

（四）“首要标准”蕴涵监狱要把教育改造软任务转化为硬指标，以建立科学的改造质量评价体系为尺度，确立了新时期检验监狱工作成功与否的新方法、新标准

教育改造是一种特殊的教育活动，必须符合教育的内在要求，遵循教育活动的客观规律。教育的内容和方式方法应随着社会的发展和时代的进步而作相应的调整。特别是目前监狱押犯的构成日趋复杂化、多元化 ，改造的难度系数超过了任何时期，然而反观监狱工作实践，却是创新变化少，数十年一贯制，墨守成规，刻舟求剑，缺乏与时俱进，抱守传统的、滞后的教育经验，导致教育方式、方法、手段和应对措施缺乏针对性。究其原因，与缺乏树立正确的刑罚执行理念，仅满足于“收得下、管得住、跑不了”较低刑罚执行目标，把教育改造工作视为软任务，而重管理轻视教育改造工作不无关系。导致在对待教育改造工作问题上，往往是“说起来重要，做起来次要，忙起来不要”。在教育改造工作的考核上注重形式，忽视教育过程的量化考核，轻视内容和效果。从表面上看，教育台账繁杂、堆积如山 ，似乎教育工作成绩“显著”，其实“数字教育 、形式教育”的成分较重 ，教育效果不理想。“首要标准”要求监狱机关回归监狱职能，进一步端正行刑指导思想，把握正确的行刑导向，树立正确的行刑理念，建立科学的行刑机制。也就是说，要彻底摒弃形式主义的传统做法，着眼于教育改造工作的实际效果，围绕提高“改好率”，通过建立科学的改造质量评价体系，量化考核指标，以实实在在地检验监狱工作的成效。

二、制约“首要标准”在当下教育改造工作中实现的若干矛盾分析

（一）全额财政保障不足与发展监狱经济的矛盾

按照全国监狱工作会议精神，从2008年起“全额保障，监企分开，收支分开，规范运行”的监狱体制将全面实行。从理论上说，实行“全额保障，监企分开，收支分开，规范运行”后，可以在一定程度上为监狱卸掉经济包袱，改善监狱的安全稳定、监管设施，健全人防、物防、技防体系，提高监狱的安全防范能力，让监狱心无旁骛地改造人，切实履行刑罚执行职能和实现改造人的宗旨，逐步扭转在过去体制下不同程度存在的重生

产、轻改造，重监管、轻教育的倾向，进一步提高罪犯的教育改造质量。然而，问题的关键是，“全额保障”的标准是否能满足改造工作的现实需要，以及能否及时到位。如果全额保障度高，监狱不承担完成经济指标的任务，监狱可以凸显“改造第一”；如果全额保障度过低，保障机制缺乏，一是会造成“巧妇难为无米之炊”的格局；二是会引发监狱为了稳定军心，提高民警的福利待遇，而自觉不自觉地受利益驱动把重心放在发展经济上，重新回到偏离监狱刑罚执行的轨道。这将严重制约“首要标准”的贯彻落实。当然，完全放任监狱经济工作也不是办法，也需要以一定的激励机制，关键是大幅降低考核经济的指标权重。

（二）监狱刑罚执行主业与监狱人事管理体制矛盾

监狱是国家的刑罚执行机构，刑罚执行理所当然是监狱的主业。监狱的人事管理体制应当根据完成刑罚执行任务的需要进行设置，并根据时代发展的变化作相应的调整。然而，现行的监狱人事管理体制却是沿袭传统计划经济时代的模式，即监狱职能多元、监狱职能错位设置的。主要表现在：

1．局、监狱、监区的主要领导不直接抓改造工作

以现行监狱领导人事分工安排为例，通常是单位前三把手都不直接抓改造的，如监狱政委主抓监狱政治工作，监狱长主抓监狱经济工作，第三把手是任监狱党委副书记的分管纪检工作的纪委书记，也就是说，分管改造工作的必须是排在第四位或以后的副监狱长。这就好比是“让小马拉大车”，当改造工作与政工、经济或其他工作发生矛盾的时候，协调起来非常困难，往往只能以牺牲改造利益而了事。一旦改造环节发生了重大事故，承担主要责任的还是这位副监狱长，而排前三位的领导最多是“大棒高高地举起，再轻轻地落下”，无关痛痒，不影响提拔、升迁。监区、分监区也类似。

2. 改造工作岗位得不到应有的重视，优秀人才难留住

在基层监狱，民警普遍反映，搞政工最吃香，整天围着领导转，既受人尊重，工作责任又相对轻，但升迁机会却最多；搞经济工作，任务重、风险大，但经济实惠多，升迁机会也多；搞改造是任务重、责任大、风险大，升迁机会却较小。久而久之，优秀人才纷纷转向政工和经济线，并形成改造线越来越弱的格局。

3. 忽视监狱民警的专业成长，激励机制缺失

传统的监狱人事管理体制的最大弊端是民警管理停留在粗放式阶段，对从事改造工作的岗位没有资格限制，不关心民警的专业成长。如一名根本不懂管教业务的政工或经济线的人员可以随意地被提拔到管教口担任领导职务，其他线也如此。由于激励机制导向缺失，这就造成两种后果：一是民警不注重对专业知识更新和再学习及钻研，教育改造工作难以深化，满足于“万金油”现状；二是助长投机取巧、搞不正当关系的风气，跑官要官，从而又大大挫伤了广大基层民警的进取心和干好工作的积极性。因此，贯彻“首要标准”必须先改革落伍、陈旧的监狱人事管理体制。

（三）**教育改造工作与狱政管理工作的矛盾**

对于除改造工作以外监狱政治、经济等工作在监狱工作中的定位，尽管实践中有偏离，但至少在理论上是达成共识的。而对于教育改造工作与狱政管理工作何者居第一位问题，似乎依然没有定论，仍困扰着监狱。由于安全稳定具有很强的政治性、社会性，是硬指标，所以作为实践部门的责任承担者——监狱领导和民警，会把监狱场所安全作为“首要标准”，把工作目标优先定位在“收得下、管得住、跑不了”的标准上。这方面的例子比比皆是。如当强调狱政管理工作重要性时，就会高举“维护监狱安全稳定是压倒一切的监狱工作首要政治任务”口号，进而提出，监狱各项工作必须围绕安全稳定来展开，要把监狱的主要

人力、物力、精力首先放在安全稳定上，在资金投入、警力配置、基础设施建设等方面给予优先安排。于是，教育改造工作的主导地位随之发生动摇，进而对教育改造投入人力、物力、精力不够。由此可见，把罪犯教育改造成为自食其力的守法公民的目标，与监管安全硬指标的矛盾问题不解决，贯彻“首要标准”必然迈不开实质性的步伐，而成为一句空口号而已。笔者认为，当前最重要的应是解放思想、更新观念，树立“大教育”的理念，确立教育改造的核心地位，把狱政管理纳入到教育改造的体系中来，围绕教育改造的需要而展开，通过狱政管理、教育、劳动习艺三大手段各自运用，提高改造工作的科学性、有效性，把“收得下、管得住、跑不了”作为监狱工作的基本目标，最终目标是提高改好率，降低重新犯罪率，即把罪犯改造成为自食其力的守法公民。

（四）监狱民警职业化建设滞后与狱内押犯构成日趋复杂化的矛盾

伴随着社会转型，新时期的罪犯教育改造工作日益呈现出复杂、多变、艰巨的态势。一方面，押犯构成趋于复杂化、多样性，如领导干部犯罪、“法轮功”犯罪、经济犯罪、暴力犯罪、性犯罪、涉黑涉毒犯罪等，其中不乏高学历、高智能、高智商的人员；另一方面，虽监狱民警多数毕业于司法警官学校，受过专业基础教育，但由于体制、机制等方面的原因，存在着专业不分、业务不精、基本功不扎实、满足于“万金油”现状。特别是因受监狱机关编制、人事管理机制、队伍结构等因素限制，监狱单位入口不宽、出口不畅；在民警教育培训方面，还未建立系统、科学的民警教育培训工作机制，继续教育力度不大，民警队伍知识更新缓慢；监管改造人才缺乏，尤其是心理学、监管改造等方面的专业人才及复合型人才缺乏；民警职务晋升渠道单一，而专业职务晋升渠道则未开通，造成众人拥挤“独木桥”的现象等。罪犯教育改造难度的增大、监管工作检验标准的提高与民警队伍专业化程度不高，成为落实“首要标准”的一对重要矛盾。

三、以“首要标准”为视角，构建新型的教育改造工作机制

（一）深化监狱体制改革，建立充分保障监狱刑罚执行需要的经费保障机制

目前，监狱体制改革工作已取得了阶段性成果，各地都按照“全额保障，监企分开，收支分开，规范运行”的目标要求陆续进入实体运作阶段。这表明，就理论层面而言，大家对新时期的监狱工作的运行体制和定位已经形成了共识。同时，也为进一步确立教育改造主导地位，回归监狱刑罚执行的职能扫除了体制障碍。下一步应重点关注具体的实际操作问题，特别是“全额保障”的标准如何确定以及落实经费保障的机制建立问题。笔者的建议是，监狱刑罚执行所需经费全额纳入中央和地方财政预算，“全额保障”的标准应建立在与当地经济发展保持同步的水平上，沿海发达地区与内陆欠发达地区应有所区别，不搞“一刀切”。除了规定基本保障线标准外，建议再制定一项指导性标准。基本保障标准为必须达到的底线。指导性标准则可根据各地区的具体财政情况上浮标准以灵活掌握。在实际操作上，可以在各省份或市级财政部门指导下，由监狱部门提出经费预算案，报省、市地方财政审查确认后，纳入当地财政预算。同时，按上年度当地人均收入水平动态调整。

（二）改革监狱领导体制，建立和完善领导责任机制

现行的监狱人事管理制度是在计划经济时代形成的，是监狱职能多元，甚至错位，是监狱自己“找饭吃”，经费严重不足的状态下，不得已而为之的。因此，今天有必要重新反思和改革

之。笔者认为，“首要标准”所折射的基本法制意蕴就是监狱必须回归刑罚执行主业，监狱的各项工作和制度都必须服从并围绕以“改造人为中心”而展开。监狱领导体制事关监狱工作全局，因此，当下改革的重点是纠正监狱主官事实上不主管刑罚执行工作问题。

1. 要确立监狱长主管监狱改造工作的职位分工

监狱长要靠前指挥，要把主要精力放在教育改造工作上，包括参与研究制订和组织实施教育改造工作计划方案、主持与教育改造相关的会议、检查落实教育改造工作的实施情况等。为确保教育改造工作的实施，建议监狱党委书记兼任监狱长。在整个监狱领导层面，建立监狱长作为最高改造主管，统管监管改造工作，其他副职参与分管，负相应责任，领导班子齐抓共管的新型体制。

2. 建立相应的领导考核评价机制

监狱长的政绩好坏主要看监狱的改造工作，特别是教育改造工作成效。其他监狱领导也应有间接服务改造工作的考核内容。

3. 健全完善领导责任追究机制

作为主管教育改造工作的监狱长，是落实“首要标准”的第一责任人，承担主要责任。以此类推，监狱以下的监区长、分监区长都应是教育改造工作的主要承担者和责任人。坚持主要领导抓改造，主要资源投入教育改造，并把教育改造质量作为衡量监狱工作成效和考核领导干部任期目标责任制的主要内容。

（三）**构建“大教育”模式，建立充分发挥教育改造职能的工作机制**

首先，要确立“大教育”理念。即把教育改造工作贯穿于监狱工作的方方面面，使监狱的政治工作、狱政管理、监狱生产、行政后勤都纳入教育改造系统中来，围绕教育改造人这个中心运转。比如监狱生产应主要定位在习艺性上，以发挥劳动改造手段和罪犯回归社会的谋生手段技能功能作用。其次，要把监狱的主要人力、物力、精力首先放在安全稳定上，在资金投入、警力配置、基础设施建设等方面给予优先安排。再次，要建立重心向教育改造工作倾斜的考核机制。通过建立一套科学的罪犯改造质量评价体系，客观检验教育改造工作的效果。应从罪犯思想改造程度、恶习矫正程度、生活技能的培训程度、科学文化知识掌握程度、法律知识知晓程度、适应社会角色心理准备程度上，研究制定一套科学、规范、符合实际的改造质量指标体系和评估办法。对于罪犯个体改造质量评价的标准，可以参照《监狱法》所规定的“将罪犯改造为守法公民”的目标，将罪犯改造成为“守法公民”就是改造质量好的标准。同时，要大幅度提高教育改造工作在其他诸项工作中的考核权重比例。以责任制考核为例，教育改造工作所占的权重应占50%以上。牢固确立“改造人为中心”的工作理念，将教育改造质量作为考核基层监狱的刚性指标，加大教育改造工作在各监所领导班子责任制考核中的比重。通过管教信息系统，及时统计各监狱每年刑释解教人员重新犯罪率，作为衡量监所改造质量的指标，并将此与监所领导班子和主要领导的工作业绩挂钩，作为各级领导干部考核任用的一项重要指标。最后，要建立相应的教育改造机构，除现有教育机构外，建议监狱设立教育改造委员会，吸收政工、狱政、刑罚执行、狱内侦查、劳动改造等业务机构人员参加，在监狱长主持下，定期通报和研究教育改造工作，以进一步强化监管改造的主业地位。

（四）整合监狱和社会两种资源，建立监狱与社会“无缝对接”工作机制

客观地讲，导致刑释人员重新违法犯罪的原因是复杂的、多方面的，既有监狱教育改造不彻底、罪犯改造质量不高的原因，也有罪犯恶习太深、顽固不化的原因，还有社会接茬帮教和就业安置是否有效、家庭和社会是否接纳等诸多原因。因此，落实“首要标准”是一项涵盖监狱、社会、家庭的系统工程，必须监狱、社会、家庭有机衔接，共同去落实和实现。监狱要主动接轨社会治安综合治理工程，整合监狱和社会两种资源，积极探索作好引进社会力量参与监狱教育改造工作这篇文章。注意从制度和法制层面构建长效机制。同时，还必须抓好刑释人员重新违法犯罪可能性评估工作，建立刑释人员“回归社会信息数据库”，在罪犯刑满前一个月，将服刑情况和评估意见寄送罪犯原户籍所在地的县级公安机关和司法行政机关，实现监狱与社会的良性互动。开展刑释重新违法犯罪情况调研，不断增强教育改造的针对性和有效性。积极争取各地政府和各有关部门的重视和支持，将对罪犯的帮教安置、义务教育、技能培训等纳入社会治安综合治理体系，靠全社会的力量共同落实好“首要标准”，切实降低重新违法犯罪率，维护良好的社会治安秩序。

（五）大力推进监狱民警职业化建设，构建有利于民警专业成长的激励机制

按照“首要标准”要求，结合当前监狱民警队伍实际，强化政治建警、素质强警、科学育警机制，从监狱民警队伍职业化发展方向着眼，优化监狱民警队伍，提高民警队伍的整体素质。

1. 进一步提高民警队伍的政治思想素质，将民警的注意力集中到“以提高教育改造质量为中心”上来

深入开展学习实践科学发展观活动，深化社会主义法治理念教育，增强广大民警做中国特色社会主义事业建设者、捍卫者的自觉性和坚定性。监狱要形成“以教育改造质量论英雄”的工作导向，在荣誉上、职级上加大政策激励力度，广泛调动民警作好教育改造工作的积极性。

2. 进一步提高民警队伍的业务素质

深入开展岗位练兵活动，普及法学、教育学、心理学、社会

学等基本知识，掌握教育改造罪犯的基本规律，不断提高广大民警的履职能力。强化公正执法，切实提高规范执法水平，做到制度健全，程序规范、监督有力。强化从严治警，切实提高党风警风建设水平。

3. 构建“改造专家沉淀基层”的机制

科学配置警力资源，充实教育改造工作力量，将主要力量、优势警力集中到教育改造这个主业上来。充实和加强监区民警队伍，实行政策倾斜，提高政治经济待遇，真正实现“骨干沉淀”，真正形成分监区有能手、监区有“标兵”、监狱有“专家”的人才结构。

4. 要设立监狱民警专业技术职称评审晋升机制

激励广大基层民警走专业成长之路，拓宽晋升渠道，提升监狱人民民警的专业素质。

（作者：杨金仙，浙江省监狱学会副会长；
罗振旺，浙江省监狱学会副秘书长）

论监狱执法风险与防范

一、问题的提出

存在决定意识。监狱执法是监狱工作的永恒主题，有执法必然就有风险。之所以当前要特别高度重视监狱执法风险与防范问题，这并非是空穴来风，而是由于今天所处的特定时空背景发生了深刻变化所决定的。

伴随着我国社会主义市场经济体制的确立与发展，1997 年党的十五大顺应实践需要提出了依法治国的政治方略，并最终写进了宪法。从此，整个社会运行方式开始发生了改变：法治取代人治，依法办事就成了我国政治、经济、社会生活中人们的基本行为准则。比如中共浙江省委从加强党的执政能力的高度，提出了建设“法制浙江”的目标要求。各地，各行各业都一样。具体到监狱工作而言，司法部也适时地提出了“依法治监”，并根据《中央政法委关于“规范执法行为促进执法公正”专项整改活动工作方案》，印发了《司法部关于开展“规范执法行为，促进执法公正”专项整改活动实施方案》，就全国监狱劳教系统如何开展“规范执法行为，促进执法公正”专项整改活动进行了具体的部署。要求“针对监狱劳教系统当前执法活动中存在的突出问题和薄弱环节，落实整改措施，进一步促进监狱劳教系统严格执法、文明执法、公正执法”。总之，执法难、执法风险是带有全局、全社会性、趋势性问题。事实上，公安、检察、法院、工商、税务等比我们更难。然而，目前种种迹象表明，执法风险还有加大的趋势。如各地人民检察院陆续成立反渎职侵权局，与原来成立的反贪贿赂局并肩作战，打击各种职务犯罪的力度显然加大。也出台了不少严厉的执法责任追究制度。

从现实动因上看，当前监狱执法工作领域形势严峻，从通报中可以看到，近年来先后发生过多起震惊全国的大案、要案，如大连监狱案、湖南邵东监狱案。2004 年全国监狱系统有 70 名民警受到党纪政纪处分和刑事处罚，就是明证。监狱执法，关乎自然人自由的剥夺和限制，是项十分严肃而又审慎的执法工作，必须慎重贯彻有法可依、有法必依、执法必严、违法必究的法治原则。然而，由于众所周知的原因，监狱执法工作面临着多重挑战，诸如监狱立法原则性过强，操作性不强，存在许多法律盲区，导致在实践中工作人员可能举止失措，动辄得咎，无以为据；监狱财政保障不足，加之监企不分的管理体制，以致受经济利益驱动，监狱长往往把主要精力放在发展监狱经济上，导致监狱功能在实践中的错位现象；监狱管理行为中分执法行为和行政管理行为，从理论上说，行政行为领导可以干预，但执法行为应严格照章办事，但随着监狱由封闭走向开放，监狱民警在执法过程中，除受到社会人情招呼的冲击外，也受到来自上级领导层面的干扰；罪犯权利保护和救济面临诸多瓶颈……这些问题中不乏带有机制性质，相互影响并交织在一起，从而构成了挑战新时期监狱工作深化的颈瓶。

放眼世界，监狱执法工作越来越紧密地和国际人权斗争和监狱法制文明交流结合起来。中国处于某些西方国家以意识形态划分阵营、借助人权保护和救济，推行双重标准干涉他国内政的国际环境下，切实规范监狱执法行为，对外充分展示中国罪犯人权保护和救济的努力，能够帮助中国赢得更好的国际声誉，树立中国的国际威望。

二、监狱执法风险的理论界定及具体表现形式

监狱执法风险是指具有刑罚执行权的监狱人民民警，在对法院判决生效而投入监狱场所服刑的罪犯，实施惩罚和改造的有关监管活动过程中，由于违规执法或执法不当而导致执法纠纷，有可能被追究刑事责任和党纪政纪处分的情形。从主观过错内容分，可分为以下两种类型：一类是明知故犯型，即通常所说的明知自己的行为是违反《中华人民共和国监狱法》（以下简称《监狱法》）等法律、法规、制度而仍然主观直接故意地去实施某违规执法的行为；另一类是客观过失型，即不知而犯，受制于本人的认知能力和知识程度，带有不能预见性。从最终承担的风险责任后果看，可分为刑事责任风险和行政责任（包括党、政纪处分和经济处罚）风险两类。

当前监狱执法领域比较常见的执法风险如下。

1．贪赃枉法，以权谋私被追究

主要表现为：执法腐败，经受不住糖衣炮弹攻击或受各种利益驱动，索取、收受被监管人员及其亲属的财物，利用职权枉法办理减刑、假释、保外就医等案件，属典型的人生观蜕化变质。达到一定数额即构成犯罪，被追究刑事责任。

2．人情执法引发的执法风险

市场经济条件下关系学盛行，上下左右，纵横交错，必然反映到监内，这就给监狱执法带来严峻的挑战。为照顾关系而偏离公正执法的轨道，违规执法。

3．执法水平低下引发的执法风险

主要表现为：部分监狱民警执法人员素质跟不上社会发展的需要，对执法的法律依据内容理解不深不透，甚至错误，对执法程序不清，执法的方法简单落后，执法手段粗暴，执法不文明，致使警囚双方矛盾激化，而引发执法纠纷。如遇到罪犯寻衅滋

事、对抗管教时，束手无策，或退缩，助长罪犯抗改气焰，或情急之下动手打人，违反政策造成后果。

4. 滥用执法权引发的执法风险

主要表现为："乱作为"，即超越职权，想当然，擅自决定，乱执法。

5. 执法不到位引发的执法风险

主要表现为："不作为"，即玩忽职守，在执法岗位上严重不负责任，不履行职责或不认真履行职责，致使引发监管事故，而被追究相应责任。这部分人往往因为缺乏一定的事业心和责任感，无所用心，马虎行事，殊不知，有时一个小小的失误也会引发很大的执法风险。

三、防范监狱执法风险的理性思考

有效防范和化解监狱执法风险，必须确立整体思维的观点，即着眼于构建防范监狱执法风险系统，尤其要研究各项措施手段有机联系、相互作用的关系，重在内在机制打造与建设。以下六方面内容不可或缺。

（一）以法规完善为基本点，夯实监狱执法环境的发展机制

完备的监狱法律、法规、制度体系是规范执法的前提。这一结构以《监狱法》等法律为核心，各种相关法律、法令、条例、决定为组成部分的一个完整的全面联系的整体，这一整体应当涵盖监狱管理、刑罚执行活动的各方面，不仅有实质性规范，也有明确、严格的程序规范，努力使得监狱全部管理、刑罚活动都处于有法可依的状态。

1. 致力于建设完备的监狱法律法规体系

一是法律体系，以《监狱法》为核心，以及相关的法律组成；二是国务院颁布的有关行政法规；三是司法部颁布的行政管理规章制度；四是监狱系统根据有关法律法规，针对行刑改造各

疲乏环节，制定的一整套民警应当遵守的工作制度和罪犯应当遵守的行为准则，以确保有关法律法规在监狱的贯彻落实和规范运作。前三个层次监狱不可控制，监狱应重点放在第四层面上。特别要针对当前监狱执法上存在的薄弱环节，制定切实有效的措施，给基层民警提供操作性强、管理有效的手段和方法，为基层民警创造良好的执法环境。

2. 要及时对法律进行清理，保障监狱行刑程序规定的统一

要针对有关监狱行刑程序的规范间存在冲突的问题，对规范及时进行清理，该修改的修改，该废止的废止，该补充的补充。在清理过程中，首先要辨明法律效力，对于与《监狱法》规定存在冲突的行刑法规及规章，应当遵循上位法优于下位法的原则，与《监狱法》相冲突的程序条文一律无效，一致的有效。在部分程序条文被宣布无效后所带来的程序缺失问题，应当及时对条文进行修改或制定新的规范予以替代。

3. 要将罪犯权利保障纳入法治化轨道

监狱工作是我国刑罚执行的主要载体，其作用和职能就是将罪犯由犯了罪的特殊公民恢复为适应社会的守法公民，这是我国政治文明在行刑法律上的具体体现；而恢复罪犯守法公民的唯一联结纽带就是罪犯权利行使，这也充分体现了我国政治文明的法律本质和法律特征。尽管《监狱法》对罪犯权利作了专门的规定，但总体上说还不够具体、明确，应当按照人性化的要求，对罪犯权利专门立法，对罪犯权利行使、保护、救济应有精确、细密、完整的规定，这是罪犯权利主体的法治体现。

（二）以“法律至上”的价值定位为切入点，构建民警执法意识的养成机制

民警公正文明执法意识的强弱程度是规范执法长效机制能否形成并发挥作用的前提。要培养和强化民警的公正文明执法意识，最重要的是善于发现和抓住民警公正文明执法意识的生长点

和增长点。生长点和增长点主要来自三方面。

1. 行刑法定，注重依法行为养成

要通过深入开展法制教育，强化民警的法律意识，牢固树立“法律至上”的观念，崇尚法律权威，把自己的言行处于法律的规范之下，一切行刑活动都在法定范围内行使。现代监狱的理念要求监狱公正、文明、科学、高效、安全，这就对监狱民警执法素质提出了更高的要求。因此，应着力培养和强化民警的法治观念和忠于法律的意识。

2. 职权法定，职权和职责相统一

监狱机关的执法行为必须在法律规定的范围内活动，不能凭主观意志行使职权，越权无效；同时，法律授予监狱机关的职权，实际上也赋予了义务和责任，不依法履行职权就是不履行义务，就是失职，如在保障罪犯的合法权益上，民警既有职权去保障，也有义务去承担。

3. 法律作为一种专业化的知识应获得相应的独立

执法活动应有别于监狱行政管理活动。当前监狱执法很大程度上还依赖上级，依赖上级发布号令，下面来执行。存在所谓的政策型、经验型运动，这都损害了执法的独立性。小到监狱制度大到整个刑事法律体系，都应该研究相关制度背后的知识来推进该种制度的演进。作为执法者的监狱民警，首先应分清哪些是执法行为，哪些是非执法的行政管理行为，对于后者可以服从且应该按领导的指令指示执行，而对前者，只服从法律和规章制度。只有这样，“规范执法、依法治监长效机制”方能建立。

（三）以程序正义为关键点，拓展规范执法能力的预警机制

纵观世界法治的发展，法治的实现首先是法律所表现出的良好的程序，监狱行刑也不例外。监狱行刑程序应当明确、规范、具体，这样才能保障监狱执法行为公平、公正和法制化，确保监狱民警的执法活动合法而有序地进行，依法正确行使职权。但是，我国现行法律法规中有些有关监狱行刑的程序原则性、概括性较强，大大影响了其实际的可操作性。为此，我们必须进行系统的规范化的公正执法的程序建设，以保障行刑活动顺利进行。

1. 抓基础

在完善监狱行刑程序的过程中，必须细化有关法律规定，使程序的落实有具体的内容，以此保障法定程序的严密性，不致留下缺陷而影响行刑工作的正常开展。在细化程序规定时，要特别注意某些重要的。对行刑工作具有实质性影响但还没有反映在规则中的程序并予以特别的重视。例如时效、法律后果等方面的规则，正是目前程序规范中的薄弱环节，对此应当在制定程序规范时大力加强。如对与罪犯的权利直接相关的时效像对申诉控告材料的处理及转送、做出审批及复议结果的期间等均应从严掌握，并严格规定违反这些时限的法律责任，从而防止因无时效规定而产生的适法无期、适法无果现象。

2. 抓重点

要对罪犯的减刑、假释、暂予监外执行等办理程序制定操作性强的程序规定,程序规定不仅要明确、具体、便于操作,还要相互制约,利于监督。对罪犯的行政奖惩、离监探亲、分级处遇、罪犯计分考核、职务犯的选用等行政管理行为,也要分别制定相关规定,以制度的形式对其条件程序以及操作行为进行规范。特别是要将计分考核的项目尽可能细化,分值要尽可能避免弹性。

3. 抓关键

要对监狱民警具体执法操作行为进行严格的规范，做到“五定”。

（1）时空定位。通过按时空顺序对民警执法行为进行定位，实现对罪犯全时空的直接控制。

（2）环节定位。通过对民警执法活动各环节之间相互衔接上容易出现的漏洞进行控制，突出时序的周密性。

（3）部位定人。通过对监管改造场所重点部位、次重点部位和一般部位分别设置不同的警力配置，强化安全防范和教育改造工作。

（4）过程定置。通过对民警工作内容的分解和量化，具体明确地规定民警在执法、施教、管理活动中的岗位、角色和职责目标，增强民警的敬业精神和责任心。

（5）管理定序。通过程序调节各项基础工作之间的衔接，做到有条不紊，按序完成。

（四）以公正和效益为目标点，培育监狱执法效益的创生机制

经济分析法学认为，所有的法律活动和全部法律制度，都始终存在一个有效利用资源，减少法律运作交易成本，从而获得较大收益的问题。公正和效益是执法活动不可回避的永恒主题。在效益和公正发生冲突时，理应是公正优先、兼顾效益。但公正优先并不意味着为了追求公正，可以不计成本；兼顾效益也不意味着更多地去追求社会效益，而忽视或忽略成本的投入。

当前监狱执法实践中，在追求公正或者社会效益或者"政治效益"的倡导下不计成本的做法并不少见。"公正"在法律中的第二个意义，就是效益。西方有一句很著名的法谚，叫做"迟来的正义非正义"。贝卡利亚也曾指出，"法律交易本身应该在尽可能短的时间内结束"，"惩罚犯罪的刑罚越是迅速和及时，就越是公正和有益"。现在，基层监狱的人、财、物配备情况在多数地区还比较简陋。监狱机关人力、物力、财力的缺乏，以及当前监狱执法难度大、压力重，要求监狱执法活动符合经济原则，在执法活动中尽可能地节约成本，注重执法活动的效益，这对于"规范执法行为、促进执法公正"赋予了更丰富的现实意义。

监狱民警树立注重效益的执法观至关重要。但观念还必须在执法实践中具体化。具体来说，监狱机关在执法活动中，应对人、财、物等进行合理配置，在监狱执法实践中应当依法界定执法职责，科学设定执法岗位，规范执法程序，建立公开、公平、公正的评议考核机制和执法过错或者错案责任追究制，积极探索监狱执法绩效评估和奖惩办法。构建依法治监长效机制，除了要着力解决好体制、观念和认识等方面问题外，当前监狱应重点从执法责任制的本质和操作规程、依法界定执法职责、建立评议考核机制三方面入手。

（五）以执法监督为着力点，规范监狱执法行为的控制机制

加强对监狱执法工作的监督，惩治执法领域的腐败，是保证监狱民警规范执法、促进执法公正的强有力措施，也是推进监狱工作法制化的重要举措。建立和完善监狱民警执法监督机制，要变“人治”为“法治”，变被动监督为主动监督，变事后监督为事前、事中、事后相结合的全程监督，变主要靠自我监督为主要靠制度和法规进行有效约束。

1. 建立执法责任机制，落实执法的监督责任

（1）要建立执法监督责任制，督促各级领导主动发现和纠正本单位民警在执法活动中存在的违法违纪问题。

（2）要实行执法过错责任追究制，对失职渎职或监督不力以及严重失察造成民警严重违法违纪的，要追究其领导的监督责任。同时，要实行执法过错连带责任制，对应该监督而放弃监督或知情不报的也要追究其监督责任。

（3）要强化监督部门的责任制，加强监督部门的自身建设，配齐、配强监督人员，尤其要将那些事业心强、坚持原则、敢于碰硬的人员充实到监督机构中来。

2. 建立执法监督制约机制，加强执法环节监督

（1）要建立和完善警务督察制度，对监狱民警的警容风纪和执法活动进行督察。警务督察工作应设立专门的督察机构来进行。

（2）要建立执法督导巡视制度。可聘请退居二线的监狱领导或熟悉监狱执法工作的民警为执法督导巡视员，定期或不定期

到各监狱进行督导巡视，同时要继续聘请具有社会公信力的人士担任执法监督员，以加强监狱的执法监督工作。

(3) 要进一步实施和完善“狱务公开”。对罪犯的减刑假释、保外就医、准假探亲、记分考核、医疗保障等敏感环节，要坚持条件、程序、权限和结果的“四公开”，并通过设置狱务公开栏、建立监狱长信箱、配置触摸式电脑、刊登投诉举报电话等形式，使刑罚执行置于有效的群众监督和舆论监督之中。同时，监狱机关要自觉接受国家权力机关、国家行政机关和国家司法机关的监督，以及自觉接受新闻媒介的舆论监督和群众监督，保证执法活动的合法性、公正性和权威性。

3. 建立执法激励机制

(1) 要通过各种宣传形式和手段宣传忠于职守、秉公执法、甘于奉献的先进事迹，以弘扬正气。

(2) 要加强对民警的考核与监督。对民警工作时间内的表现要监督，工作时间以外的活动也要注意，尽量减少和消除民警监督中存在的“真空地带”和“盲区”。将民警的执法情况，履行职责的情况纳入民警考核的重要内容。建立民警执法评议制度，每年定期对民警的执法情况进行检查评议，评议情况纳入民警年度考核，并及时兑现奖惩。对执法活动中的违法违纪现象要严肃查处，并依法追究其责任。

4. 建立监狱行政复议和刑事赔偿制度

正确处理有关行政奖励和行政处罚的行政复议问题，保证罪犯行政奖罚的合法性、正确性；对民警违法行政造成罪犯人身或财产损失的，及时予以刑事赔偿，对责任民警予以追究以保护罪犯合法权益。

（六）以权利救济为保障点，平衡监狱执法冲突的疏导机制

监狱执法活动处于多种利益和价值观念的冲突之中，例如监狱机关与执法对象之间的利益冲突、执法对象之间的利益冲突、个人利益与社会利益的冲突、打击犯罪与保障人权的冲突、执法的实体公正与程序公正的冲突、在执法活动中追求真实与降低成本的冲突，等等。这些冲突是客观存在的，是不以人的意志为转移的，尤其以打击罪犯与保障罪犯权利表现得最为明显和频繁，因此，监狱执法活动不得不在这些错综复杂的冲突关系中寻找自己的定位。

在执法活动中，平衡相互冲突的利益或者价值观念，是摆在监狱机关面前的一项基本任务。就刑事司法程序而言，美国学者卓尔·萨马哈也曾指出，平衡乃刑事司法的核心问题。我们认为，在监狱机关所有的执法活动中，都应当兼顾不同价值取向，平衡不同利益。多元平衡的价值观乃是公正执法的应有之义。

在实践中，探索建立罪犯法律援助制度。罪犯作为一种特殊的弱势群体，行刑公正的一项重要措施就是救济程序。在执法工作中，可以建立诸如罪犯诉怨机制等制度，在罪犯认为自己的合法权利受到侵犯时，能有合法的途径寻求及时的援助。在一所利益分化和利益主体多元化的监狱中，一项好的制度往往并不是表现为其中没有或很少有矛盾或冲突，而是表现为它能够容纳矛盾与冲突，在矛盾和冲突面前不至于显得束手无策或过于脆弱；同时，能够表现出很强的解决冲突与纠纷的能力。我们必须重视建立罪犯利益表达和利益均衡机制。可以这样说，底线是监狱的稳定，上限是利益的表达，两者之间就是形成制度化的利益表达机制的空间。在这种时候，需要做的是用有效的制度安排来容纳和规范罪犯利益表达，对罪犯分管分押、警戒、通信、生活卫生、考核奖惩、罪犯减刑、假释、保外就医、特许探亲、亲情会见等方面作详细可行的规定，并引入罪犯奖惩考核制度的听证程序等行政诉讼、复议制度及其他罪犯权益保障法律援助制度，以保障罪犯在受到不公正对待时可以寻求法律援助。

（作者：罗振旺，浙江省监狱学会副秘书长）

对《中华人民共和国监狱法》修订问题的思考和建议

1994年《中华人民共和国监狱法》（以下简称《监狱法》）的颁布实施为监狱工作的法治化和新时期监狱工作发展奠定了极其重要而坚实的基础，对指导和规范刑罚执行活动，实现对罪犯有效的管理和改造发挥了十分重要的作用。《监狱法》颁行十多年来，随着社会生活、法制建设和监狱工作的不断发展，对这部法典的修订和完善问题已经提到了重要日程。有关机构和部门、理论界、实际工作者也对《监狱法》的修订工作进行了长期积极的思考、研究和探索。笔者作为基层的监狱工作者，不避浅陋，也拟结合工作实践中的体会在此文中对《监狱法》的修订提出一些思考和建议。

一、现行《监狱法》需要完善的几个问题

1. 内容应丰富和扩展

《监狱法》立法之初，受当时的立法背景和历史条件的制约，不可避免地存在着一些缺陷和不足。特别是当时以监狱工作为主体的刑罚执行工作也正处于变革、转型、探索时期，不可能很完备地把有关内容涵盖全面、规定充分。颁行十多年来，社会生活又发生了新的变化，刑事犯罪和罪犯改造领域内出现了许多新情况新问题，《监狱法》的局限性、空白点和滞后性更为凸显，有较多的实际工作在《监狱法》中找不到明确的执行依据。如社会其他组织和个人对监狱的刑罚执行和罪犯改造须承担的义

务和责任、罪犯劳动改造的实施原则和组织要求、罪犯分类管理的具体要求、罪犯的分级处遇、罪犯的法律援助和困难救助、对监狱武装警戒的有关要求、监狱刑罚执行有关环节与其他部门的衔接规定、狱务公开工作、监狱和其他相关部门在履行有关职能时的程序规定等大量内容，都亟须进行补充和完善，还需要对新拓展的工作领域予以规定，总结吸纳成功的经验和成熟的规章，丰富充实原来比较简单模糊的部分，引进先进的理念和成果，使《监狱法》适应当前的工作要求和今后的发展趋势，进一步成为一部内容丰富、涵盖全面、指导明确、易于操作的刑事执行法典。

2. 与《中华人民共和国刑法》《中华人民共和国刑事诉讼法》存在不一致的地方

如《监狱法》第十七条规定，“监狱应当对交付执行刑罚的罪犯进行身体检查。经检查，被判处无期徒刑、有期徒刑的罪犯有下列情形之一的，可以暂不收监：（一）有严重疾病需要保外就医的；（二）怀孕或者正在哺乳自己婴儿的妇女”。第二十五条：“对于被判处无期徒刑、有期徒刑在监内服刑的罪犯，符合刑事诉讼法规定的监外执行条件的，可以暂予监外执行。”而《中华人民共和国刑事诉讼法》（以下简称《刑事诉讼法》）第二百一十四条规定，“对于被判处有期徒刑或者拘役的罪犯，有下列情形之一的，可以暂予监外执行……”法条规定中没有包含无期徒刑罪犯，与《监狱法》规定不一致。

3. 有的法条之间有相互矛盾和不一致的地方

如《监狱法》第三章第十五条：“人民法院对被判处死刑缓期二年执行、无期徒刑、有期徒刑的罪犯，应当将执行通知书、判决书送达羁押该罪犯的公安机关，公安机关应当自收到执行通知书、判决书之日起一个月内将该罪犯送交监狱执行刑罚。”这里规定先由人民法院将罪犯执行刑罚的有关法律文书送达公安机关，再由公安机关将罪犯送交监狱执行刑罚。第十六条：“罪犯被交付执行刑罚时，交付执行的人民法院应当将人民检察院的起诉书副本、人民法院的判决书、执行通知书、结案登记表同时送达监狱。”这里规定的又是由人民法院将罪犯执行刑罚的法律文书送达监狱，与前条规定明显不一致。

4. 法条的规定和表述不够明确具体

基于立法之初“宜粗不宜细”指导思想和为刑事政策的适用留有余地的考虑，《监狱法》在法律条文的制定上比较原则化和粗疏化，这在当时的立法背景下有其合理之处。但是随着社会生活的发展变化和监狱工作的不断丰富延伸，许多涉及监狱管理和罪犯改造的实践活动陷入适法无据的境地，只能用行政规章的办法进行明确，各省、各监狱又根据自己的理解和需要制定出一些“土政策”、“土规定”，造成政出多头、各自为政、尺度不一，甚至执法随意的局面。特别在一些操作性条款中，对实施主体、责任划分、办理程序、工作要求、条件列举、办理时效等规定不够明确具体，不利于实践中方便运用和规范执行。

5. 对“刑罚执行”概念的运用存在模糊和混淆之处

《监狱法》第二条规定：“监狱是国家的刑罚执行机关。依照刑法和刑事诉讼法的规定，被判处死刑缓期二年执行、无期徒刑、有期徒刑的罪犯，在监狱内执行刑罚。”第六条规定：“人民检察院对监狱执行刑罚的活动是否合法，依法实行监督。”第七十五条：“对未成年犯执行刑罚应当以教育改造为主。”从这些规定可以理解为，监狱依法对交付执行的罪犯实施的一切看押、管理、改造活动都是执行刑罚活动，刑罚执行工作包含了监狱作用于罪犯的所有工作。而第五条规定：“监狱的人民警察依法管理监狱、执行刑罚、对罪犯进行教育改造等活动，受法律保护。”又把刑罚执行与管理监狱、对罪犯进行教育改造予以并列，并且在《监狱法》的结构安排上，也把“刑罚的执行”与

“狱政管理”、“教育改造”进行并列，形成一种互相独立、互不包含的关系。这显然是前后矛盾的，在概念上造成了混乱情况。

二、《监狱法》修订应掌握的几项原则

1. 提高立法高度

《监狱法》是一部部门基本法，它应该是与《中华人民共和国刑法》(以下简称《刑法》)、《刑事诉讼法》并列的刑事执行法典，它所调整的对象不仅是监狱，还包括各级政府、组织、个人以及公安、法院、检察院等刑事执法机关和司法、教育、安置帮教等机构，它所规范的不仅是监狱大墙以内的刑罚执行和罪犯改造活动，还包括所有与监狱执行刑罚、改造罪犯相关的活动。因此，在修订《监狱法》时，一定要站在构建整个刑事法律体系的高度，和刑罚执行活动以监狱为主体，整个社会支持配合的角度来明确责任、调整各方关系、规定各自权利和义务，明确和强化对整个社会的普遍约束力，坚决避免形成《监狱法》只是监狱的法、管监狱的法的狭隘的社会印象。

2. 内容全面，明确具体

经过《监狱法》颁行以来十多年的实践和探索，监狱刑罚执行工作的思路更加清晰，工作中的一些矛盾和问题暴露得更为充分，在实践中提炼的一些经验更为成熟和完善，这就为《监狱法》的丰富和细化打下了良好基础。可以对《监狱法》颁布以后出现的新事物、新情况，以及实践和探索中积累的成功经验和成熟制度进行总结、归纳、梳理、提炼，并立足于监狱工作现实性和前瞻性的要求，补充内容，填补空白；对过去颁布的法规规章如1954年发布的《中华人民共和国劳动改造条例》和1982年发布的《监狱、劳改队管教工作细则》等进行重新审视，结合新的形势需要吸收其中有用的成分；将一些比较原则、笼统、模糊的条款细致化、具体化，对涉及实际操作的条款中条件、情

形、程序的规定进一步明确化，从而使监狱法在实际运用中更能够指导规范刑罚执行的各项活动，更便于执行人员掌握和操作。

3. 与其他法律照应一致

特别是与《刑法》、《刑事诉讼法》以及《中华人民共和国人民警察法》相互一致。在制定有关条款时，一定要左右兼顾，避免与其他法律规定发生冲突。

4. 留出接口和余地

《监狱法》作为一部刑事执行法典，既有实体内容，又有程序上的规定，涵盖监狱管理、刑罚执行和罪犯改造活动的方方面面、各道环节，内容十分丰富繁杂。作为一部法律，既要做到内容全面、指向明确、规定具体，又要考虑到监狱工作的不断发展和变革。一方面通过明确的规定使刑罚执行工作在法律规定的框架内规范运行；另一方面又要考虑为实现有效的管理和改造的目的留下操作余地和探索空间，还要考虑与其他相关的部门和相关的工作、相关的法律之间的衔接。这就要求在立法技巧上进行适当的处理。

5. 注意法律体系逻辑的合理性和内容分类的准确性

对概念的定义要科学准确，概念的运用要前后一致，防止产生歧义，形成逻辑上的矛盾。在法典结构的安排和内容的划分上，要根据监狱刑罚执行活动的内在规律和相互联系、工作顺序，合理确定各个章、节，将相关的、承接紧密的内容划分在一起。

三、关于《监狱法》修订的建议

目前《监狱法》有七章第七十八条，应在此基础上，对其颁行以来15年的工作实践进行全面细致地总结归纳，对法律内容进行扩展、充实、调整、完善，把经过探索、试行并经过实践检验正确有效的经验作为法律固定下来；把原来没有涉及但确实十分必要和必须的工作包含进去；把原来规定比较简单粗略但所包含的内涵和外延都很丰富的内容进行扩展细化甚至单列出来；对一些法律条款进行重新推敲修改，从而使修订后的《监狱法》体系更为健全、结构更为丰满、涵盖更加充分、规定更为具体明确，从而对监狱刑罚执行活动的保障和规范作用更加有力。为此提出以下建议。

（一）对部分章节进行调整

1. 把“劳动改造”从第五章“教育改造”中划分出来，单列为一章

现行《监狱法》把劳动改造内容并入“教育改造”可能是考虑规避世界人权斗争中某些敏感的问题，并且对有关内容的规定十分简略。笔者认为这样做既无必要也给实际工作造成许多不便之处。对罪犯进行劳动改造是中国改造罪犯工作的一大创新、一大特色，是符合马克思列宁主义基本原理的，在新中国成立以来的实践中发挥了巨大的功能，收到了显著的成效，并为国际社会广泛肯定甚至借鉴。许多国家包括一些西方发达国家也把劳动作为矫正罪犯的必要手段，它不仅不构成对服刑人员人权的侵犯，相反，其强大的养成、矫正和重塑功能是不可否认和无法替代的，应该理直气壮、旗帜鲜明地对它作出明文规定。而且，《监狱法》第三条“监狱对罪犯实行惩罚和改造相结合、教育和劳动相结合的原则，将罪犯改造成为守法公民”、第四条“监狱对罪犯应当依法监管，根据改造罪犯的需要，组织罪犯从事生产劳动，对罪犯进行思想教育、文化教育、技术教育”都已经从法律上规定和强调了劳动与监管、教育是改造罪犯的三大基本手段。这样一项意义重大而且在罪犯改造活动中占有很大比重的工作，在《监狱法》中仅有五条具体表述，内容显得太过单薄。应该对“劳动改造”作专章表述，在第六十九条至七十三条内容的基础上增加劳动项目的选择要求、劳动改造活动的组织管理

规定、罪犯劳动技能培训要求、社会对劳动改造活动的支持义务等内容。

2. 把“对未成年犯的教育改造”并入第五章“对罪犯的教育改造”

未成年犯的教育改造是罪犯教育改造的一部分，不应该为了体现出重视而在法律结构上与母项并列。而且，其中的条款除第七十五条外其他并不属于教育改造的内容。可将第七十四条和第七十六条划归第三章第一节“收监”部分，其他条款并入第五章“对罪犯的教育改造”部分。

（二）**增加补充新的内容**

（1）第一章第五条之后应增加任何社会团体、部门、个人都应该积极支持和配合监狱刑罚执行工作的规定；第六条之后应增加监狱对社会实行狱务公开，接受社会监督的规定。

（2）第二章应增加被判处死刑缓期二年执行的罪犯，在死缓考验期内发生应执行死刑的情形以及办理程序的规定。

（3）第三章第二节“对罪犯提出的申诉、控告、检举的处理”部分应增加对罪犯在服刑期间进行法律援助的规定；

第三节“监外执行”部分应增加社区矫正的内容。

（4）第四章“狱政管理”第一节“分押分管”部分应增加分级处遇的规定；增加对精神病犯和特殊疾病（如艾滋病等）罪犯分押分管的规定；增加罪犯分流、分配、省内和跨省调动的有关规定。第二节“警戒”部分目录应增加“监管”二字与之并列，内容应增加外来人员进监必须遵守监狱内部管理制度的规定；增加监狱可以依法行使监内搜查权、追捕搜查权、办理追捕以及其他狱内案件的侦查权的规定；增加对冲击、扰乱监管场所、破坏监管设施行为的处理规定；增加监狱与武警部队协同配合的规定以及紧急情况下指挥权的规定；增加对监狱所在地各级机关、组织、个人对监狱管理、监管安全工作配合义务的规定。

第四节“通信、会见”部分应增加罪犯除信件以外其他合理方式与外界联系的管理规定；增加对于家庭出现特殊变故后符合一定条件的罪犯特许离监探家的管理规定。第五节“生活卫生”部分应增加对罪犯外诊外医外请会诊情形和办理程序的规定，以及医疗责任划分、医疗事件处理的规定。第六节“奖惩”部分应增加对罪犯考核情况公示以及罪犯有权对考核和奖惩结果提出行政复议、监狱答复期限的规定。第七节“对罪犯服刑期间犯罪的处理”之后，应增加对罪犯余罪漏罪的处理程序的规定；增加对服刑期间又犯罪和刑罚执行过程中发现余罪漏罪后，刑期计算办法的规定。

（5）第五章“对罪犯的教育改造”应增加对罪犯在不同服刑阶段分类教育的规定；增加对罪犯的社会联合帮教和困难救助的规定；增加对罪犯开展心理矫治工作的规定；增加对罪犯实行改造质量评估的规定，以及改造质量评估结果与罪犯管理、考核、刑事行政奖惩、刑满释放有关环节的衔接规定。

（三）**对一些法律条款进行修改完善**

（1）前文所述，《监狱法》第三章第十五条和第十六条所规定的将罪犯以及有关法律文书交付监狱的实施主体存在矛盾。与第十五条对应，第十六条中，罪犯被交付执行的目的地应明确为“监狱”，将罪犯以及有关法律文书交付监狱的实施者应该是羁押该罪犯的公安机关。所以第十六条应修订为：“罪犯被交付监狱执行刑罚时，押送罪犯的公安机关应当将人民检察院的起诉书副本、人民法院的判决书、执行通知书、结案登记表同时送达监狱……”

（2）第十七条和第二十五条关于暂不收监和暂予监外执行的规定中，适用对象包含无期徒刑罪犯，而刑事诉讼法关于暂予监外执行的适用对象却没有包括无期徒刑罪犯，应予统一。从实际情况看，应该包括无期徒刑的罪犯。比如判处无期徒刑的罪犯出现了第二种情形，显然是不能够收监的。或者是修改《刑事诉讼法》的规定，或者按照下位法适应上位法的原则，在《监狱法》条文中去掉“无期徒刑”的类别，另将“无期徒刑”具有以上情况的作为专题进行规定表述。

（3）第二十六条应当明确监狱管理机关对暂予监外执行的批准时限，建议一个月为宜。

（4）第二十七条应当同时对监外执行罪犯的考察责任予以规定，宜加上“罪犯在监外执行期间，由原关押监狱负责每年对监外执行条件的变化以及罪犯表现情况进行考察”。

（5）第二十八条对罪犯在监外执行期间死亡的办理规定不完全，应当在“罪犯在暂予监外执行期间死亡的，公安机关应当及时通知原关押监狱”之后，加上“原关押监狱同时通知驻监检察机关并按规定进行档案处理”。

（6）第二十九条应当同时明确对罪犯重大立功的办理程序。

（7）第三十一条应当明确对死缓罪犯减为无期徒刑、有期徒刑的审核、裁定期限。

（8）第三十六条应考虑假释罪犯的情况，故应补充“被假释的罪犯，假释考验期满，凭假释证明书办理户籍登记手续”。

（9）第三十九条对罪犯分押分管依据应增加“身体、精神状况”项目。整句话可修改为：“监狱根据罪犯的犯罪类型、刑罚种类、刑期、身体、精神状况、改造表现等情况，对罪犯实行分别关押，采取不同方式管理。”

（10）第四十二条明显取消了监狱对脱逃罪犯的追捕职能，将对脱逃罪犯的追捕工作交由公安机关实施。而实际情况是，一旦监狱发生罪犯脱逃，仍然是由监狱全力以赴地进行追捕；况且从罪犯追捕的有关条件来看，监狱对追捕的第一反应时间、追逃信息和线索掌握等方面具有有利条件，而公安机关本身承担着繁杂艰巨的维护社会治安和稳定的任务，受理的案件和事务很多，也不可能把主要精力和专门警力放在对监狱逃犯的追捕上。因此，赋予监狱对脱逃罪犯的追捕职能是必要的。本条宜修改为："监狱发现在押罪犯脱逃，应当即时将其抓获，不能即时抓获的，应当及时展开追捕，并同时通知公安机关协助。公安机关应积极支持，密切配合。"

(11) 第五十八条在明确罪犯破坏监管秩序构成犯罪的情形时，仅对罪犯出现第一款的行为进行了规定，没有对一定时间内屡次出现其他条款所列行为的情况进行规定，显然不够充分，也不利于对罪犯屡次发生严重违纪的行为予以应有的打击与震慑。宜改为："罪犯在服刑期间有第一款所列行为，或在 12 个月内出现三次以上其他条款所列行为，构成犯罪的，依法追究刑事责任。"

另外，《监狱法》作为一部统领监狱刑罚执行工作的主体法典，在各条款的文字表述上具有较强的概括性，特别是对有关概念的解释说明、对有关事项的实际操作方面不可能规定得十分细致具体，还需要以《监狱法》为基础和前提，出台相关的司法解释、具体的操作规范、细化的制度规定等，对《监狱法》形成配套、照应、延伸和补充，共同构成系统完备的监狱法律法规体系，从而使监狱工作法治化建设达到一个新的阶段。

（作者：何选才，湖北省襄樊监狱党委书记、监狱长；
曾华伟，湖北省襄樊监狱狱政科科长）

重刑罪犯管理问题研究

在监狱的押犯构成中，重刑（判刑 10 年以上）罪犯因其刑期长、恶习深、不稳定因素多、思想情绪状况复杂而具有相当大的管理难度和改造难度。随着国家刑事司法政策的调整，死刑的慎用，一批罪行深重的罪犯因各种从宽因素而得以保全性命，投入监狱服刑改造，使得押犯中长刑罪犯、无期、死刑缓期二年执行的罪犯比例进一步增加。与当前刑事犯罪构成情况相一致，这些罪犯中，惯犯、累犯、涉黑、涉枪、涉暴、犯罪史长的罪犯、犯罪团伙的首要分子和主要分子均集中在重刑犯监狱。这些罪犯的恶习深度、危险程度、管理难度、改造难度以及不安定性都相当大，给监狱管理和监管安全造成很大压力。从近年来发生的各起狱内案件来看，脱逃、行凶、暴狱等恶性案件以及哄监、袭警、破坏、扰乱监管秩序等严重违纪行为多在重刑犯监狱发生，并且多为重刑犯所为。由此，充分反映出重刑犯监狱监管形势的严峻性和重刑犯管理改造的艰巨性。作为监狱工作者，必须勇敢迎接挑战，深入研究并切实抓好对重刑罪犯的管理，打造平安监狱，坚决确保监管场所安全稳定，有力保证刑罚实施，保障和促进社会主义和谐社会的建设。

一、当前重刑罪犯的构成情况及特点分析

以某高戒备度重刑犯监狱为例，全监押犯 1957 人，原判 10 年以上刑期的 1818 人，占押犯总数的 92.89%。原判 10 年以上

的罪犯，按刑期分类，原判无期徒刑、死刑缓期二年执行的罪犯1376人，占重刑犯人数的75.68%。

按犯罪类型分，犯故意杀人、故意伤害、爆炸、抢劫、强奸、绑架、敲诈勒索等暴力性犯罪的1304人，占重刑犯总数的71.7%；涉黑、涉枪、涉毒的罪犯40人，占重刑犯总数的2.2%；团伙犯罪的672人，占重刑犯总数的36.9%；其他类型犯罪292人，占重刑犯总数的16.1%。

按年龄结构分，18～30岁的438人，占重刑犯总数的24.09%；30～40岁的887人，占重刑犯总数的48.78%；40～50岁的423人，占重刑犯总数的23.26%；50岁以上的218人，占重刑犯总数的12%。

按犯罪经历分，受到两次以上劳教、判刑的罪犯297人，占重刑犯总数的16.3%。

按身体状况分，因肢体残疾、患严重疾病、长期慢性病、年龄较大而基本不能参加生产劳动的罪犯190名，占重刑犯总数的10.45%，其中，精神病犯25名，占重刑犯总数的1.38%。

与短刑罪犯相比，重刑罪犯在管理和改造方面体现出以下特点：

1. 改造表现的反复性

重刑罪犯在漫长的服刑期间，在投入改造的不同时期会遇到不同的影响因素，加上自身性格缺点、犯罪思维模式以及长期监禁造成的潜在心理压力，使其内在的思想情绪和外在的行为表现体现出相对的不稳定性。可能一段时期比较平静稳定，但遇到一定的诱因，又会出现波动。特别是一些恶习深、性格褊狭固执、心理脆弱敏感的罪犯，反社会反改造思想严重、对监狱和监狱民警敌对情绪强烈的罪犯，其改造的不稳定性和反复性表现更为明显。

2. 思想状况的复杂性

罪犯被判以重刑投入监狱，人身自由受到严格限制，面对监狱的管理，面对自己的改造和今后的人生，这些具有不同人生经历、不同家庭社会背景、不同年龄身体状况、不同思维方式的罪犯，其思想念头是千变万化的。即使同一名罪犯在投入改造的不同时期思想情况也不一样。而且，由于面临刑期长这一根本性的问题，罪犯因各种因素所导致的思想问题，要比短刑犯更为容易产生，表现更为强烈、情况更为严重。

3. 情绪状态的消极性

罪犯犯罪判刑，受到沉重的打击和挫折，情绪不可避免地呈现出负性状态。对重刑犯而言，这种情绪的负性状态表现得更为严重。据某重刑犯监狱服刑指导中心所作的一份问卷调查显示，在对罪犯随机发放的487份心理问卷中，被测人感到压抑的占79%，忧虑的占72%，有紧张情绪的占67%，躁郁不安的占53%，这充分表明，重刑罪犯的情绪稳定值普遍远低于正常水平。在这种长期负性情绪的笼罩下，罪犯极易因一点小事导致心理失衡、行为失控，这也是重刑犯监狱罪犯自杀、打架斗殴、顶撞袭警行为高发的主要原因之一。

4. 危险倾向的突出性

从重刑罪犯的构成可以看出，涉黑、涉暴、团伙犯罪，及具有多次、长期违法犯罪史的罪犯占多数比例，这些罪犯的恶习深，犯罪经验和反改造经验丰富，纠合性、煽动性、盲动性、敢为性强，在长期监禁的状态下，管理稍有不慎，就有可能出现狱内违法犯罪事件。另外，一些伤害亲友的罪犯因严重的负罪感和亲情支持系统的崩溃，以及患有严重慢性疾病的罪犯对病痛和人生的绝望，是自杀的高危群体。而这部分罪犯在重刑犯监狱所占的比例是相当大的。

5. 影响因素的多样性

罪犯不是一个孤立的个体，在监狱改造过程中要受到来自多方面的影响，有监狱改造环境的影响、民警管理教育考核的影响，有罪犯群体中其他人的影响，还有监狱外社会情况、家庭情况的变化产生的影响。对罪犯改造来讲，这些影响有些是积极有利的，能促进罪犯稳定转化；有些是消极不利的，对罪犯改造具有负面干扰作用。重刑罪犯因戒备等级度高、管理严格、活动空间相对狭小，监禁期长，家庭变故如离婚、子女抚养就学、经济困难等问题较多，而使得不利影响因素增加，导致罪犯改造的不稳定性增强。

6. 主观认识的偏执性

重刑罪犯尤其是一些惯累犯、违法犯罪史较长的罪犯以及犯扰乱公共秩序、妨害司法罪的罪犯，其主观意识上的反社会性和犯罪思维模式比较固定，对改造政策、监狱管理、民警教育的认识往往曲解、偏激，自以为是，对监狱管理教育往往表现出强烈的被动性甚至对抗性，改造难度很大。

7. 行为习惯的顽固性

重刑犯错误的行为习惯养成时间长、恶习深，矫正所需的时间比较长，所需力度比较大。

8. 反改造行为的极端性

分析多年来重刑犯监狱所发生的罪犯严重违纪和狱内又犯罪案件，以抗拒劳动、顶撞民警、自杀自伤、斗殴行凶、杀人脱逃、哄监闹狱为主要形式，反映出重刑罪犯反改造行为的极端性。

重刑罪犯的这些特点充分反映出监狱安全稳定所面临的巨大压力和对重刑犯管理改造的巨大难度，对监狱管理工作提出了严峻的挑战和高标准的要求。

二、重刑罪犯管理工作的难点

对重刑犯来讲，其管理工作的难点主要表现在以下方面。

1. 罪犯改造长效激励机制的建立

随着国家刑事司法政策的调整和监狱工作方针的改变，对罪犯的管理已经从过去的强调专政职能，以威慑惩治、外部高压手段为主转变为建立激励引导机制，调动罪犯内在积极性，促使其在希望中改造。这种促使罪犯服从管理、积极改造的激励机制主要是通过制定一系列规范系统的罪犯改造标准和要求，将罪犯的实际表现与之对照，进行考核评定，以此为依据兑现行政和经济奖惩、改造待遇、刑期变更等，从而体现出对罪犯改造的激励作用。但对重刑犯而言，容易出现几种情况：一是因为刑期长，获得奖励减刑的愿望十分迫切，一旦未能如愿就会产生强烈的失落和失望心理，改造表现转而表现出低落消沉。有些因多方原因长期得不到奖励减刑的罪犯心理严重失衡，产生破罐破摔、消极绝望的想法。二是由于主观上存在改造功利性思想，当获得一定改造成绩后就会忘乎所以，放松自我约束和努力，改造出现滑坡和反复，出现违纪、对抗管理等行为。这种现象在罪犯呈报减刑之后、余刑不长没有减刑机会的罪犯中表现十分普遍。因此，如何使罪犯改造激励机制发挥长效作用，是重刑犯管理的一个难点。

2. 老病残犯的管理

在重刑犯监狱里，老、病、残罪犯所占的比例是相当大的。根据《中华人民共和国刑法》和《中华人民共和国监狱法》的规定，除了几种特定的暂予监外执行的情形外，罪犯不管是年事已高还是生理残疾、身患重病，包括精神病（限制责任能力），监狱都必须无条件接收。这部分罪犯收监后，没有劳动能力，不能参加有组织的生产劳动，只能养起来，整日无所事事，常常无事生非，尤其是精神病犯，更是对监狱管理和其他罪犯的安全形成严重威胁。由于不能得到生产奖分的机会，相对于其他罪犯，老、病、残犯的奖励减刑机会很少，只能坐熬刑期；加上长期受病痛困扰，因监狱管理和医疗条件限制，不能得到理想治疗，对家人遗弃的担心、对未来生活的忧虑，等等，使得这些罪犯成为心理疾患的高发人群、危险因素（自杀、行凶等）的集中地带、监狱管理的难点区域。并且由于重刑犯监狱罪犯刑期较长，常常是原有的老、病、残犯还未刑满，新的老、病、残犯又收押进来，使得重刑犯监狱的老、病、残犯始终维持较多的数量，成为一个突出的管理难点。

3. *深层次狱情动态的掌握*

罪犯狱情的复杂性，要求监狱能够全面深入地掌握和洞悉狱情动态，实现敌动我知、敌情我明。但是，从实际情况来看，监狱对罪犯狱情的掌握往往只限于表面上显露出来的问题，对于深层次的问题，罪犯中具有隐蔽性、欺骗性的情况，往往不易清楚把握。其中原因，一是重刑罪犯反社会性、反改造性相对较强，与民警的信任度、沟通度较差，不愿把自己以及他人的情况主动向民警汇报。相当一部分人对监狱民警和监狱管理持对立甚至敌视态度，沆瀣一气，结成攻守同盟，共同对抗民警的调查了解。二是占相当比例的惯累犯、团伙犯、犯罪经历长的罪犯，其人生和犯罪经验丰富，思想的复杂性、性格的狡诈性、言行的欺骗性掩饰性较强，当他们产生某些念头或图谋时，一般不容易暴露，不易被人觉察。三是罪犯中存在一种明哲保身、互不干涉、相安无事的亚文化思想，罪犯不愿、不想或不敢检举揭发狱内犯群中的问题，怕受到其他罪犯的打击报复，在罪犯中难以立足。以某押犯 2000 人的重刑犯监狱为例，全监建档耳目 74 名，2006 年全年反映情况 300 余条，有价值的情况很少。再以违禁品为例，从 2007 年 1 月至 6 月，共收缴罪犯私藏的手机 22 部，仅有 5 部是耳目检举查获的。

4. 对余刑较短的罪犯的管理

重刑罪犯在服刑末期，由于剩余刑期不长了，往往会滋生一种松懈心理，认为马上就可以离开监狱了，苦日子就要熬到头了，行为规范意识、服管服教意识、自我约束意识开始淡化。特别是余刑在2年以内的罪犯，按照累计4个季度奖励才能呈报减刑的政策，很多人等拿够4次奖励，再经过审批、呈报、裁定，不等减刑下来，刑期也快满了，若因为各种因素中断1个季度奖励，也就没有减刑机会了。基于这种情况，一些改造功利心比较强的罪犯或者改造质量不过关的罪犯就会抱着混天度日的思想，疲疲沓沓，懒懒散散，有的甚至有恃无恐，大错不犯，小错不断，对其他罪犯的改造产生消极的负面影响，成为狱内管理的一个消极群体。

5. 常规狱政管理制度的落实

监狱的各种常规管理制度经过半个多世纪的实践和完善，已经形成了一套比较全面、完备、细致的工作体系，是监狱确保监管安全、维护狱内秩序稳定的重要而有效的保障。重刑犯监狱作为高戒备等级监狱，对常规狱政管理制度落实的要求更为严格，在危险因素众多，罪犯思想复杂、活跃，狱情态势异常严峻的现实面前，稍有不慎，就很有可能导致监管安全事故的发生。在长期的紧张高压的工作环境中，民警的麻痹松懈思想、厌战情绪也很容易产生，民警队伍素质参差不齐也会造成民警执行制度的情况不一样。在监狱管理的各种安全隐患面前，制度不落实是最大的隐患。因此，如何确保狱政管理的每项制度、每道环节在任何时候、任何地方都得到充分有效的落实是重刑犯监狱管理的重中之重。

6. 罪犯自杀行为的防控

在监狱防脱逃、防非正常死亡、防狱内案件、防重大安全事故等“四防”安全方面，以罪犯非正常死亡中的自杀现象防范难度最大。而重刑犯监狱罪犯由于监禁期长，加上来自健康、家庭、人际关系、改造境遇等多方面的不如意因素，更是罪犯产生心理危机、实施自杀行为的高发区。尤其近年来，押犯中的一些伤害亲友犯罪、家庭发生变故、长期受病痛折磨的罪犯，心理承受能力十分脆弱，负性心理情绪状况严重，一旦有一点诱因，就很容易产生悲观绝望的念头，实施自杀行为。而且，从实施手段来看，相当一部分都采取自缢的方式，自杀成功率很高，防范难度很大。

三、重刑犯管理中存在的问题分析

重刑犯监狱严峻的狱情态势和监狱工作形势的发展，要求监狱对罪犯的管理必须实现控制严密，防范有力，执法规范，疏导得法，监狱的管理模式和管理水平达到严格规范、安全有序的状态。但是，客观地审视现状，在重刑犯监狱的管理问题上，存在以下几种主要矛盾需要加以研究解决。

1. 民警的工作素质与罪犯管理要求之间的矛盾

监狱体制改革的实施，促进了监狱管理模式、工作理念、工作要求、工作方式的一系列深刻转变，这一系列的转变对监狱民警的执法素质和管理水平提出了更高的要求。对于重刑犯监狱，这种要求更加迫切。然而，客观地分析现状，监狱民警队伍的整体素质与重型犯管理工作的高要求之间，确实在多方面不同程度地存在“剪刀差”。从基层民警来看，主要表现在：一是业务知识欠缺，相当一部分民警对监狱执法工作涉及的法律法规、制度规定以及罪犯考核奖惩、减刑假释、分级处遇、日常管理等有关内容、规定、程序不熟悉，在罪犯管理实际工作中经常出现违规操作、主观执法现象；对罪犯管理所涉及的社会学、教育学、心理学等知识不了解，管理教育罪犯的能力和水平有待提高。二是执法能力不强，在对罪犯改造中各类事件各种情况的处理、罪犯的管理教育工作中常感到无所适从，力不从心，“不作为、不会为、不敢为”的状况比较突出。三是工作作风不实。由于长期粗放的管理模式和低层次的工作状态，相当一部分民警形成了安于现状、按部就班、懒散疲沓的思维和行为定式，习惯于得过且过、被动应付，有的工作责任心和敌情意识不强，思想松懈麻痹，行为粗疏漂浮，这些都是罪犯管理的大忌，与重刑犯管理的高难度、高要求是不相适应的。

2. 监狱管理手段与罪犯管理难度之间的矛盾

监狱工作法治化现代化要求监狱对罪犯的管理，一方面必须达到严格、规范、严密的控制；另一方面还要维护罪犯的合法权益，满足罪犯正当合理的要求，对罪犯所有改造行为的处理都必须严格依法依规、按程序进行。长期以来形成的粗放的、简单化的罪犯管理方式和思维行为习惯在相当多的民警身上依然有根深蒂固的体现，一旦管理要求和标准提高，很多民警就感到办法不多，力不从心，无所适从。重刑罪犯因其自身的反改造性和不稳定因素，与监狱管理的对抗与冲突往往来得更为严重和激烈，处理的难度相对也比较大，在今天强调科学文明管理、严格规范执法的形势下，如何既能够有力有效地震慑和控制罪犯，又达到依法合理地处置化解矛盾，是基层民警经常面对并必须解决的一个问题。

3. 罪犯改造要求与改造激励机制之间的矛盾

建立有效的罪犯改造激励机制是罪犯管理的重要手段。经过多年的实践和探索，已经建立起包括罪犯考核奖惩、分级处遇、减刑假释等在内的罪犯改造激励机制，但在具体运用过程中，现有的政策和规定与罪犯改造的要求之间存在一定的矛盾，一定程度上造成激励效能未得到充分发挥。比如减刑条件、幅度的限制，审核裁定过程过长使得对罪犯刑事奖励的激励作用弱化；余刑 2 年以内的罪犯常因来不及达到 4 个季度奖励的减刑条件而不具有减刑机会，从而造成重刑犯监狱中短刑犯混天度日、消极改造的现象；重刑犯监狱因高戒备度等级监管安全的需要，使得罪犯迫切需要的分级处遇、“三亲”会见、离监探亲、联合帮教等工作受到较大程度的限制，等等。

4. 监狱管理要求与监狱设施建设之间的矛盾

重刑犯监狱属高戒备度等级，对监狱格局的设计、功能区设置、监管设施建设等都具有较高的要求，可以说，监狱设施建设是否科学合理，不仅关系到监管安全的保障系数，也对监狱管理罪犯具有直接的影响。监狱建筑、场地布局合理，罪犯活动的功能区设计科学，有利于对罪犯的管理，反之，则会对罪犯管理带来许多不便。分析重刑犯监狱现状，大部分都是新中国成立初设置建造，具有半个世纪的历史，即使经过改造改建，建筑和设施仍然普遍存在老旧、落后问题，即使一些新建的设施，在设计理念方面也有脱离监狱管理和罪犯改造实际的情况，以至于建筑物和监管设施投入使用后，多处显露出不科学、不完善、不方便、不实用的情况，给监狱对罪犯的管理造成很多不利因素。

四、重刑罪犯科学管理体系的建立

对重刑犯实行科学有效的管理是重刑犯监狱监管安全形势的必然要求，也是保证监狱刑罚执行和罪犯改造工作顺利实施的前提和基础。要从多方面入手，做好扎实细致的工作，建立科学有效、保障有力的监狱管理体系，实现对重刑罪犯严格规范、安全有序的管理。

（一）优化管理模式，切实增强对罪犯的直接控制力

要实现对罪犯严密、直接、有力的控管，必须实现民警对罪犯的直接管理和对罪犯活动全现场、全过程、全时段的管理，而这些必须要有充足的一线警力作保证。在现有警力配置情况下，需要采取以下措施：一是减少机构层次，确保警力下沉。在对重

刑罪犯实行集中关押、集中管理资源的基础上，合理划分监狱内设的押犯建制规模，变传统的“监狱—监区—分监区”三级管理层次为“监狱—监区”二级管理层次，将更多的警力调整充实到管理罪犯的第一线，保证对罪犯管理的各项工作能够得到全面细致深入的落实。二是合理设置民警值带班模式。对民警每日管理罪犯的班次安排、人员搭配作出科学合理的设计，做到既能保证每一天有足够警力参与罪犯管理，又保证民警能够得到休息和调整，保持良好的工作状态。三是对民警管理罪犯的职责分工和各项管理活动的流程、操作规范进行明确，确保民警在对罪犯复杂的管理工作中各司其职、有条不紊，各项管理措施的落实细致到位。

（二）建立科学合理的罪犯改造激励机制

激励是管理的有效手段，罪犯改造激励机制的建立和运用是罪犯管理的重要内容。罪犯管理不能只考虑如何控管、约束、防范，更要考虑如何调动罪犯内在的主动性和积极性。针对重刑犯监狱的具体情况，需要做好以下工作：一是必须实现罪犯考核奖惩公平公正合理。当前对罪犯的改造普遍实行计分考核制度，必须要做到考核分类合理、细则制定全面、分值设定适当、把握尺度统一、操作过程严谨规范、公示透明及时、奖惩分明公平，使计分考核最大限度地发挥促进罪犯改造、加强管理效能的显著作用。二是对老、病、残罪犯实行分类管理、分类考核，引进体力轻微、操作简单的手工劳动项目，一方面解决老、病、残犯无所事事、管理松散的问题；另一方面为他们增加劳动奖分机会和获取经济来源的渠道，使他们感到改造的机会和希望。三是积极探索分级处遇合理有效的实现形式，在坚决确保监管安全的前提下，落实不同管理级别罪犯的处遇政策，进一步发挥分级处遇政策对罪犯改造的激励作用。四是加强与检察院、法院系统的协调，提高减刑假释案件的办理效率，研究调整对原判10年以上、改造表现较好（可将获得的减刑次数作衡量标准）、余刑2年以内罪犯的减刑假释政策，适当放宽条件（如2个或3个行政奖励即可呈报几个月减刑），切实调动这部分罪犯改造的积极性。五是合理运用法律政策手段，坚决打击狱内违法违纪行为。特别是对于重刑犯狱内违法犯罪、严重违纪、多次违纪行为，依法使用行政的和刑事的打击处理措施予以强力震慑，促进狱内监管秩序的稳定。

（三）建立完备的安全防范体系和应急处置机制

监狱的安全防范体系主要包括两方面：一是有形的人防、物防、技防手段所构成的控制、看管、警戒、监控监听系统。这套系统必须延伸到罪犯活动的各个时间和空间，构成多道立体交叉、相互补充联动的防范网络，这个网络的要求是控管到位、反应灵敏、装备齐全、设施先进，尽可能应用现代化的科学技术，需要对监狱的各种防范手段、所有狱政设施、控管警戒系统进行全面的安全评估，细致地排查安全隐患，彻底予以改进完善，达到重刑犯监狱高戒备度警戒等级的要求。二是监狱经过长期实践和积累所制定和形成的一整套涵盖罪犯管理方方面面的安全防范工作制度，这一系列各项管理制度的制定必须做到考虑周全、措施严密、环环相扣，并要随着监狱工作形势的发展和狱内情况的变化不断总结、补充、完善，使之更加科学严密；同时必须在管理实践中予以严格认真、一丝不苟地落实。与防范相联系，监狱还必须针对重刑犯管理中可能发生的突发性事件以及灾害性事故制定应急处置措施，研究行动预案并加强演练，常备不懈，一旦发生紧急事件，即可快速反应，有效处置，迅速控制局面，确保狱内秩序安全稳定。

（四）建立灵敏的狱情信息收集系统

重刑犯监狱狱情态势的严峻性和复杂性要求在狱内建立一套覆盖全面、延伸周到、渠道多样的狱情信息系统，充分收集、密切掌握罪犯的思想行为动态，了解罪犯狱内活动的各种情况，把握罪犯个体的和群体的特点和倾向，对罪犯已经和可能发生的事件作出正确的判断和预测，为制定和实施有效的管理措施提供正确的决策依据。狱情信息系统主要包括：情况反馈渠道，主要指在罪犯中设立的互监组成员、小组长、值星员、监改员和秘密选用的耳目以及罪犯之间的检举揭发等；直接掌握渠道，指民警通过直接管理教育罪犯的工作活动了解掌握犯情动态；调查分析渠道，监狱开展的定期或专项的狱情综合分析和调研活动；资料收集渠道，对罪犯的个人档案、通信、会见、人际交往所反映出的各种信息的汇总、挖掘和归纳；技术控制渠道，利用现代化的设备和手段对罪犯的活动情况进行监视监听等。以上各种渠道构成比较完备的狱情信息收集系统，从不同方面共同发挥作用，使罪犯的所有动向始终处于严密的掌控之中。

（五）建立严格细致的执法约束体系

对罪犯的管理是一项严肃的、法律性、政策性很强的执法活动，必须严格按照法律和制度的要求规范地实施。要实现这一点，需要建立对罪犯管理活动的规范约束机制，确保对罪犯的各项管理行为在法律规定的框架内，以法律允许的方式方法规范运行。一方面要对监狱管理和民警执法的各项内容、各道环节、程序、手续制定严格细致、明确具体的操作规范和工作标准，使罪犯的各项管理工作有章可循，规矩清楚，防止罪犯管理工作中的混乱和随意现象；另一方面要进一步完善对监狱执法权和管理行为的制约和监督机制。一是检察机关要充分发挥职能，对监狱工作的监督要做到事前预防、事中参与和事后检查相结合，力求实现对监狱管理和民警执法全过程的监督控制。二是有关社会层面如人大、政协、联合帮教及社区矫正部门、群众代表（包括罪犯亲属）要与监狱建立定期联络和情况通报反馈制度，对监狱执法工作进行了解和监督，促进监狱正确执行刑罚，提高执法水平，保证刑罚执行工作依法、严格、规范、公正地实施。

（六）科学实行分类管理

如前所述，监狱押犯根据各自不同情况可分为不同群体和类型，必须根据不同类别罪犯的具体特点实行不同的管理方式，才能实现管理的科学化。根据当前重刑犯的构成状况和实践体会，可以对罪犯按以下方法进行分类管理：一是按身体条件，将老病残罪犯集中管理，实行不同于其他罪犯的管理方式和考核、教育、心理矫治措施，使这部分罪犯在改造要求、生活待遇、治疗护理、人际关系、考核奖惩等方面形成一种相对独立的环境，减少与正常罪犯之间相互干扰影响的负面效应。这其中，应该分地区将各监狱的精神病犯进行集中关押，以解决混押导致的种种危险因素和不利于精神病犯治疗康复的问题。二是对余刑 2 年以内的罪犯相对实行集中管理。原判 10 年以上的罪犯余刑 2 年左右的，除了必需的生产技术骨干以外，都集中到一个单位（监区或分监区）进行管理，在监管措施、规范要求、考核标准不变的前提下适当放宽行政及刑事奖励政策，提高处遇待遇，建立有别于其他服刑改造阶段的激励机制，着眼于罪犯刑满后再社会化的要求调整教育内容和形式，有条件的可以进行社区矫正的尝试，一方面继续调动这部分罪犯的改造积极性，另一方面为他们刑满后能够尽快适应社会进行调适过渡提供有益帮助。

（七）建立“管教结合”的管理方式

作为改造罪犯的基本手段，对罪犯的管理和教育二者之间从来都是相辅相成、相互呼应、有机统一的。要实现对重刑犯管理的科学化必须牢固树立“大改造”观念，在对罪犯的管理过程中配合以及时的、形式和方法多样、针对性强的、深入细致的教育、诱导和疏通工作，启发罪犯的觉悟，引导罪犯树立正确的是非观念，理解和接受监狱民警的管理教育，消除严格管理中产生的抵触情绪，逐步增强服从管教、踏实改造的自觉性和主动性。

管理也具有教育的功能。因此，在对罪犯实施管理的工作中，要注意借鉴教育的基本规律，做到循序渐进，因势利导，注意罪犯的思想、行为变化进程，不能急于求成、操之过急。在使用惩罚和强制手段时要考虑体现教育的功效，达到帮助罪犯认识错误、吸取教训、自我改正的目的。只有实现管理教育的有机结合，才能实现管中有教、寓教于管、以管理保证教育、以教育推动管理的理想效果。

（作者：何选才，湖北省襄樊监狱党委书记、监狱长；
曾华伟，湖北省襄樊监狱狱政科科长）

关于狱政管理实务层面若干问题的思考

在大力推进监狱管理科学化、规范化、精细化的进程中，狱政管理实务中由于种种原因面临的管理冲突日益凸显，有的导致民警不敢管，有的导致民警不愿管，有的导致民警不会管，进而降低管理效能，甚至带来负效应，最终影响到监狱整体工作目标的实现，正视并研究这些问题不仅必要而且紧迫。

一、关于“三分”问题

“三分”是对狱政管理科学化的积极探索，是狱政管理科学化的基础。20 世纪 80 年代以来，我国监狱开始了分类改造罪犯的实践，逐步总结形成了“分押分管分教”的“三分”工作。但目前“三分”工作流于表层，有待于细化，罪犯分类只能从性别、年龄和刑期上进行感性分类，而且更多的是从罪犯身份状况、罪犯劳动改造项目来作分配调整，监区分监区设置也大都以此为据。在一所监狱的内部，很难根据罪犯的犯罪类型、自身素质、危险状况组织实施理性的分层，没有这样一个前置的理性分层，罪犯的分管其实只能还是一体化管理，体现不出管理的层次。分教工作同样要取决于对罪犯的科学分类，否则就无法针对具体的犯罪类型进行专门性的思想心理行为矫正。应结合“首要标准”要求和培养罪犯劳动技能目标出发，保障监狱经费，完善“三分”工作标准和考核办法，从收押、分配入手，逐步调整，确保稳定，尽快落实“三分”工作要求。

二、关于禁闭室使用中的相关问题

1. 精神病犯的隔离控管问题

精神病犯发作后如何控管是基层监狱民警面临的一道难题，包括能否用束缚带、手铐脚镣限制其暴力倾向；能否用药物进行控制；能否使用专门的房间（软包装的，防止其撞墙）隔离。这些问题，目前都没有法律明确规定，司法部、省监狱管理局相关文件也没有明确。有的驻监检察官认为：如果上级没有操作规定，一旦出现事故就要追究监狱管理责任，至于如何管那是监狱的事。目前，在监狱医院没有精神病犯隔离控管设施的情况下，押送禁闭室隔离控管应该是可行的（也包括上述其他控管措施）。上级机关应对此调研形成文件规定。

2. 对涉嫌违纪违法罪犯的隔离调查问题

监狱对涉嫌违纪违法罪犯的隔离调查一般在禁闭室进行，但对隔离调查的条件、期限和审批程序，隔离调查期间的生活，隔离调查结束后的处理等均没有明确规定。如果罪犯没有违纪违法问题应不影响其考核奖励，但关押在禁闭室期间的行为性质应予明确（留置较妥）。应借鉴公安部门和国际监狱的做法，作出具体规定，切实保障罪犯合法权益。

3. 对脱离控管罪犯的临时留置问题

在监狱实现集中管理、规范管理以后，有时会发生罪犯脱离控管的现象，值班领导或巡逻民警发现后，一般先将罪犯留置在禁闭室，后通知押犯单位领人，并进行责任追究，但各级监狱管理部门都没有相关规定。应明确留置室设置、留置条件、审批程序、留置期限及如何处理，做到有章可循、规范执法。

4. 关于罪犯主动申请关禁闭的适用问题

一般有两种情形：一是认为自己情绪不稳，烦躁激动，可能会发生不理智行为，为了避免不良后果的发生，主动申请关禁闭。二是对民警管理、劳动岗位等现状不满，宁可关禁闭也不按要求去做。第一种情形如果确有重大危险，应按隔离控管处理，只影响记分考核，不直接影响其行政奖励和减刑。对第二种情形不能轻易答应，可能是民警工作有问题，可能是罪犯认知不到位而一时冲动，也有可能是不服管教与民警对抗。因此，民警首先要检查自己是否执法不公管理粗暴，然后对罪犯进行个别教育，解决问题。如果罪犯无理取闹，影响监管秩序，达到禁闭条件，应予禁闭。

5. 禁闭期限问题

禁闭的目的是为了教育改造罪犯，维护监管改造秩序，防止监管安全事故发生。《监狱法》规定禁闭的期限是 7 ~ 14 天，但实践中有的只关 3 天就能达到目的。禁闭作为对罪犯最高行政处分，要有其严肃性，禁闭的时间不能太短，但从实际操作层面看，建议可以提前解除禁闭，但禁闭时间不得少于 3 天。

三、关于罪犯死亡处理问题

近年来，随着民主法制建设步伐的推进，罪犯亲属的维权意识显著提高，在罪犯死亡处理问题上，有的过度维权，通过信访、诉讼索赔，甚至采取堵门、堵路、闹事等不法手段扰乱监狱工作秩序，造成不良社会影响。如何确定司法鉴定机关，罪犯家属不认可鉴定结论、不按通知规定时间来处理罪犯死亡问题，多长时间后处理遗体，亲属不来领取骨灰盒怎么办等，都没有详细规定。应修改完善罪犯死亡处理办法，对罪犯死亡后通知时间、通知对象、司法鉴定、事故调查、处理及时限等作出明确规定。

四、关于警察自我保护问题

(1) 民警使用警棍制止罪犯的限度，现有法规没有明确规定，因使用警棍致伤致残致死罪犯怎样处理？如果民警按规定使用警棍没有超过必要限度，就不负任何责任；反之，要负相应责任。

(2) 罪犯袭击警察时警察如何反击、反击限度也没有明确规定，因反击致伤致残致死罪犯怎样处理？如果民警没有超过必要限度，也不应负任何责任，反之，要负相应责任。

五、关于收押问题

为了防止艾滋病传染，应该由看守所负责对关押人员进行艾滋病检测，交付监狱执行时必须有艾滋病检测报告，监狱收押时必须“五书”齐全，监狱对艾滋病犯实行集中关押。如果由监狱负责检测，发现后要转送集中关押点很麻烦，也可能导致传染。

六、关于罪犯狱内申请结婚的问题

从法律角度看，罪犯在狱内是可以结婚的，但操作起来存在困难。根据《中华人民共和国婚姻法》的规定，结婚除了需要男女双方完全自愿、达到法定结婚年龄、没有法律禁止结婚的情形（直系血亲和三代以内的旁系血亲、患有医学上认为不应当结婚的疾病）等实质性条件外，还有一项程序性条件，即“要求结婚的男女双方必须亲自到婚姻登记机关进行结婚登记”。罪犯在狱内服刑，即使想结婚，也不可能亲自去婚姻登记机关，除非监狱法外施恩，由民警将罪犯带押到婚姻登记机关。但这样操作有两个问题：一是监管安全风险大，二是对前往登记结婚的罪犯加戴手铐等戒具，容易让群众误解，认为监狱不近情理，从而产生负面评价。基于上述两点考虑，监狱一般会拒绝罪犯的结婚请求，这样于监管安全有利，于《监狱法》的规定也无不妥，但罪犯的结婚权利事实上成为一纸空文，不利于其民事合法权益的保障和情绪稳定，不利于其思想改造。这也正是狱内罪犯结婚成为新闻的原因所在。为切实保障罪犯结婚的权益，有利于社会主义和谐社会建设，建议借鉴巡回法庭审理罪犯离婚案件的做法，对罪犯申请结婚的，由婚姻登记机关上门到监狱办理结婚登记手续，符合法律规定的，予以登记，发给结婚证。

七、关于对罪犯疾病治疗及因此可能引发的信访问题

目前，押犯中的病犯比例大都在10%左右，而且有些病是慢性病，罪犯疾病的治疗是各监狱普遍遇到的一道难题。当前要解决的一个突出问题就是治疗标准如何界定，而法律规定原则性太强。实际工作中，一是以医疗费为标准，二是以治疗程序为标准，三是以治疗效果为标准。这个问题解决不好，治疗结果无法使罪犯及家属满意，就有可能造成少数罪犯长时间申诉、纠缠，有的甚至家属上访、刑满后上访等。建议出台文件，对罪犯治疗的“规定动作”予以明确，完成了“规定动作”，监狱就不应承担责任。

八、关于计分考核问题

关键是要统一计分考核标准。目前，全国监狱没有统一的标准，有的以计分为依据直接减刑；有的以分计行政奖励（表扬、记功），以行政奖励为依据减刑。不同的地区减刑幅度也不一样，罪犯调动后折算考核分数、行政奖励很麻烦，应当出台一项统一的记分考核规定和细则。从“首要标准”要求看，不同犯罪类型同样的违纪奖扣分应该体现差别性，比如盗窃罪犯又犯偷窃违纪行为，应加重处罚，同一违纪行为反复出现，也应加重处罚等。

基于以上几点，笔者认为：

（1）必须尽快修改《监狱法》，制定完善狱政管理规章制度，使各项工作都有法可依、有章可循。上述八项都存在法规不

完善的问题。

（2）必须转变狱政管理理念。克服只注重监管安全的单一理念，树立“首要标准”工作理念，坚持以人为本，做到与时俱进，充分发挥狱政管理的教育、激励、协调、组织、服务、控制等功能，利用各种管理手段，调动罪犯改造积极性，不断提高改造质量。

（3）必须创新狱政管理工作。克服那种狱政管理不需要创新抓好落实就行的错误思想，要不断创新狱政管理理念、制度和方式方法，大力运用现代科学技术，促进狱政管理工作科学发展。

（4）必须提高民警自身素质，减少狱政管理冲突。一要注意廉洁执法，做到公平、公正、公开，不谋取私利。二要注意方式方法，做到以理服人，不能简单粗暴。三要注意控制情绪，做到心平气和，不生气动怒。四要注意尊重罪犯人格，解决罪犯实际问题，做到因人施教、因人施劳、区别对待，不能主观臆断、随心所欲。五要注意民警自身安全，尽量减少管理冲突，时刻保持警惕，不超限使用警戒具，注意防卫反击过当。

（作者：余再刚，湖北省襄樊监狱副监狱长）

对科学认识罪犯的理性思考

目前，罪犯个体思想的多样性，行为的多变性；罪犯群体动态的多变性、复杂性给监管工作带来了许多新情况、新问题，同时也对新时期改造人的目标提出新的挑战，对监管安全稳定工作提出更高的要求。省厅领导有关“三个科学”的课题研究不仅具有现实针对性，而且具有高度的前瞻性，是监狱系统贯彻“三个代表”重要思想最直接最具体的体现。而“科学认识罪犯”是监管工作科学化的首要任务，是正确执行刑罚、科学改造罪犯、确保监管秩序长治久安的重要前提，更是实现由保安全向全面提高改造质量转变的根本保证。

一、科学认识罪犯的含义

从字义上讲，科学是人类正确反映自然、社会和思维的客观规律的知识体系，它适应人们改造自然和社会的需要而产生和发展，是实践经验的结晶。它的任务就是在实践的基础上，探索、揭示客观世界的运动发展规律，然后运用这些规律指导人们进一步认识世界和改造世界。马克思主义哲学认为：作为人们改造世界的指南，“科学是一种在历史上起推动作用的、革命的力量”，认识是螺旋式上升的过程，由不知到知，由片面到全面，由现象到本质，由感性认识到理性认识（第一次飞跃），再由理性认识到实践（第二次飞跃），如此反复。由此可见，“科学认识罪犯”就是应用马克思主义的科学世界观，在组织、管理、教育、改造罪犯的实践中，全面、客观、深入地分析、思考、把握当前监狱罪犯的本质特征及其规律并用以指导监管工作，通过认识主体（监狱民警）对认识客体（罪犯）的能动反映，解决认识罪犯整个过程中可能出现的问题，是一种系统而具体的实践活动。显然，“科学认识罪犯”是一个方法论的问题，落脚点在罪犯，实质是科学的态度和方法，其目的是将获得的正确认识运用于监管实际并指导监管工作，确保监狱安全稳定，提高改造质量。

二、科学认识罪犯的哲学方法

有什么样的世界观就有什么样的方法论。作为用马克思主义理论武装起来的中国共产党领导下的社会主义监狱的人民警察，就必然要用马克思主义哲学观、世界观去认识罪犯，分析罪犯，科学揭示罪犯本质，从而更好地为改造罪犯奠定思想基础。

1. 阶级分析的方法

运用马克思主义的阶级分析方法具体到对罪犯这一特殊社会现象、特殊群体来说，科学全面地揭示认识他们本质的前提就是必须首先分析他们的犯罪行为、犯罪思想存在的政治基础是无产阶级内部即阶层、等级的差异，还是非无产阶级与无产阶级你死我活的斗争；其本质是仇视社会主义社会、反人民的、与人民利益对立面的东西，还是人民内部矛盾。目前，在社会变革中，一些非无产阶级的东西沉渣泛起，占领人们的思想阵地，尤其对社会落后群体有更大的占领空间。作为社会落后群体的罪犯个体、群体的思想动态必然受到影响，对此就要有清醒的认识，如“法轮功”类罪犯中就有一部分人是甘受资产阶级利用，攻击、损害无产阶级专政政权的阶级敌人；其他刑事犯中也有部分人因不甘于受惩罚、教育，或不满于国家法律判决而仇视社会主义，仇视代表人民对其进行改造的专政机关和人民警察，这部分人虽然不能动摇社会主义的基础，但有的欲报复社会（颠覆政府），有的欲报复杀害人民警察，有的欲制造事端影响监狱稳定和破坏社会安定团结的政治局面，有巨大的社会危害性。

坚持阶级分析的方法，还必须对资本主义社会中罪犯的基本情况有全面的了解，借以指导工作。不坚持阶级分析的方法，就不能充分认识到罪犯中少数反人民反政府的敌对分子危害性，相应的对策就可能失之过软，给其可乘之机。

2. 历史分析的方法

运用历史分析的方法就是必须充分认识到随着社会主义的不断发展，阶级也是不断发展的，不同历史时期不同历史阶段，阶级的结构、成分也是不同的，反映到罪犯群体中，不同历史时期不同历史阶段的罪犯构成也有很大的差别。如新中国成立初期，监狱中反革命犯、战犯占主要成分，普通刑事犯比例相对较小；20 世纪 80 年代，受一些消极因素影响，普通刑事犯数量上升；90 年代后，暴力犯罪、经济犯罪、涉黑涉毒犯罪增多，这是对罪犯构成基本的划分。在监管实践中，如果不坚持把犯罪这一社会现象放在历史发展中分析，就不能对各个时期的罪犯有科学的认识，就不能认识到当前押犯中出现的新情况、新特点，就不能研究这些新问题出现的原因、变化过程与表现形式，对这部分人的本质很难有准确的把握，更难以做到监管工作与时俱进，对症下药，把握工作的主动权。

3. 联系和全面的方法

科学认识罪犯，必须坚持联系和全面的观点，要联系时空，全面综合对罪犯个体、罪犯群体进行科学分析和评价，具体讲就是既要看到一名罪犯的现在，又要看到其过去；既要看到其坏的方面，又要看到其好的方面；既要看到其行为，又要分析其思想；既要看到其本质，又要分析环境等外在条件对其的影响，避免主观性和片面性。对罪犯群体而言，既要分析掌握其积极层、中间层、落后层，尤其是顽危犯，同时又要认识和把握不同罪犯群体的过去、现在在思想、言语、行为表现上的差异，更要预测到与世界行刑制度接轨后的发展变化，从而明确哪些是争取对象，哪些是打击对象。

4. 矛盾分析的方法

没有矛盾就没有世界。认识世界就是认识矛盾，是解决矛盾的前提。罪犯个体、群体作为矛盾统一体的一方面，在各个不同时期、不同阶段，矛盾的构成要素、产生的原因、过程、对立的焦点是不同的，矛盾双方的地位和作用也是不同的。正确认识这些矛盾是科学认识罪犯的重要方法。当前罪犯改造过程中存在以下几种突出矛盾，罪犯正常需求与改造现实的矛盾；罪犯非正常需求与改造实际的矛盾，罪犯老实改造与改造环境的矛盾，思想改造与劳动改造的矛盾，罪犯与人民警察之间的角色矛盾，执法要求与监狱人民警察素质矛盾等。这些矛盾在监管改造工作中是客观存在的，不能不认识，更不可回避。而这些矛盾的结果必然反映在罪犯的言行上，与现实产生冲突，造成负面影响，如拉帮结伙、牢头狱霸等，有的形成团伙，有的甚至形成集团，鱼肉他犯，为所欲为，严重威胁监管安全。但这些罪犯并非铁板一块，而是可以分化瓦解、找到突破口的，如对罪犯正常需求与改造实际的矛盾，要重点想办法解决好罪犯遇到的实际问题，在现有条件下化解矛盾，力所能及地解决矛盾，而不能认为罪犯是无理取闹，是对抗改造，将其“一棍子打死”；对罪犯非正常需求与改造实际的矛盾，就要做好针对性教育转化工作，从思想上转变罪犯的不正常需求心理；对改造环境所造成的问题，就必须搞好监狱文化建设，从净化狱内秩序着手，强化管理，努力营造良好的改造氛围。只有正确分析罪犯之间、罪犯群体、罪犯个体表现出的矛盾，才能找到解决问题的钥匙，事半功倍。

5. 两点论方法

任何事物都有两面性，罪犯也是一样。两点论方法就是要求在看到罪犯可改造的同时要认识到其危险性的一面，在看到罪犯危险性的同时也要看到其可改造的一面；对任何表现好的罪犯，不能说其好得无瑕，对表现差的罪犯也不能说差得没有一点长处；在此阶段思想稳定的罪犯，在彼阶段由于主观、客观环境的改变也可能出现反复，这些都是正常现象。在认识分析方法上，对有的罪犯分析可能容易一点，但并不能说明对其认识就不要认真；对有的罪犯认识条件可能差一些，但也不能因此就有罪犯“不可认识论”。坚持两点论，必须反对一点、绝对论，罪犯不可改造论、四防事故不可避免论都是错误的，对监管工作十分有害的。

6. 实践的方法

实践是检验真理的唯一标准。实践的过程是一种由表及里，去伪存真的过程。要做到科学认识罪犯，就必须坚持调查研究，调查研究是实践的最重要的形式。具体地讲，就是对罪犯的不同个体进行研究，对罪犯群体进行研究，对不同时期罪犯的心理进行研究，对不同监狱、监区、分监区的罪犯进行研究，对罪犯的行为特征、犯罪根源、犯罪心理、狱内行为、认知能力及社会环境对罪犯的影响等全方位进行研究，形成较为符合实际的正确的认识。同时，随着时间的推移，罪犯也会变化，旧的认识就必须调整，形成新的认识，而新的认识必须经过实践的检验。

实践的方法还要求对罪犯的任何认识都要经过实践来检验。只有实践检验了的认识才是正确的，而只有正确的认识才能指导我们的工作，实践也是检验在科学认识罪犯基础上制定的针对性管教措施是否正确有效的唯一途径。

三、科学认识罪犯要把握的几方面

1. 首先要坚持“罪犯是人”这个基本观点

罪犯既然是社会的人，就必须享有社会给予一个存在个体的基本权利，如人格权、生存权、受教育权、申诉权、继承权等。认识到罪犯享有的权利，有利于对罪犯的行为、心理进行分析，对罪犯进行科学评价，如对罪犯人格的尊重、尊严的保护，如果其基本需求得到满足和保护，其思想行为就有利于疏导、引导，化消极为积极，反之则相悖；对罪犯正常申诉的问题，如果认识不到其享有这一权利，就会武断地认为其是不认罪服法，对其权利不予支持，从而不能正确认识罪犯。

坚持"罪犯是人"的观点，有利于运用"除极少数恶习深、从骨子里仇视社会的罪犯外，绝大多数罪犯是可以改造好的"这条基本规律来指导监管工作。

2. 要对罪犯个体和群体进行区别认识分析

每名罪犯都有其个体的特征，即个体的矛盾性，每种矛盾是不相同的，同时罪犯个体特征也较大程度地受各种因素影响，即个体有变异性，每个个体无时不在变化，有时变化是质性的、显著的，有时变化是非质性的、不显著的；但罪犯所有个体也往往表现出相同的东西，即罪犯群体具有一定的共性，由于群体的多样性，所以群体与群体间也有很大的差异性，突出表现在地域群体之间具有差别、不同犯罪团伙（集团）群体间有差异、不同民族罪犯之间具有差异性等，所以对罪犯的认识既要充分认识个体、个性，又要充分认识群体的共性、差异性，所谓"物以类聚，人以群分"就说明这条道理。

3. 罪犯作为社会的人，社会形势、罪犯所处地域的经济文化背景对罪犯的影响

联系是无处不在无时不发生的，所以罪犯受社会影响非常大，尤其是社会形势、罪犯所处的地域环境及文化背景对其影响更甚。家庭环境、罪犯文化程度、罪犯承受能力、地域环境等都对罪犯的心理形成、思想动态变化有非常大的影响，也是影响罪犯形成正确价值观、人生观的主要因素，这种价值观直接体现在

改造过程中其改造目标、达到改造目标所依赖的方式等的定位上，不同地区罪犯改造过程中上述两方面有显著的区别，罪犯错误的价值观、认识观又是狱情及“四防”事故的心理动力因素。另外，犯罪趋势及犯罪心理驱动也对罪犯个体思想、行为形成较大的影响（犯罪惯行理论），从而影响其改造行为。如财产型犯罪的罪犯，在狱内违纪表现多为小偷小摸，侵占公私财物甚至犯同类犯罪；又如缺乏家庭温暖和社会关爱、长期流浪的罪犯多表现为企图脱逃，等等。所以，科学认识罪犯必须全面清楚地分析这些现象对罪犯的影响及潜化作用。对当前罪犯结构进行划分是科学认识罪犯的一种重要方法，是上述哲学观点特别是实践观点在改造人的过程中的具体运用。正确对押犯的结构进行分析，是分类研究的前提，是制定分类教育措施的前提，是监狱管理工作科学化的重要保证。正确认识当前押犯的结构，要把握以下几种趋势：犯罪向低龄化发展的趋势；女性犯罪增多的趋势；经济领域犯罪增多；暴力型、惯累犯犯罪增多等，结构的变化必然导致罪犯行为心理的变化，这就要求监狱从违规违纪、违法犯罪上探求总结规律，从而对症下药，因类施教，分类改造。

四、引起对罪犯认识偏差的几项主要因素

1. 认识主体即监狱人民警察的素质对科学认识的影响

认识主体分为监狱民警个体和监狱民警群体，由于民警个体自身的知识素质、业务素质、责任心素质以及监狱民警的执法环境和个体的价值取向等不同，对同一罪犯个体、同一罪犯个体的同一行为都会产生不同的认识结论，进而影响对罪犯个体的评价（突出表现在有的民警在罪犯脱离监管后认为不会脱逃，而实际上早已脱逃，从而贻误追逃战机）；另外，监狱民警群体由于受各方面的影响也可能产生相同的认识，而这种认识也可能是错误的，在这种情况上，即使有个别的不同意见，也会被群体的认识

所掩盖，从而影响认识上的偏差，主要表现在绝对化、片面化、静止化。所以提高监狱民警素质，改善执法环境（重要途径是以依法治监、以德治监）是科学认识罪犯的重要前提和根本保证。

2．被认识对象即罪犯个体、群体的多样性和复杂性对科学认识的影响

如前所述，罪犯个体具有多样性和复杂性，而人的认识能力在一定的历史条件下又是有限的，所以，在这种情况下要做到对罪犯的科学认识就是一种认识与反认识的较量。如果作为被认识对象的罪犯的伪装能力高于认识主体监狱民警的认识能力，如果民警对罪犯的多样性、复杂性不能去伪存真、抓住本质，那么对罪犯行为的分析、对其本质的认识就易发生错误。罪犯的多样性和复杂性是易引起民警认识偏差的主要因素，监狱民警中出现的绝对论、一点论突出原因就是没有充分认识到这种多样性、复杂性。同时，认识是一种循序渐进、不断深化的过程，此阶段不能认识而在彼阶段可能充分认识，暂时不能认识可能不久就能认识，这有赖于认识条件的改变、认识主体素质的提高、认识对象的变化等多方面，对此我们就要保持长期的警惕性。

3．罪犯所处客观环境的多样性和复杂性对科学认识的影响

罪犯虽然失去人身自由，但并不说明其生活在真空中，客观环境对其的影响仍然非常大，任何变化都可能引起罪犯思想的变化。民警的言行、不同时期的政策、国家形势、国际形势、罪犯家庭、改造秩序等对罪犯个体或群体的影响可能都是巨大的，而这种多样性、复杂性有时能被民警认知重视，有时不能，从而影响对罪犯的正确认识。如新婚姻法实施后，罪犯妻子提出离婚的增多；如国家在企业改革过程中，罪犯家属下岗的增多。这种外在环境的变化对大部分罪犯的心理都会产生影响，如果在认识罪犯的过程中不能清醒地认识、分析这些因素，就不能把握这个时

期罪犯的本质思想，走上认识的误区。另外，管理的严格与否，也会影响对罪犯的认识，如果管理严格，罪犯的思想行为可能不易暴露或暴露得不彻底，影响我们的认识；反之，罪犯的犯罪行为可能有更多的暴露，我们的认识就会更全面、更彻底。

（作者：余再刚，湖北省襄樊监狱副监狱长）

第二篇

狱政管理理论探讨

文化监狱的构建

“文化监狱”是中国监狱发展到新时期产生的一种新型理念。“文化监狱”是一种具有文化品位的监狱，它是在一定历史时期的先进价值观念的引导下，以监狱的管理人员为主体，以实现监狱的改造功能为目的，以体现时代的物质文化、制度文化和精神文化为形式的具有一定文化思想内涵的新型监狱。通过人类学的田野调查，“文化监狱”正在崛起。

监狱是社会的一面镜子，监狱管理的状况可以折射出一个国家在人权保障方面的状况，可以反映出一个政府对待犯罪、惩罚和改造方面的价值取舍。现代监狱是执行自由刑的场所。以现代监狱的本质属性出发来理解监狱的功能，它主要解决的其实是刑罚中的自由刑的问题，这种刑罚是以犯罪人的人身自由作为剥夺的主要对象，执行机关主要是在固定的场所之中，没有这些固定的场所，自由刑的执行很难得以实现。自由是一项人类固有的也是极为重要的权利。对于一个人来说，自由的剥夺使其丧失的不仅仅是自由，更重要的是丧失了一个作为公共社会成员的资格，丧失了作为一个公民应有的地位。自由刑的产生和发展是法律文化进步的体现，它使得以生命刑、身体刑为能事的刑罚体系向着人类理性发展的方向迈进。自由刑的实行必须要有一定的物质经济基础作为后盾，没有相当的物质经济的支撑，自由刑的实施是不可能实现的。当然，自由刑的实施也是由粗陋向文明的方向发展的。“监狱这个惩罚武库中的一项基本因素，确实标志着刑事司法历史上的一个重要时刻：刑事司法走向‘人道’”[1]。珠三角K监狱经过十余年的建设，现在正向着“文化监狱”的方向发展，这种发展的方向或许会成为广东乃至全国监狱发展的标杆。

一、从“监区文化”到“文化监狱”

文化是一个貌似简单，说起来十分复杂的概念。文化（culture）一词源于欧洲，在中古英语中，其表示的是“耕耘”的意思。用古罗马法学家西塞罗（Marcus Tullius Cicero）的话来说，Culture意指第二自然。文化概念被引入中国后，逐步成为人文科学的中心词汇。广义的“文化”是一种包含所有人类创造物及其观念的概念。狭义的“文化”是一种精神或观念的概念。中国古代哲人认为文化是“观乎人文，以化成天下”。文化的经典定义为英国人泰勒所下，他说文化是一个复合的整体，包括知识、信仰、艺术、道德、法律、习俗以及作为一个社会成员的人所习得的其他一切能力和习惯。这个定义为人类学奠定了基础，其下定义的办法是列举文化的具体成分。在当代人类学中，文化的概念大致可以分为从行为角度和认知角度来下定义。从行为角度来下定义，文化是指人类的生活方式。从认知的角度来下定义，“文化是由抽象的，为某一社会的全体成员所共享的价值观、信仰以及在人类行为背后的对世界的感知所组成”。

文化包括三方面的层次，一是物质文化，二是制度文化，三是精神（认知、心理）文化。物质文化，包括人类通过劳动创造出来的全部物质财富，它是文化的基础层面。制度文化是指调节和控制人类行为的一切规范体系，它处在文化层次的中间部

[1] 米歇尔·福柯. 规训与惩罚［M］. 北京：生活. 读书. 新知三联书店，1999：259.

分。精神文化是指人的思想观念、认识态度、价值观念等用以观察世界、了解世界的手段，这是文化的最高层次。物质文化、制度文化折射出的往往是精神文化的意义。从文化适宜的角度来看，心理文化是文化适应的策略，制度文化是文化适应的机制，物质文化是文化适应的结果。当然，这三个系统并不是割裂开来的，而是高度整合在一起的。

在中国的历史上，监狱的起源有一段民间神话传说。“皋陶造狱法律存”是一种传说，也是一种反映法律及附属物——监狱的理想构建。皋陶是中国古代传说中的东夷族的首领，尧时专门负责刑狱的长官，此人正直聪明，传说此人与其他司法长官不同之处就在于善于审理疑难案例。为什么皋陶能够审理疑难案件呢？因为皋陶养了一只神兽，皋陶借助这只神兽的帮助来审理案例。这只神兽叫獬豸，也叫“独角兽”。汉王充《论衡·是应》：“獬豸者，一角之羊也，性知有罪。皋陶治狱，其罪疑者，令羊触之。有罪则触，无罪则不触……”独角兽生性正直，能分辨是非曲直，见世人争斗，即以角触不直者。在中国的传说中，独角兽还是一种灵兽，它见了有罪的人就用独角去冲撞，见了说谎的人就发怒。历代帝王都以其象征至高无上，公正无非，明辨是非。在东方的故事中，獬豸代表的是公正、公平及幸运的使者，哪里有它的身影，哪里就有太平。

马克思的国家学说认为，监狱随着阶级和国家的产生而产生。监狱是国家暴力机器的重要组成部分，是实行阶级统治和社会控制的专政工具之一。它与军队、警察、法庭等强制机构一起，构成了属于“国家实质的东西”，是强迫他人意志服从的国家机构。监狱是关押人的地方。这种定义从监狱最基本的职能出发，考虑的是监狱的最基本的功能。监狱确实是关押人的场所，但是这里的“人”如果不去进行定义的话，那么得出的结论就会是关押人的地方都成了监狱，不管它是公共制造物还是私人制造物，不管它是固定制造物还是暂时制造物，这就会引起人们理解上的困难。《中华人民共和国监狱法》第二条对监狱作出了定性的规定："监狱是国家刑罚执行机关。"表明它是一种执行机关，这种执行机关的任务就是执行国家的刑罚。以现代监狱的本质属性出发来理解监狱的功能，监狱主要解决的其实是刑罚中的自由刑的问题，这种刑罚是以犯罪人的人身自由作为剥夺的主要对象，现代的监狱与古代的监狱最大的区别就在这里。古代的监狱像是今天的看守所，主要还是临时羁押的机构，不是以执行刑罚为主要任务。而今天的监狱与看守所、与劳教所等关押人的机构的区别就在于它是执行自由刑之场所。

监狱是一种特殊的文化场域。监狱过去给人的印象是黑暗、残暴、野蛮的象征，有人说监狱有"地狱"之称，把监狱比做地狱，可见监狱给人们留下的印象之差。这种印象差的主要原因有两条，一是监狱的物质环境恶劣，囚犯居住、生活的物质保障条件较差，使囚犯的生命权、健康权得不到保障；二是监狱的管理形势恶劣，囚犯中的牢头狱霸横行，狱吏狱卒的残酷虐待。在这种封闭的场域内，外界与之隔绝，这种场域里发生的事情也很难有人发现、知晓或干预。监狱作为自由刑执行场所的出现，是人类历史文化进步的体现。这种自由的剥夺是有时间限制的，最终囚犯还要回归社会，成为社会的一员。所以，从体现自由刑功能的监狱一出现，矫正或改造的功能就开始体现出来。监狱对囚犯的关押，最终目的是希望囚犯回到社会后能够作为一名社会能够接纳的人，囚犯能够容忍社会的人，否则，监狱只是制造社会的仇视者、社会的报复者的话，作为执行自由刑功能的监狱就没有存在的必要了。监狱作为一种相对封闭的文化场域，有其自身的文化形态，社会文化与监狱文化的互动并不明显，监狱自身的文化形态有其固定的表现形式。监狱总是要随着社会的进步而变迁的，一所监狱"选择进步"是主流文化作用的结果，也是一种能够引起重大的组织结构调整或管理方式调整的观念变化的结果。

从另一面来看，监狱其实也是一种文化的产物。没有文化作为监狱发展的支撑，现在的监狱可能处在最原始的囚禁场所的状况之中。一个时期的监狱发展是一个时期主流文化的体现。20世纪80年代，国内学术界兴起了一股文化讨论热，学者们看到，社会的发展迫切地需要人们在文化的层面上去思考问题，不要总是站在政治的层面上去分析、判断问题。在这种文化思潮的影响下，法律文化也着实热闹了一阵子。与此同时，有关监狱文化，特别是监区文化的思潮开始兴起。在监区文化的影响下，监狱犯人的文化体育娱乐活动被大大丰富了起来，“监区文化”成为犯人业余文化生活的代名词。这次文化思潮的冲击，对犯人权利的给予或保障，对提高犯人认可社会以及政府的程度，丰富犯人的精神生活，确实起到了巨大的促进作用。

也有学者在这个时候指出，监狱文化是一个整体概念，它包括了监狱犯人方面的文化，也包括了监狱警察方面的文化，即包括主流文化，也包括亚文化。但是“监狱文化”一词使用得并不多，研究监狱警察文化的学者也是微乎其微，而是大家把关注的要点放在了对犯人进行的监区文化上来。也有学者指出，监区文化从词义上讲包括主流文化和亚文化的两部分，主流文化是继承、发扬、光大的问题，而亚文化是保存、限制、引导的问题。监区文化的发展其实讲的是监狱针对犯人所进行的主流文化的传输，决不是监狱犯人亚文化的膨胀。

监区文化建设已经有二十多年历史了，这方面的成功经验不少，各监狱在犯人业余文化生活方面投了很多钱，采取了许多相关的措施，取得了相当的成绩。进入21世纪以来，“人权”的理论与发展的问题引起社会各方面的重视与考虑。“人文关怀”成为这个时代的关键词，在这种形势下，监狱的管理者和决策方实施了一系列重大的措施。首先，在监狱推行“狱务公开”的政策，将原来非常神秘的而又事关犯人权利的监狱管理的操作规程公布给犯人及社会，让犯人在阳光政策下明明白白地改造，让犯人自己掌握减刑等减缩刑期的主动权；其次，在维护犯人权利方面政府采取了一系列的宣传教育措施，同时运用法律的手段，保障政府精神的贯彻，打骂体罚犯人被严令禁止，监狱警察的职业风险增大；最后，监狱作为社会管理的重要一环被摆在应有的地位，监狱管理体制发生了变化，生产不再作为监狱生存的手段来对待，政府的保障在逐步到位，犯人的生活条件在不断改善，监狱的硬件建设得到很大的改观，监狱管理人员也从对“罪犯”的认识转变为对“服刑人员”的认识，这种变化看似不大，其实蕴含的文化潮流是湍急的。

“文化监狱”正是在这种背景下产生的一种理念，它是指在一种先进价值观念的引导下建设、发展的监狱。文化监狱不同于监区文化，其主要区别在于视角、对象的不同。文化监狱是一种具有文化品位的监狱，它是在一定历史时期的先进价值观念的引导下，以监狱的管理人员为主体，以实现监狱的改造功能为目的，以体现时代的物质文化、制度文化和精神文化为形式的具有一定文化思想内涵的新型监狱。文化监狱不同于传统意义上的监狱，传统意义上的监狱，过分看重监狱的关押作用，对监狱的物质、制度建设停留在约束、制裁的层面，对监狱管理人员的要求注重在职业纪律的要求，这种监狱有时使得监狱的管理者成为一种机械的劳动者，“作为”成为一种风险性的行为，“不作为”成为一种保险性的行为，管理人员的价值观念会发生“倒退”性的变化。而文化监狱倡导的是一种积极、主动、发展的价值观念，它要求管理者要具备相当的文化修养，在先进思想和传统思想的滋养下，对监狱能够主动去建设、去发展，使监狱成为一种文化领域的阵地，使监狱成为一种传播先进价值观念的场所。文化监狱可以说是注重在于营造一种文化氛围的监狱。它的表现形式是多种多样的，既可以从监狱的物质形态体现出来，也可以从监狱的制度形态体现出来，还可以从监狱管理人员的精神形态体现出来。

文化监狱是“文化”居于先位，监区文化是“文化”居于后者，一前一后，其所反映的文化功能大不一样。文化监狱讲的是以一种什么样的价值观念来建设监狱、发展监狱，它的作用对象可以是监狱的物质文化、制度文化和精神文化，它的承载者是监狱的管理者、决策者。监区文化讲的是一种在犯人中开展的文化活动，其内容、选题、实施都处于监狱警察的严密控制之下，监区文化的对象主要是狱内的犯人。监区文化是一种针对犯人而进行的文化娱乐活动，是文化形式的外在表现。而文化监狱虽然也要通过物质文化、制度文化来体现，但它更重要之处在于从认知角度理解监狱的建设与发展，它是监狱管理层及其决策者共同享有的价值观、信仰及人们行为背后对监狱的感知。

二、“文化监狱”构建的实践

狮子在中国的传统文化中一直是一种象征，其象征意义主要取自狮子的威猛、凶狠、威严之意。一直以来，狮子都是中国人崇拜的灵物，放在不同的位置都显示出它的威猛的灵性。在中国大大小小政府机关的门口，摆放一对狮子成了一种“官俗”，其直接的隐义是说狮子有发财守财护财之意，许多政府部门摆放狮子也有这方面的意思。

2002 年，一位学者在讲课中提到，看看现在的监狱大门口，摆放的都是狮子。什么意思？无非是生财守财之意，而监狱是刑罚执行机构，是一个特殊的法律部门，生财守财与其机构的职能是相违背的。为什么大学法学院的门口放的不是狮子而是一对獬豸，为什么人大常委会的门口放的是一对獬豸，为什么一些法律部门的门口放的是獬豸，就是因为这些部门领导人认为自己的部门是法律机构，维护法律的尊严和公平是法律部门的责任。如果哪个监狱的门口放上一对獬豸，那么这所监狱领导的文化品位就出来了。

没有厚重的文化积淀，这既是文化监狱建设的难处，也是文化监狱建设的优势。但是如何建设、发展监狱是摆在监狱领导面前的课题。随着知识阶层的变化以及传统文化的复苏，一项领导层的决策就变成了一种带有强烈文化内涵的集体无意思的控制行为。獬豸是公平正义的象征，也是法律的象征。珠三角的 K 监狱是广东省第一个在监狱的大门口立了獬豸——独角兽雕塑的单位。独角兽是一种法律的标志物，它立在监狱的门口是想告诉人们这里是法律机构的代表之地，这里的人们从事的是一种法律实践的神圣工作，法律的权威是不容亵渎的。它是告诉监狱警察，这不是怪兽，不是麒麟，也不是辟邪，它是法律的象征物，这里是法律正义的体现之地，法律的公平正义是要靠每一位监狱警察去积极实践的。它也告诉监狱的领导，这里是法律规范的运用之地，监狱的领导者应当成为维护法律尊严的楷模。独角兽的摆放带来的公平正义观念影响着每一位监狱警察的心灵，这是一种教育的力量，是一种执法理念升华的载体。监狱警察看到的不仅仅是独角兽，它看到的是一种标示、一种警示，时刻告诫监狱的管理人员要牢记自己的职责，明确监狱的本意，要像这对独角兽一样，履行好自己的职责。独角兽的摆放是一种文化含义的传递，它告诉每一个见到它的人，这是法律的标志物，使人们对法律的意义和威严再一次加深印象，因此说它成了一种法律意义的文化使者。

有没有一种监狱的象征物能反映监狱本质呢？在上海提篮桥监狱的上海监狱展览馆的大厅中间，放着一尊狴犴的塑像，怒目圆睁，威风凛凛，它正是监狱的象征。狴犴，是一种传说中的动物，似虎非虎，似狮非狮，此兽性刚猛，又好诉讼之事，古代人常常将其刻铸在监狱的门上，其用意在于增强监狱的威严，让犯罪分子望而生畏。在中国的传说中，龙有九子。明朝李东阳《怀麓堂集》："龙生九子不成龙，各有所好。"龙的儿子有的喜欢背负重物，所以背上驮了一块石碑；有的喜欢四处眺望，因此常装饰在屋檐之上；有的贪吃能喝，常装饰在鼎的盖子上。而龙的第四个儿子狴犴，最憎恶犯罪的人，专门掌管刑狱之事，要么装饰在监狱的门上，要么立于监狱或官衙正堂两侧。至于狴犴的形象，一种说法是形似虎，老百姓不知这是什么动物，看似虎，所以叫成"虎头牢"，这种形象在山西省洪洞县修复的明代苏三监狱有之；另一种说法是形似狮了，在李东阳《怀麓堂集》中写道：狴犴，平生将讼，今狱门上狮子头是其遗像。

狴犴的树立，表明监狱象征物的树立，它放在监狱及其办公大楼门前是再合适不过了。狴犴的摆放是一种传统文化思潮的回归，是传统文化精髓的吸收与保留。现在的中国人缺少对民族传统文化的学习与理解，不少人看到监狱大门放的这对动物，都认为狮子，但仔细一看才发现不是狮子，是什么呢？如果说是狮子、老虎是一种误解，说成是狴犴说明其文化的修养。珠三角 K 监狱能立獬豸、狴犴的塑像，取意于中国传统法律文化的继承，也反映了监狱领导层的审美情趣。

如何从实物形象来看待改造的过程，这是一种以意念到现实的思考过程。人们从郭沫若的诗《女神——凤凰更生歌》（鸡鸣）得到了启发：听潮涨了，听潮涨了，死去的光明更生了；春潮涨了，春潮涨了，死去的宇宙更生了；生潮涨了，生潮涨了，死去的凤凰更生了[1]。在珠三角 K 监狱的广场上建了一尊

[1] 郭沫若. 郭沫若全集（文学编）第一卷［M］. 北京：人民文学出版社，1982：43.

火凤凰的雕塑。凤凰涅槃，浴火重生。凤凰将生与死在熊熊烈火中作个了断，重生的火凤凰，是一种残酷的美，更是希望的美。据《雨雅·释鸟》记载，凤凰的形体为“鸡头、蛇颈、燕颔、龟背、鱼尾，五彩色，高六尺许”，是一种集多种动物为一身的动物。西方有凤凰涅槃的神话，中国有火凤凰的传说，中西方的神话传说都有一个共同的特点，那就是凤凰象征着生命、希望与活力。火凤凰的寓言在于教育犯人要对生活充满希望，努力奋发向上，树立刚强坚韧的信念和精神以及积极进取的价值取向。将火凤凰的塑像放在监狱，使犯人时时看到一种希望的力量的存在，一种再生信心的鼓励。

三、“文化监狱”是建设、发展监狱的新理念

人类学是一门西方引进的学科，长期以来西方主导下的人类学一直关注异域文化的研究。随着人类学在中国的发展，特别是进入21世纪之后，人类学开始越来越向着传统文化研究领域之外进行扩展，对监狱的关注也是人类学的一项目标。按照人类学的内部划分，监狱研究属于法律（法）人类学的范畴。“一般认为，法人类学是旨在立足于人类学观点，立足于经验和感受，立足于跨文化的比较，对传统法学的概念、研究方法进行批判，并试图建立全新的法学认识论体系的一门学科”[1]。人类学是在以“人文关怀”加“田野调查”为基本要素而展开的学科，这门学科的好处是它的研究方法站在客观的角度来观察一个文化区域的事物，通过对一个文化区域整体文化过程的描述来得出宏观指导意见和结论。人类学的出发点是以“人”为中心的，它强调了人的平等性，强调了人的生存权，在社会发展的过程中，要求决

[1] 张冠梓．法人类学的理论、方法及其流变［J］．国外社会科学，2003（5）．

策者能够站在“他者”的角度来看待问题。过去监狱总是过于相信自己的力量，以自我的角度来推测犯人对需要的理解，用熟悉的内容来引导犯人的文化生活。犯人的自主性不强和政府的管理模式单一化有关，政府一直以来不愿意倾听犯人的想法和意见，习惯用行政手段来推动公益的活动，虽然出于好心，但犯人可能并不领情。

对异域文化的关注是人类学的传统。老一辈学者费孝通、严景耀都对监狱的问题进行过调查。站在人类学的角度来看监狱，发现监狱的文化要素是很多的，许多东西在文化方面需要认真地提炼，“一切文化要素，若是我们的看法是对的，一定都是在活动着，发生作用，而且是有效的”[1]。“文化必须从整体来看”，在这里提出“文化监狱”的观念，是针对现代监狱发展的阶段提出的一种监狱建设与发展的整体理念。

对监狱的法律人类学的关注，也主要是从文化的三个不同层次去考察的。监狱作为一种制度化的场所，可以说是注重制度文化的发展的，因为监狱管理最主要的方法还是如何限制、制约犯人行为，对犯人的行为进行规范性的约束，一直以来都是监狱管理部门所追求的目标。如果放弃了制度的约束，监狱将是一种混乱的场景。当然，制度性的文化要与时代的进步、文明相符合，不能摆脱时代的要求而强调犯人的行为限制与约束，那样的话，社会对监狱管理的认同度就会很低，社会民众会用历史上的黑暗残酷的监狱制度来套现行的监狱制度。监狱的物质文化发展在现代化文明监狱这种政策的引导下，已经取得了相当的进步。监狱的外围设施多数是依照高度设防监狱的形式建立起来的，从安全防护的角度来看是不成问题的，缺少的恐怕是一种人文的关怀，当然这与现在监狱存在的押犯爆满有一定的关系，监狱建筑的文

[1] 马凌诺斯基. 文化论 [M]. 北京：华夏出版社，2002：15.

化内涵还缺乏了一些。“监狱建筑，我们曾经不屑一顾，现在是应当引起我们充分注意的时候了。我们现在主要的不是缺少财力，而是少有现代的理念[1]”。精神文化是文化监狱的核心，它注重行刑思想、价值观念、人文素养以及管理风格、人际氛围的营造。要建设有一定文化内涵的监狱，没有认知水平的提高是很难涉及文化监狱的主题的。文化监狱观念的提出，侧重在于精神文化的层面，同时照顾到物质文化、制度文化的需要，但更为迫切的还是精神文化的认识和理解。

文化监狱是一种文化理念下建设、发展的监狱。文化监狱的要旨在于要求监狱的管理人员以及决策层必须具有一定的文化修养，能够形成比较成形的文化意识，在先进的价值观念之下来建设监狱、发展监狱。文化监狱是一种文化理念下建设的监狱。有什么样的文化品位就会有什么样的文化监狱。缺乏文化水准的监狱管理者和决策层，只能建设一种物质化的监狱，但物质的外在表现上看不出其文化价值的内涵，这样建起来的监狱其实也是一片没有文化符号的水泥森林。具有文化理念建设的监狱完全是一种不同的监狱，从监狱外部形态，如塑像、标志牌等可以使人回味其中的文化韵味。它能够反映出建设者和管理者的知识内涵和对人的生存态度，是能够折射出一种价值观念的符号体系。格尔兹认为，文化是一套表达价值观的符号体系，“而符号所承载的就是意义，即包括认识、情感、道德在内的一般性思考，这些正是文化的核心内容”[2]。在一种由文化理念指导下建设的监狱，无论是外部设施还是内部管理都散发出浓厚的文化气息，透射出强烈的人文内容。

文化监狱的发展，在于营造一种整体的文化氛围。有人提出

[1] 张晶．正义试验［M］．北京：法律出版社，2005：112.

[2] 董建波，李学昌．“文化”：一个概念的内涵和外延［J］．探索与争鸣，2004（10）：38.

要建立学习型监狱，其实也就在于营造一种整体的文化氛围。如果监狱管理的力量不积极主动去创造、维护、发展监狱的完整体系，那么这种文化是短命的，是没有生命力的。只有监狱的管理层在学习的过程中知道什么是文化，什么是文化的内涵，知道如何用文化的手段去建设、发展监狱，那么监狱倡导的主流文化才会有生存的市场，才能得到进一步的发扬光大。

文化永远是最主要的。文化监狱既是物质化的监狱，也是制度化的监狱，更是理念上的监狱。以一种先进文化价值观建设的监狱是一种体现“威严、正义、公平、关爱、互助、友善”理念的监狱。在一种文化氛围中建设起来的监狱是一所充满活力，充满激情的监狱，它与那种暮气沉沉的监狱是有本质区别的。在文化理念下建设和发展的监狱是不会落后的。它也许代表不了一种潮流，但它可以代表一种先进的思想；它也许代表不了官方的政策，但它可以推动新政策的出台。“对于真善美的追求，构成了文化的人的本能意志”[1]。

在一种文化理念下建设的监狱是一所有品位的监狱。这种监狱带给人们的绝不只是几件物化的作品，也绝不只是花园式的庭院，而一种思想的触动和价值观念的感悟，它使得人们注重对文化意义的追求，触及人们对监狱功能的再认识，触及人们对美好生活的理想追求。这种有品位的监狱有时是一种超越物质载体的监狱，是一种理念上的监狱，这种监狱带给人们的不仅仅是对社会正义、公平、和谐的理解，还带来了对监狱发展方面的理性思考。如果把建设监狱和发展监狱当做创作一幅画来对待，那么画的就不仅仅是一幅画了，而是一种文化，有诗情画意，要有感染力，使人们看了以后有一种共鸣和联想。

《易经》：“观乎天文，以察时变；观乎人文，以化成天下”。

---

[1]　许苏民. 文化哲学［M］. 上海：上海人民出版社，1990：268.

文化监狱的产生是人类理性的抉择，也是监狱管理历史发展的内驱动力使然。监狱管理从粗放管理、经验管理到规范管理、科学管理再到文化管理，这是历史文化发展由贫乏到丰富、由粗陋到精致的必然。文化监狱的建设也体现了监狱发展的时代个性和特点。在文化理念下建设、发展的监狱是一种具有包容性的监狱，是一种对先进思想不排斥的监狱，是一种能把不同文化要素重新进行整合的监狱。

文化监狱是一种追求公平正义的监狱。监狱是相对于社会而言的具有一定封闭性的场所。这种场所所追求的价值趋向说到底是公平正义价值观的取舍。监狱是一处封闭的人群聚集地，犯人有各种各样的需求希望能够得到满足，社会民众对监狱文明管理的进程十分关注，政府对监狱的执法状况十分看中，国际社会对监狱的人权状况非常敏感。由于封闭的原因，人们对监狱的管理状况不了解，同时对监狱的管理状况又产生浓厚的好奇心。因此，监狱的执法状况和追求的目标关系到监狱的声誉和国家的名誉。监狱民警是法律的执行者，维护法律的尊严和效能是监狱民警的天职。只有监狱民警树立公正的执法观念，监狱的公平正义形象才能真正树立起来。

监狱应该是化解矛盾和仇恨的地方。监狱管理活动的过程是一种十分尖锐复杂的过程，狱内惩罚、管制、改造以及监狱组织的劳动生产活动都会遭到犯人不同程度的抵触。不少犯人进入监狱后，依然会对法院的判决不满，个别犯人甚至认为法院的判决是错误的。在狱外产生的矛盾和仇恨与狱内产生的矛盾和仇恨往往汇合在一起，使得监狱成为矛盾和仇恨的集散地。化解矛盾和仇恨其实是一门艺术。从“公平正义”的角度，需要反思监狱管理的方式方法。一些过去认为是合理可行的做法，在今天人们的眼里就可能变得不合情理了。过去有些做法的外部环境已经发生了巨大的变化，犯人的生活场景也与过去有了很大的不同，人与人之间心理距离的拉大与缩小都会对犯人的改造带来一定的影响，在不断变化的时代背景之下，犯人的信息渠道也比过去有了相当的改观，社会发生的变化在狱内犯人中也会产生反响和共鸣。封闭的监狱处在信息相对开放的社会之中，它的管理方式就会受到来自社会以及犯人的冲击，如果监狱的管理人员以及决策层意识不到这种变化，墨守成规，就会引发社会的不满和犯人的对抗。

监狱管理人员执法素质和文化素质的水准关系到文化监狱建设的成败。“建立学习型监狱”、“学习研究小组的成立”、“培训是最大的福利”、“在业务培训上舍得投入”、“建立理论研究基地”以及监狱宗旨、监狱精神、监狱训词、监狱要求、监狱任务、监狱发展思路等口号、措施的提出及观念的形成，是监狱民警能力提升和引导的举措，是监狱管理领导层思想开放和文化水平的体现，是文化监狱理念得以生存的支柱和源泉。

文化监狱是一种具有人文关怀的监狱。人文关怀是对人的生存状况的关照，对人的尊严的尊重，对人的价值的肯定，也是对符合人性的生活条件的肯定。人文关怀不是对人性弱点和人能力有限的一种认同。在监狱中讲人文关怀，就是对犯人这一弱势群体的重视，就是对犯人人格、地位的尊重，就是对犯人价值的肯定，就是对犯人生存状况的关注，就是对犯人作为“人”的重视和尊重。将犯人当“人”看待，对犯人实行人道主义，这是中国监狱一贯坚持的指导思想，也是被历史证明具有中国监狱特色的成功经验。随着时代的发展，在监狱管理过程中提出人文关怀的思想，是一种历史的进步，是犯人应有权利实现的基本保障。

犯人进入监狱之后的权利实现虽然困难，但是监狱的管理者能够从细小之处为犯人的生活去考虑，就体现了一种对犯人的关怀，这种关怀是入心入脑的深刻，是言语所不能代替的。如夏天炎热，在犯人的生产车间里放冰块进行降温；把解暑的凉茶推到犯人的生产车间；犯人使用的餐具定期进行高温消毒，防止传染病的出现；允许对有技术专长的犯人进行智力开发，积极帮助犯人申请国家专利；对有困难的犯人设立专项特困基金，帮助其解决基本生活费问题。监狱其实是一个苦闷的地方，处在高墙内的犯人的生活内容的细小变化，对其身心向善能力的培养也是至关重要的。

人文关怀也是一种观念，它的具体表现形式是多种多样的，同时随着时代的发展，人文关怀的内容也在发生着变化。只要在不违背监狱管理的基本规律、不给监狱安全造成危害的前提下，犯人权利应尽可能给予保障，也要积极创造条件为更好地体现时代文明进步的精神设计各种可行的管理方案。“人权是道德权利，不是政治权利”[1]。保障犯人基本权利的实现是政府的责任，是监狱管理部门的义务。与此同时，监狱毕竟是暴力机器，善待犯人也要有限度，监狱不应成为社会弱势群体向往的地方。

人文关怀在监狱中更体现了对他者的关怀。对文化的研究其实是对人的研究，失去了人，也就无所谓文化了。文化人类学一直以来对异域文化感兴趣，对“他者”，特别是弱势群体更加关注。对监狱的管理人员来说，犯人是弱势群体，由于监禁及身份的关系，他的权利的完整实现存在相当的困难。加之监狱关押的流动犯人增多，没有家人接见、没有家庭经济帮助的犯人增多，他们又成为弱势犯人群体中的弱势群体。如何说犯人特别是有困难的犯人能够像“人”一样有尊严地生活，这就需要相当的人文关怀。缺乏人文关怀的监狱是不能建成真正意义上的文化监狱的。

---

[1] 米尔恩．人的权利和人的多样性［M］．北京：中国大百科全书出版社，1995：189．

“文化即在满足人类的需要当中，创造了新的需要。这恐怕就是文化最大的创造力与人类进步的关键”[1]。文化监狱既是现时代需要的产物，也是监狱现代化发展高度理性化的模式。这种文化定位于传统思想的发展，融合于时代思想的潮流，它不是目的性的产物，而是人类理性发展的结晶，它在为社会和谐功能的结构的搭建发挥着不可替代的支撑作用。

（作者：孙平，广东广播电视大学副校长、教授）

[1] 马凌诺斯基．文化论［M］．北京：华夏出版社，2002：15．

浅论现代刑罚执行原则的发展与变化

一、刑罚目的的发展与变化

这里讲的刑罚执行专指自由刑或称监禁刑的刑罚执行。

传统观点认为，自由刑的目的，一是通过惩罚（特殊预防）与威慑（一般预防）保护社会免受犯罪的侵害，二是将犯罪人改造成为守法公民并使之顺利回归社会。归纳起来，自由刑的目的一是安全，二是改造。

自从20世纪70年代以来，可以看到引领世界发展潮流的主流国家在刑罚执行领域对自由刑目的的表述顺序上发生了变化，即强调自由刑的目的首先是改造罪犯，其次是社会安全。这在各文明国家的刑罚执行法、刑事执行法或监狱法中都有明确的表述。

“改造第一，安全第二”这是国际社会在自由刑的刑罚执行领域所取得共识，这种共识不是凭空形成的，它具有坚实的实证基础。在传统的观点中，人们将自由刑的首要目的确定为保卫社会安全，这主要因为对自由刑的终极目的的认识受到历史的局限，达不到现在的认识程度。其次是随着社会文明程度的发展，虽然认识到罪犯最终是要回归社会的，监狱作为自由刑的执行场所，它不是收容罪犯的“仓库”，而是改造罪犯的“修理厂”，是一种“矫正场所”，但对于改造或矫正的效果没有清楚的认识。所以，从16世纪现代意义监狱制度产生以来，罪犯矫正思想和矫正无用论的思想始终处在争执之中，即使在当代，这种争执还是存在的，只不过是罪犯矫正思想获得了主流的共识。

20 世纪 70—80 年代，在当代刑罚执行制度的发展史中是一个重要的转折点。注意观察一下不难发现，当今世界各主要国家的监狱制度的改革大都是在这一时期完成的，当然，至今还处在不断完善的阶段。这一时期最重要的发展标志就是最终确立了刑罚执行中矫正优先的思想，安全优先的思想退居次要地位。简单说来，事情的经过是这样的。20 世纪 70 年代初，美国司法部委托马丁森组织一个科研组织对美国监狱的行刑政策进行调研，研究的重点内容是监狱对罪犯实施矫正措施的具体效果如何。因为当时西方国家的罪犯重新犯罪率很高，国家在监狱若投入大量的财力物力，其效果会受到公众的质疑。在这里，先说明一下"矫正"的概念。根据西方教科书的通说，所谓"矫正"，就是指国家司法机关，具体是指刑罚执行机关，借助这句医疗术语，表示为消除罪犯的犯罪倾向而采取的包括医疗措施在内的各种措施。实质上，与常用的"改造"一词没有区别。马丁森小组经过调研在 1974 年完成了一份调研报告，得出的结论是"矫正无用论"（Nothing works）。该结论很快在世界各地，尤其是在欧洲各国引起了波澜，矫正无用论一时成了行刑界时尚的话题。在这种形势下，传统上始终坚持罪犯矫正思想的德国学派以及仿效德国法律体系的日本也在进行一项调查。两国以刑满释放后满 10 年的人员为调查对象，将在服刑期间受过系统矫正教育的和没有受过矫正教育的进行对比，结果发现，罪犯在服刑期间接受过系统矫正教育的，其重新犯罪率要比未接受过矫正教育的低 11%～12 %。面对两种不同的研究结论，美国的马丁森小组再次组织进行调研，几年之后又提出一份调研报告。在后来的报告中，马丁森否定了自己原先的结论，认为对罪犯在服刑期间实施矫正措施，有助于防止其再犯罪，得出了"矫正有用论"。

在这方面，应该钦佩学者们的求实精神。在这种大背景下，经过各国反复的科学论证，行刑矫正思想最终为各国立法所确认。

各国的实践证明，对罪犯的矫正也好，改造也好，效果是明显的、有用的，但不是万能的。在刑罚执行工作中，如果一味地追求超过实际可能的“改好率”就不是一种现实的态度。罪犯的重新犯罪，不能否定其个人因素，但也不能排除社会环境的因素，但不管什么因素，都不能因此而降低刑罚执行机关改造罪犯的使命感。

二、现代行刑原则的发展与变化

刑罚执行的原则始终是为行刑目的服务的。西方现代意义的自由刑产生于16世纪资产阶级革命开始之时。在至今400多年的时间里，人们对自由刑的认识从大的方面可以划分为以下两方面。

1. 从16世纪到第二次世界大战结束的时期

人们从惩罚、报复罪犯，威慑犯罪角度最大限度地适用自由刑，将自由刑对罪犯的惩罚和对潜在犯罪的威慑作用发挥到了极致。与此目的相适应的自由刑的执行原则，概括起来就是“与世隔绝”政策，比如监狱大都建在远离社会、荒无人烟的地方；狱内罪犯大都相互隔离，禁止交流；罪犯刑满出狱后甚至断绝其出路，对其采取注销国籍或户口等极端措施。用前人的话说（也包括现代某些人的观点），把罪犯都投放到没有人烟的地方，看他们还怎样危害社会。事实上，罪犯只要不死在监狱，最终还是要回到社会的。如再断绝其出路，只有继续犯罪，别无出路。从历史上看，“与世隔绝”的行刑原则，只看重了对罪犯的惩罚和对犯罪的威慑作用，而忽视了对罪犯本人的副作用，究其原因，是人们把罪犯当做社会的异类来对待了。

2. 从第二次世界大战结束至今的时期

人们认识到，罪犯不是社会的异类，而是社会的组成部分。犯罪是一种社会现象，是由犯罪人本人的原因和社会原因等多方面因素造成的。既然犯罪是一种社会现象，那么对于犯罪的产生，全社会都要承担一定的代价，一味地对犯罪人实施报复和惩罚，既不能消除或减少犯罪，也是不公正的。正是出于这种理念，现代社会文明社会已不再将惩罚、报复罪犯作为自由刑刑罚执行的出发点，而是放在了矫正罪犯、重归社会的方向。

这里顺便提及一点，在和西方学者接触当中，有这样一种观点颇具代表性：惩罚、报复罪犯的功能在于“适用”刑罚的实体刑法之中，是刑法立法所追求的价值（比如常表述为保护社会正义、恢复社会公正等）。这是因为，人是社会性动物，其本性在于他的社会性，对一个人的最大惩罚就是由代表社会的国家对其行为的否定性评价，即依法宣布其行为为犯罪。由此可想而知，假若一个人的社会性行为（个人行为也是社会性行为的一部分）被社会否定了，那就说明作为社会性的那个“人”被否定了，这才是实质性的惩罚。“适用”刑罚的程度只是反映对犯罪人的犯罪行为予以否定的程度而已。而矫正罪犯、防止再犯罪（包括罪犯本人和其他人潜在的犯罪可能）的功能在于“执行”刑罚，是刑罚执行法所追求的价值，惩罚只是刑罚的自然属性，而不是刑罚执行法的立法本意。所以，在执行刑罚的过程中经常根据罪犯表现情况而适时变更法院依据刑法所“适用”的刑罚，其根本原因也就在于此。

随着刑罚目的的改变，刑罚原则也由传统的“与世隔绝”政策，转变为现代的“与世融合”的政策。罪犯不再是被社会遗弃的部分，最终是要回归社会的，所以刑罚的执行要为这个最终目的服务。

尽管从世界行刑制度的发展史来看，刑罚正朝着轻缓的趋势发展，但是自由刑，或称监禁刑，仍然是当前和今后长时期内重要的刑种。在现实的“剥夺自由”与目的上的“回归社会”这种矛盾冲突中，如何执行刑罚是各国面临的共同课题，即最核心的刑罚执行原则问题。

当代最核心的刑罚执行原则可以表述为：罪犯狱内的生活方式应当尽量地与普通社会生活方式相适应。有的国家表述为，罪犯狱内的生活方式应当是迷你型的，即微缩型的社会生活方式。表达的意思都是一样的。对此原则需要认真地加以解读。

（1）刑罚的目的是通过矫正罪犯，使其顺利回归社会，回归的是普通的社会生活，而不是特殊的社会生活。传统上的军事化或半军事化的监狱管理模式，在长期剥夺自由的情况下，必然使罪犯养成适应监狱生活的习惯，用专业术语讲，就是形成“监狱化”的人格。这与现代刑罚执行所追求“罪犯社会化”人格是背道而驰的。用个最简单的比喻可以说明这个问题：人只有在水里才能够学会游泳，离开水这种环境，永远也学不会游泳。罪犯改造也是样，脱离了社会环境改造人，只能将其改造成畸形的人，比如监狱化的人，或军营化的人。这种人出狱后走向社会，从其言谈举止、动作表情、待人接物等方面让人一看就知道是从大狱出来的，这只能说明监狱工作的失败。我们当过兵的人都有体会，离开部队多少年之后，在你身上仍有军人的影子。两者虽不能相比，但道理是一样的。

（2）在这一原则中，必须特别强调“尽量”二字的意义。剥夺自由与社会化，这两者都不能走极端。再举一个例子来说明“尽量”二字的重要性。比如为了保护稀有野生动物，要建立野生动物保护区，在区内需要保持自然的生态环境。但是这个保护区再大，也是有界限的，不是开放的。所以说，在狱内创造类似的社会生活环境也是这种道理，“尽量”是以狱政安全为前提的。

这一原则在国际上被称做“最革命”的原则，是刑罚执行的基石。

另外，当代最重要的刑罚执行原则之一是：国家（监狱）有义务主动消除因剥夺自由而给罪犯造成的额外的不利后果。自由刑是一把双刃剑，在通过剥夺自由矫正罪犯、威慑犯罪的同时，也给罪犯本人及其相关人（比如罪犯亲属）造成额外的伤害。对于罪犯本人而言，通过长期隔绝式的剥夺自由养成一种被动适应监狱生活的习性，因为监狱本身就是一种供给制单位，同时又是一种专制型单位，罪犯除了服从，什么都不需要自己主动行为，从而导致其思维能力、竞争能力和行为能力的退化。对于罪犯的相关人（如罪犯的亲属）而言，因为罪犯本人被剥夺自由，其相关人的很多权利受到限制。从国家角度来讲，国家在惩罚罪犯的同时，也侵害到了其他人的权利，这是不公平的。但从全社会都要承担犯罪的代价角度来讲，罪犯相关人的权利受到一定限制也是不可避免的。现代文明社会所追求的是将这种额外不利后果降到最小的限度。

那么，这一原则如何操作呢？没有两全其美的办法，国际上通行的要求就是尽量鼓励与帮助罪犯与社会接触，比如离监休假制度、短期探视和长期探视制度、开放执行制度、刑种变更制度等，以此来弥补自由刑的不足之处。通过研究上述制度我们发现，包括上述制度在内的各种宽松制度，多数都是作为罪犯的权利加以规定的，而不是作为奖惩制度。这种理念是比较合理的，既然各种优惠待遇都有利于罪犯改造，还分什么表现好坏呢？不过这是一个问题的多方面，大家可以从不同角度去理解。

（作者：田越光，中央司法警官学院教授）

刑期管理：一种正在发育的行刑制度

一、源于英国的一种行刑实践

1990年沃尔夫在他的报告中建议监狱当局普遍推行刑期计划制度。作为回应，英国监狱管理当局在监狱中开始全面推行刑期计划制度，并将其发展为刑期管理制度。

刑期管理制度是基于以下目的建立起来的行刑制度：一是促使罪犯在监狱中建设性地利用服刑时间；二是促进罪犯回归社会；三是促进罪犯矫正的同时最大限度地降低罪犯带给社会的危险，以维护社会安全；四是向监狱及其工作人员及时提供罪犯有关信息，保证监狱有效利用各种监管资源，提高个别化管教水平。

刑期管理制度包括以下两部分相互镶嵌的内容。

1. 刑期计划制度

刑期计划制度是设计用以帮助罪犯充分利用服刑期以顺利回归社会的制度。这项制度要求服刑在三个月以上的成年犯与服刑期限在一个月以上的未成年犯都制订刑期计划。刑期计划主要围绕罪犯在监狱内的服刑目标展开。通常情况下，罪犯的服刑目标是在学习了服

刑手册后确立。罪犯服刑手册不仅告诉罪犯有哪些权利，而且告知罪犯会获得哪些获得奖励的机会，如在什么情况下罪犯可

以被允许临时释放（Release on Temporary Licence）[1]，在哪些情况下被允许假释、获得家庭监视（Home Detention Curfew）[2]。在前种情况下罪犯可以暂时返回社会，在后两种情况下罪犯在不违反有关禁止规定的基础上可以永久回到社会。此外，服刑手册中会告知罪犯在什么情况下可以调整待遇，在什么情况下可以调整分类级别。就监狱管理人员与罪犯的关系说，监狱官员的工作任务之一就是帮助罪犯实现在刑期计划中确定的目标。从这种意义上说，监狱工作人员的部分工作内容就是“服务”（Service）罪犯。为此，监狱规定有“个别工作官员”（Personal office）制度。按照要求，每名罪犯都应当制订刑期计划，刑期计划由个别工作官员负责（在有的监狱，刑期计划由社区执行官员[3]负责）。刑期计划的制订要充分考虑罪犯的危险状况与罪犯的具体情况。罪犯的危险状况不仅包括重新犯罪的危险，还包括伤害他人、自伤、自杀、脱逃等危险。罪犯的危险状况测定要罪犯评估系统（Offender Assessment System，简称为OASys）完成。所谓罪犯的具体情况包括罪犯在监狱所确立的服刑目标，罪犯所需要完成的行为矫正方案（Offending behaviour programmes），罪犯需要进行的教育、训练与劳动[4]。由于刑期计划是调动罪犯参与自

---

[1] 临时释放，是维护罪犯与社会联系的必要措施。在英国，临时释放证包括三种：一是情感性临时释放证，其主要发放给诸如家庭有人死亡、有人结婚等情形下的罪犯；二是帮助性释放证，其主要发给需要在监外学习、劳动与参加社区服务的罪犯；三是重新安置释放证，其主要发放给接近出监的罪犯，以促进罪犯加强与家庭、社会的联系，帮助罪犯重返社会。

[2] 家庭监视，是英国于1998年推行的旨在促进罪犯回归社会的措施。根据有关规定，服到一定刑期的罪犯，经过危险评估可以到社会服刑并经受监督。

[3] 为促进罪犯回归社会，在英国，作为降低重新犯罪的一种重要措施，社区执行官员（Probation Officers）被编入监狱的跨机构组织中。社区执行官员主要的责任是参与对罪犯的刑期计划与管理，同时也承担罪犯的行为矫正计划（Offending Behaviour Programmes），此外还参与罪犯回归社会的准备与安置工作。有时，高级社区执行官坐镇在监狱的高级管理小组（Senior Management Team）中。

[4] Centre for Crime & Justice Studies, Episode 2A - Sentence Planning, Series 5 Factsheets, http://www.badgirls.co.uk/index.html.

身矫正的基本措施，因而，刑期计划要由个别工作官员同罪犯沟通制订。由于刑期计划涉及监狱安全与社会安全，涉及罪犯危险状况认定与社会接受程度，因而，刑期计划的制订与不断的修订不仅要与内部人员商讨，而且要同监狱外部人员讨论，监狱外部人员包括社会执行部门的人员、志愿者组织中的成员。在刑期管理制度中，刑期计划材料是非常重要的档案，因而在刑期计划材料制作中要坚持：一是时序原则。刑期计划要根据时间制作，以全面反映罪犯自身的变化。二是开放原则。刑期计划材料制作与整理既要征询内部人员，也要听取外部人员的意见。三是准确原则。刑期计划中所使用的材料一定要准确，特别是罪犯危险状况评估的材料。四是随行原则。刑期计划要跟随罪犯迁移，罪犯调到哪里，刑期计划就要带到哪里。在英国，由于多数罪犯在监禁刑期未满之时就出监而交由社会执行部门进行监管，因而，罪犯刑期计划最后要交到社区执行部门。为了保证刑期计划的真实，刑期计划不能由非授权人员接触。

2. 刑期评估制度

刑期评估制度的核心是罪犯评估系统（OASys）。罪犯评估系统是1999年4月英国监狱当局与社区执行部门联合推出的一种罪犯危险评估工具[1]。罪犯评估系统的基本价值在于使监狱工作人员从总体上能够了解罪犯的危险状况，包括重新犯罪的危险、伤害他人的危险、自伤与自杀的危险、脱逃的危险，以降低监狱与社会执行部分推行促进罪犯回归社会各种措施适用的风险。第二次世界大战后，特别是近30年来，促进行刑社会化以提高监狱效能成为英国刑事司法改革的一种重要趋势，其不仅规定有自动假释制度，即罪犯只要服够一定刑期，就可自动假释，

[1] Using risk assessment in effective sentence , www. homeoffice. gov. uk/docs2/riskassess4. html.

而且规定了诸如“家庭监视”这样的促进罪犯回归的措施。为保证上述措施所带来的社会风险，英国监狱当局与社会执行部门联合开发了罪犯评估系统。此外，罪犯评估系统可以为罪犯矫正提供科学的依据，如心理矫治、为罪犯分类服务。从总体上说，罪犯评估系统服务于罪犯刑期计划，也就是说，罪犯自己的要求能否得到满足，在相当程度上决定于罪犯评估系统所作的评估结论：当罪犯评估系统所作的结论有利于罪犯，罪犯在刑期计划中所提的要求就可能获得满足；当罪犯评估系统所作的结论不利于罪犯，如重新犯罪的危险仍然很大，罪犯在刑期计划中所提的要求，如家庭监视或者临时释放，就可能不能如愿。从一定角度说，罪犯评估系统所作结论是监狱适用家庭监视、临时释放、假释、奖励[1]的依据。不仅如此，罪犯评估系统还是罪犯分类、待遇配给、行为矫正方案设计[2]、药物治疗、教育个别化、劳动个别化、社区矫正、间隔性监禁、回归安置[3]等措施针对性适用的依据。当然，这些都要反映到刑期计划中。

罪犯评估系统的评估要素主要有犯罪史、犯罪的情节、犯前居住情况、罪犯所受教育情况、接受培训情况、就业情况、经济背景、社会关系、生活方式、与人的关系、是否吸毒、是否酗酒、情感状况、突出的思维方式、突出的行为特征、生活态度、罪犯在监狱内的表现。上述材料分别来自监狱曾经进行过的评

---

[1] 奖励方案（Incentives and Earned Privileges Scheme）是英国1995年后引入监狱管理活动中的制度，其包括接见增加、提供或者增加聚会机会、允许选择服饰、允许使用现金、允许看电视。

[2] 行为矫正方案包括归因矫正方案（Reasoning and Rehabilitation）、强化的思维方式方案（Enhanced Thinking Skills）、性罪犯处理方案（ Sex Offenders Treatment Programme）、控制愤怒与学习方案（ Controlling Anger and Learning to Manage It）、认知改变方案（ Cognitive Self Change Programme）。

[3] 参见“Offender Assessment and Sentence Management - OASys”第四十一条、第四十条。

估、社区执行机构所进行的评估[1]、青年正义机构所作的评估、来自地方监狱罪犯信息库所提供的信息、监狱个别工作官员所提供的信息、监区管理人员所提供的信息、驻监社会执行机构工作人员所提供的信息、监狱教育部门所提供的信息、心理学家所提供的信息、牧师所提供的信息、监狱志愿者所提供的信息等。监狱个别工作官员提供的信息不仅必不可少，而且特别重要。评估的内容主要包括：实施暴力犯罪的危险，自杀或者自残的危险，脱逃的危险，实施危险行为的可能。在实施中，背信的危险也纳其中。危险度被分为低度、中度、较高和高度四种级别[2]。评估的操作由接受过训练的评估师与评估员在监督官、管理人员的监督管理下根据有关规则完成。评估的实施主要是评估师在阅读有关材料基础上与罪犯交谈（Interview）完成的。由于罪犯评估关涉罪犯利益，同时为了保障罪犯危险评估的客观性，监狱鼓励、支持罪犯参与危险评估，并保证评估的开放性，为此，关于罪犯危险评估的信息不仅让罪犯知道，书面的材料要让罪犯阅读，而且对有关内容要同罪犯讨论。不仅如此，监狱还设计有罪犯危险自评表（The Self - Assessment Quertionnaire）让罪犯自己评价自己危险状况与变化。当然，并非所有关于罪犯危险评估的信息监狱工作人员都会让罪犯知道。根据英国监狱第 2205 号规则第九章“敏感信息”中的第 9. 1. 2 条，关于预防犯罪、犯罪调查、逮捕及有关被害人的信息不能让罪犯知道。由于罪犯的危险在不断变化，为保证危险评估的可靠，罪犯危险评估在进行初始评估后需要定期地进行检验性修正。成年犯的危险性评估检验性修正要在上次评估后 6 个月内进行；对未成年犯的再次评估 3

[1] 在英国，法院判决要考虑被告人判前情况，而反映被告人判前情况的判前报告是由社会执行机构完成的。

[2] Using risk assessment in effective sentence , www. homeoffice. gov. uk/docs2/riskassess4. html.

个月后进行。此外，这种交各谈还需要遵守 1998 年颁布的《个人信息保护法》的有关规定，对罪犯的问询要坚持公正原则、适当原则。对罪犯问询要根据目的进行，不能超过必要的限度。

虽然罪犯评估系统设计及使用刚刚起步，但是，其发展突飞猛进。现在，其不仅有文字版本，而且有电子版本；不仅有全本，而且有简本。全本用于被判为 4 年以上有期徒刑的罪犯与被判为无期徒刑的罪犯，简本用有被判为 4 年以下有期徒刑的罪犯与非性犯罪者、非暴力犯罪者。有材料称：电子版的罪犯评估系统，也就是危险预警系统（Risk Predictor）不仅使用便利，而且评估准确，很受欢迎。

刑期管理制度不仅给英国传统的监狱管理工作带来冲击，而且影响世界上的其他国家监狱管理。很多国家开始关注刑期管理制度，甚至有的国家已经引入刑期管理制度，如澳大利亚。澳大利亚的昆士兰州规定：监狱设立刑期管理办公室，刑期管理办公室负责罪犯分类、刑期计划、罪犯调动等工作[1]。

二、刑期管理制度的基本特点及价值

（一）刑期管理制度的基本特点

1. 从制度层面支持罪犯安排自己的刑期，计划自己在服刑期间的生活

虽然罪犯具有非理性的一面，但是也有理性的一面。因而，在监狱行刑现实中，不乏罪犯被送进监狱后计划自己的服刑期日，以冀望早日出监。在推行刑期管理制度之前，罪犯关于服刑的计划仅是其个人的行为，且在罪犯生活中往往是非公开的，而推行刑期管理制度后，刑期计划不仅公开化，而且经过制度化后

[1] Office of Sentence Management, www. dcs. qld. gov. au/thedept/opsupservdir/OSM/FunctionOSM. shtml.

成为所有罪犯服刑生活与监狱管理工作的一部分。

2. 构建了罪犯刑期管理中的风险控制机制

为了诱导罪犯积极服刑，在刑期管理体制框架下国家设立多种促进罪犯回归社会的措施。在英国，罪犯不仅可以通过临时释放途径短期离监，如在狱外上学，而且可以通过假释、家庭监视（Home Detention Curfew）途径长期离监。对于未成年犯而言，其还可以通过拘禁与训练令（Detention and Training）渠道离监。虽然当代监狱重视罪犯回归社会的价值，但是同样要考虑社会安全的价值。由于社会安全保障重于罪犯回归社会促进，因而监狱在考虑促进罪犯回归社会的同时，必须考虑社会的安全保障问题。为了最大限度地降低出监罪犯带给社会的危险，包括刑满出狱人员带给社会的危险，根据刑期管理制度，监狱要对罪犯进行全面、不间断的评估。罪犯评估系统所作出的评估，是各适用上述离监措施的重要根据。这样，促进罪犯回归社会的各种措施带给社会的可能危险被罪犯评估系统的适用消解了。

3. 以监狱管理与参与的各方沟通为刑期计划制订、修改与实施的必要条件

在刑期管理的框架下，刑期计划既非单独由罪犯个人制订，如前刑期管理时期制订刑期计划属于个人的事情，也非由监狱管理人员为其服刑设计、安排服刑期间的生活，凸显“父子”关系，而是由关涉刑期计划各方通过反复沟通而达成。参与刑期计划制订、修改的人士不仅包括罪犯、监狱管理人员，包括个别管理官员与监狱专门机构中的工作人员，而且包括社会执行机构、志愿者等。

4. 罪犯评估定量化

随着罪犯矫正论的诞生，罪犯评估悄然而现。两者的逻辑关系非常明显：要矫正罪犯，就涉及矫正的质与量的问题，而考虑矫正的质与量，罪犯矫正评估自然要涉及。然而，罪犯评估基本

停留在定性层次上。虽然罪犯评估的定性有其合理的一面，但是也有其不理想的一面——操作性差。对同一名罪犯，不同的人评估，其评估结论完全有可能大相径庭。由于罪犯评估操作性差，可靠性也弱了些。这是人们孜孜探求罪犯评估定量系统的原因。而刑期管理制度中的罪犯评估系统向罪犯评估定量化迈出了令人瞩目的一步。

（二）刑期管理制度的价值

1. 能够显著调动罪犯的服刑积极性

一般来说，入狱后的罪犯生活态度比较消极，而罪犯服刑态度的消极不仅不利于罪犯的社会回归，而且不利于监管的安全。罪犯服刑态度的恶化往往是导致监狱恶性案件发生的内在原因。因而调动罪犯的服刑积极性具有很大的监管与矫正价值。虽然刑期管理制度并不是唯一的具有调动罪犯服刑积极性功能的制度，但是其功能的突出是明显的。首先，刑期管理制度使罪犯有空间与时间去了解、权衡其在监狱服刑中的利益，为其选择利益、争取利益提供制度上的保障。刑期计划不仅将罪犯在监狱内可得的利益安排置于罪犯的视野，而且构建了明确的“努力—回报”因果关系，即只要罪犯努力，积极服刑，就可以实现其利益目标。没有人能比自己更关心自己的利益。在罪犯“发现”[1]自己服刑期间的利益后自然投入积极的服刑生活。其次，刑期计划制度的推行使罪犯有了将服刑目标同自己的具体情况相结合综合权衡的可能。一般来说，罪犯会将目标定在实现可能性最大的位置上[2]，而罪犯自己认为价值足够大且又可能实现的目标对其自

[1] 人的主观认识与客观世界之间存在一个认识空间。在一个人的主观世界与客观世界没有建立联系之前，他不可能认识到客观世界中的东西对他的价值。只有将主客观世界联系起来，他才能够认识到客观世界的价值。这里的“联结”过程正是人“发现”价值的过程。这一解释适用于罪犯在监狱中利益关系的认识。

[2] 目标过高，因实现可能降低，罪犯放弃可能增加；目标过低，因价值偏低，罪犯调整可能增大。通常监狱管理人员会帮助罪犯选择服刑目标。

身的激励力度是最大的。

2. 有助于提高监狱执法资源的效能，最大限度地降低国家的刑事司法成本

刑期管理制度通过刑期计划的推行客观上充分发挥了各种激励罪犯积极服刑措施的功能，使包括假释在内的措施纳入罪犯的主观世界，从而提高了制度本身的效能，而具有定量性质的罪犯评估系统的引入通过提高罪犯评估的准确度大大降低了促进罪犯回归社会的各种措施实施的风险度，从而控制、降低了可能的措施适用失误的成本。由于罪犯评估系统是监狱实施罪犯分类、有针对性采取矫治对策的依据，罪犯评估系统的运用大大提高了监狱为促进罪犯改造而实施的各种矫治对策的人力资源、物力资源的有效性。

3. 能够改善警囚管理关系

由于服刑计划的推进，监狱管理关系由“人 Vs 人”的管理，即监狱管理人员对罪犯的管理，转向到“人 Vs 计划”的管理。这种管理模式转变的基本意义在于其在相当程度上改变了监狱管理人员在监狱管理活动中的角色：监狱管理人员由罪犯服刑生活的监督者、行为的管理者与控制者向帮助罪犯获得利益的参谋者、帮助者转变，即罪犯设计服刑方案，监狱官员帮助、指导罪犯实现其所设计的服刑目标。警囚管理关系的改善不仅有助于减少、消解可能的警囚冲突，而且有利于罪犯向社会的复归。

三、政策建议

改革开放后，随着我国押犯的变化，重新犯罪率的上升，监管资源投入的增加，效益观念被引入监狱工作中，如何让罪犯积极服刑一时成为各方关注的问题。在这一背景下，中国借鉴西方的累进处遇制构建了分级处遇制度。毋庸置疑，分级处遇在促使罪犯积极服刑方面发挥着重要作用，使效益观念在监狱工作有了

新的体现。但是，其不足也是明显的：一是分级处遇制没有在制度层面建构民警帮助罪犯的机制，罪犯在改造活动中的主体地位在制度上没有肯定，罪犯处遇的变化决定于监狱及其民警，而缺乏与罪犯的沟通。二是分级处遇制所建立的“努力—回报”关系还不特别清晰。就促进罪犯积极服刑这一价值目标而言，我国监狱制度存在一定的供给不足问题。人类社会发展的经验表明，人类目标与实现目标的手段之间的冲突往往表现为手段不能满足目标的要求，目标实现往往受制于手段不足，目标制订似乎容易一些，而实现目标的手段往往捉襟见肘。监狱促进被判监禁刑的罪犯积极服刑便陷入这种境遇。通过前面介绍的关于刑期管理的特点与价值的内容，可以看到，刑期管理制度具有调动罪犯服刑积极性的功能，其可以用于调动罪犯的服刑积极性。基于此，我们主张国家——公共利益的代言人应当关注刑期管理制度，适度借鉴刑期管理制度。

科学的创新往往具有必然性，虽然创新的空间可以有所不同，但是果实往往是相同或者相近的。在英国全面发展刑期管理制度之时，可以欣喜地看到中国江苏省监狱管理局在研究罪犯改造质量评估过程中独立提出设立“罪犯个别化改造方案”与建构“罪犯改造质量评估技术规程”制度的主张。虽然江苏省监狱管理局提出的“罪犯改造质量评估技术规程”是围绕罪犯改造质量展开的，而不像英国的罪犯评估体系是多维度展开，既考虑矫正，又考虑监管安全，还考虑罪犯回归社会，但是，它们都将罪犯危险评估由定性层次推向定量层次，都在一定程度上有助于提高监管资源的功效。从一定意义上说，评估罪犯危险与制订罪犯改造个案是监狱管理工作的发展趋势。

由于刑期管理制度能够科学整合监管资源，最充分发挥现有监管资源的价值，我们应当跟踪英国的刑期管理实践，对其进行认真的研究，在江苏省监狱管理局关于罪犯改造质量评估的基础上，参照其他省正在进行的实践，逐步发展我国的刑期管理制度。

无疑，刑期管理制度的引入加大了监狱管理的成本，特别是罪犯评估系统的引入所带来的成本增加不仅包括制度上的，而且包括人力与物力方面，但是，刑期管理制度引入后所带给社会的收益是明显的、巨大的。刑期管理制度的设立为监管资源的流动提供比较可靠与准确的依据，为监管资源各尽其用提供制度性的保障，从而有利于监狱执行目的实现。刑期管理的运行基本机制可以被概括为行刑个别化：一是在刑期管理制度的框架下，监狱为每个罪犯（至少在原则上）建立一套关于自己的刑期计划，每套刑期计划所确定的矫正内容只属于特定罪犯[1]；二是由于罪犯评估系统的使用，刑期计划所使用的罪犯矫正方案，如归因矫正方案、强化的思维方式方案、性罪犯处理方案、控制愤怒与学习方案、认知改变方案，有了很强的针对性，而各种奖励性的措施的运用，包括家庭监视、临时释放与假释，更充分地考虑了罪犯的个人情况，如罪犯在监狱内的要求、服刑中的表现、本人的危险程度。需要注意的是，虽然刑期管理制度的设立增加了监狱管理的成本，但是，这个成本增加是很有限的，特别是在我国。新中国的监狱一直倡导与推行罪犯个别教育。从经济学的角度看，罪犯个别教育是一项人力投入很大的管理活动。所谓监狱民警“两眼一睁，干到熄灯”正是对这种投入大量人力改造活动的一种过程描述。只是因为我们一直倡导监狱民警的奉献精神、红烛精神，这种人力投入被忽略了。在一定意义上说，刑期管理制度所实施的刑期计划制度在一定程度上继承了罪犯个别教育，或者说我们可以将罪犯个别教育发展为刑期计划制度，将罪

[1] 要说明的是，罪犯刑期计划不同于医疗方案。刑期计划是罪犯与以个别工作官员为核心的有关人员在相互沟通的基础上共同制订的，而不是由监狱单方面制订的。

犯个别教育措施中的非系统工作进行系统整合。从这种角度说，刑期管理制度的创设是可以通过科学整合前刑期管理时期的监狱管理资源，进一步挖掘现有监管资源的潜能，如心理矫治人员的潜能完成的，而不需要重打锣鼓另开张，因而这种管理成本的增加是很有限的。

综上，我国引入服刑管理不仅具有实践基础，而且具有一定的思想基础。

（作者：翟中东，中央司法警官学院教授，中国监狱学刊副主编，享受国务院政府特殊津贴专家；
孙霞，中央司法警官学院图书馆馆员）

第三篇

监狱经济与劳动改造

论社会主义市场经济条件下的监狱企业

1994年12月29日颁布的《中华人民共和国监狱法》（以下简称《监狱法》）是新中国第一部关于监狱工作的法典，它的颁布与实施是我国监狱史上的一座里程碑。《监狱法》第八条规定："国家保障监狱改造罪犯所需经费。""国家提供罪犯劳动必须的生产设施和生产经费。"为从根本上解决监狱财政保障的问题提供了法律依据。

一、监狱企业的形成与演进

1951年召开的第三次全国公安会议，对罪犯的劳动改造问题进行了专门的讨论和研究，会议期间刘少奇作了关于劳动改造罪犯问题的重要讲话。会议专门作了《关于组织全国犯人劳动改造问题的决议》，并经党中央批示全党贯彻执行。《决议》指出："现在，全国各地羁押的反革命犯和普通犯，已超过百万，这是一个很大的劳动力。为了改造这些人，为了解决监狱的困难，为了不让判处徒刑的犯人坐吃闲饭，必须根据惩办与宽大相结合的原则，并适应全国各项建设的需要，立即着手制订通盘计划，组织劳动改造工作。"由此拉开了新中国劳动改造罪犯的序幕。

1954年9月政务院通过并公布的《中华人民共和国劳动改造条例》，有关劳动改造生产、经费等章节的规定，采用了"企业办监狱"的模式。长期以来，监企不分，监狱经费主要靠生产收入抵补，这种模式在计划经济条件下取得过相当的成就。但在计划经济向市场经济转轨变型的过程中，“企业办监狱”就暴露出了诸多的弊端。这种模式使监狱经济发展遇到很大的困难。20世纪80年代以来，财力保障不足是困扰监狱工作开展的重要因素。为了缓解监狱系统的经济压力，国家曾先后采取了一些措施，在一定程度上明确了监狱经费的部分财政保障，但缺乏系统性，监狱主要经费并未纳入预算管理，由于部分省份财政部门强调“包干”，使已有的规定也未真正落实。

巨大的经济压力已给监狱工作造成了严重的后果：首先，监狱经济发展举步维艰，广大监狱民警待遇低下，解决后顾之忧的希望渺茫，其工作积极性难以调动，工作质量难以提高。其次，监狱主要领导为解决监狱经济困难疲于奔命，迫于无奈，大量罪犯外役劳动创收，以弥补监狱经费的严重不足，造成囚犯不囚，罪犯脱逃和骚扰民众、作奸犯科问题突出。再次，监管设施陈旧落后，由于罪犯生活经费、被服经费、医疗经费匮乏，已使我国监狱状况难以面对世界，影响了国家形象。最后，与司法部提出的“创建现代化文明监狱”的要求在经济上形成了强烈的反差。

《监狱法》的颁布实施和司法部提出的“统一领导，双轨运行”的监狱改革发展构想与1997年2月财政部发布的《监狱财务制度》、《监狱会计制度》以及财政部、国家国有资产管理局、司法部联合下发的《关于监狱资产划分有关规定的通知》从制度上基本确立了由过去“企业办监狱”改为“监狱办企业”的新观念，但未解决监狱怎样办企业这个问题。在社会主义初级阶段，监狱怎样办企业？监狱企业怎样跟上时代的步伐？值得深思。

二、在社会主义市场经济条件下监狱企业的现状与困境

回顾监狱企业形成和演进的历史，可以而且应当这样认为：

在社会主义初级阶段，国家财力比较紧张，财政保障程度是有限的，即使财力状况好转，也不可能完全满足监狱改造罪犯各项工作的需要。要想从根本上解决监狱经费不足的问题，提供创建现代化文明监狱的物质保障，就必须把监狱企业办好搞活。

在计划经济条件下形成的监狱企业里（以监狱工业企业为例），笔者试从经济法律有关企业自主经营权是否完整，监狱企业法人能否承担自负盈亏责任这种角度去分析目前“监企不分”的监狱企业是否在市场经济中是合格的企业法人。

国务院发布实施的《全民所有制工业企业转换经营体制条例》第二条规定：“企业转换经营体制的目标是使企业适应市场的要求，成为依法自主经营、自负盈亏、自我发展、自我约束的商品生产和经营单位，成为独立享有民事权利和承担民事义务的企业法人。”这一规定不仅明确了企业转换经营体制的目标，而且是衡量一家企业最终能否成为市场上民事经济往来的合格主体的唯一标准。

监狱企业属全民所有制企业是不言而喻的，《中共中央关于建立社会主义市场经济体制若干问题的决定》指出：“建立现代企业制度是社会化大生产和市场经济的必然要求，是我国国有企业改革的方向。”这是党中央根据市场经济法则得出的科学判断。它告诫人们，在市场经济条件下，企业是市场的基本经济单元和竞争主体，而建立现代企业制度则是国有企业成为市场主体的必要条件。因此，监狱企业若要在市场经济中得以生存和发展，就必须使监狱企业管理制度的改革，逐步形成一种便于将来建立现代企业制度的模式。

1. 监狱企业不能享有充分完整的经营权

企业经营权是指企业对国家授予其经营管理的财产享有占有、使用和依法处分的权利。国家赋予企业充分的生产经营自主权，是转换企业经营机制，把企业推向市场，使企业改变政府附属物的现状，成为独立的商品生产者和经营者的前提条件。《全民所有制企业转换经营体制条例》依据《全民所有制工业企业法》，规定了企业享有14项经营权，即生产经营决策权、产品和劳务定价权、产品销售权、物资采购权、进出口权、投资决策权、留用资金支配权、资产处置权、联营和兼并权、劳动用工权、人事制度管理权、工资和奖金分配权、内部机构设置权、拒绝摊派权。当前，大部分国有企业通过经营机制的转换，都能比较充分地享有法律赋予的各项经营权。

但是，与社会国有企业相比较，监狱企业享有的经营权却是不完整的。对社会国有企业，国家依照所有权和经营权分离的原则，把国有资产授予企业占有、使用和依法处分该财产的权利。而监狱企业经营管理的国有财产，国家只能授予占有、使用的权利，却不能把依法处分的权利完全授予监狱企业。这是因为，处分包括事实上的处分和法律上的处分。事实上的处分是指对财产的消费，包括生产消费和生活消费，法律上的处分是指对财产的转让。法律上处分的结果，可能是所有权的丧失，也可能是所有权中占有、使用权的暂时转移。处分会引起所有权的消灭和财产的归属，它是所有权的核心。因而，监狱企业只能享有事实上的处分权，而不可能像社会国有企业那样，具有完整的处分权。由于监狱企业不能对其占有、使用的财产进行法律上的处分，因此，监狱企业就不可能享有经营权所包含的某些涉及产权的自主权利。

（1）监狱企业不能享有出口权。众所周知，近年来以美国为首的西方国家，以中国劳改产品的出口为口实，大肆攻击中国政府，蓄意歪曲、丑化中国人权状况，并在国际贸易中向中国施加压力。为适应国际人权斗争的需要，中国政府已再次明确监狱产品不出口。

（2）监狱企业不能享有企业兼并权。所谓企业兼并，是指一家企业运用法律赋予的经营自主权，自主购买其他企业的产权，使其他企业失去法人资格的行为。优势企业作出兼并劣势企业的决定，无需经过政府及政府有关部门的批准，优势企业可以自行寻找并确定兼并对象，与被兼并企业共同遵循自愿、有偿的原则进行协商，拟定兼并协定。企业实行兼并后，被兼并企业的法人资格丧失，同时其债权、债务要由兼并方企业承担和全部或部分安置被兼并企业的职工。企业兼并是发展社会主义市场经济的必然要求，它有利于企业组织结构的调整，是资源合理配置的重要途径。但是，监狱企业却无法实行兼并，不管这种兼并是发生在监狱企业与社会企业之间，还是发生在监狱企业与监狱企业之间，兼并都是不可能的。因为监狱企业无论经哪一级主管部门批准，都无权自主决定兼并其他企业（至少目前尚无先例）。而劣势监狱企业无论生产经营如何难以为继，也都因监狱的特殊性质不可能也无法去接受其他社会企业的兼并。也就是说，监狱企业不可能通过兼并去实现优胜劣汰。

（3）监狱企业不能充分享有劳动用工权、人事管理权和内部机构设置权。目前，由于监狱担负了双重职能（即监狱职能、企业职能），作为监狱企业，它难以摆脱政府机构附属物的地位，企业的经营权往往被主管部门层层截留，无法享有社会国有企业所具有的劳动用工权、人事管理权和内部机构设置权，这就是监狱企业在经营管理方面的特殊性所在。首先，在劳动用工方面，社会国有企业可以自主决定招工的时间、条件、方式和数量，解除劳动合同、辞退、开除职工是企业行使劳动用工权的重要内容，但作为监狱企业的劳动力——罪犯以及作为监狱企业的管理者——人民警察，却都不能按社会国有企业的劳动用工制度办理。其次，在人事管理方面，社会国有企业的厂长有权提请政府主管部门任免或聘任、解聘副厂级行政领导干部，或经政府主管部门授权由厂长任免或聘任、解聘，报主管部门备案。企业和管理人员、科技人员不再沿袭“国家干部”的称号，对他们的管理完全由企业自主决定。而监狱企业的领导、管理人员、科技人员都是人民警察，监狱企业在人事管理方面与党政机关的人事管理方式没有任何区别。最后，在内部机构设置方面，社会国有企业有权决定内部机构的设立、调整和撤销，决定企业人员的编制，有权拒绝任何部门和单位提出的设置对口机构、规定人员编制和级别待遇的要求。而监狱企业除了设立生产经营的管理机构外，还必须按司法部的要求对口设置因监狱管理罪犯所需的职能机构，以保证上级主管部门对监狱集中统一领导和指挥。至于监狱企业的人员编制和级别待遇，也是主管部门规定和控制的，监狱企业无权决定管理者（人民警察）工资的分配档次，无权选择适合本企业效益状况的具体分配形式，同时也无权制定管理者晋级增薪、降级减薪的办法，监狱企业的盈亏状况与管理者的经济利益难以挂钩，无法使民警从物质利益上关心企业生产和经营状况形成内在的动力机制。因而监狱企业无法实现社会国有企业所具有的机构能撤能立、干部能上能下、职工能进能出的富有活力和效益的管理体制。人浮于事、企业效能低下仍然是监狱企业难以克服的弊端。

2. 监狱企业不具有完全清偿债务的能力

企业自负盈亏责任的本质要求，是企业在享有权利的同时，必须承担履行义务的责任。国有企业在市场经济交往中，与其他民事主体处于平等地位，一旦发生亏损并形成债务关系，负亏和偿债就是亏损企业必须承担的责任。国有企业不得借口财产所有权属于国家而拒绝承担债务责任，国家也不能对这部分财产要求特殊保护。这就表明全民所有制企业法人具有完全的清偿债务的责任能力，其清偿范围以其依法占有、使用的国家资产为限。我国法律规定，“企业法人因严重亏损无力清偿到期债务”为债务人破产的界限。

监狱企业却不具有完全的清偿债务的能力，而只能部分地承担偿还债务的责任。也就是说，监狱企业如果发生亏损并形成债务关系，只能以留用资金清偿所欠债务，却无法以抵押监狱财产的方式保证债务的履行。显而易见，国家决不会允许对长期亏损、资不抵债的监狱企业实施解散或破产，那样给国家造成的不仅是经济上的严重损失，更重要的是它会直接威胁和破坏人民民主专政的政权建设，引起严重的政治后果。正如《中华人民共和国企业破产法》特别的规定：公用事业和与国计民生有重大关系的企业，虽因经营管理不善造成严重亏损，但不予宣告破产，而由政府有关部门给予资助或采取其他措施帮助清偿债务。这一规定表明了企业法人具有破产能力的例外。监狱企业在目前情况下理所当然就在此列。

另外，由于监狱企业目前特有的组织结构、经营方式、人事管理制度等方面的原因，也难以造就优秀的企业管理人才。

综上所述，目前“政企合一”的监狱企业既不能享有充分的经营自主权，也不能承担自负盈亏的全部民事责任，因而监狱企业不具备完全意义上的法人资格。这也正是在社会主义初级阶段，在计划经济向市场经济转轨变型过程中制约监狱企业发展经济的最为深刻的原因。

当然，清醒地认识目前“政企合一”的监狱企业，作为不合格法人在市场经济中所处的不利地位，并非主张监狱条件的改善、现代化文明监狱诸多方面硬件设施的投入完全依赖于国家财政。在社会主义初级阶段，财政保障程度是有限的，即使国家财力好转，也不可能满足监管改造各项工作的需要。

三、监狱企业改革方向的思考

1997 年 9 月 12 日，江泽民在党的十五大开幕大会上所作的《高举邓小平理论伟大旗帜，把建设有中国特色社会主义事业全面推向 21 世纪》的报告，是我们党带领全国各族人民迈向新世纪的政治宣言和行动纲领。报告指出："我们讲一切从实际出发，最大的实际就是中国处在并将长期处于社会主义初级阶段。我们讲要搞清楚什么是社会主义，怎样建设社会主义，就必须搞清楚什么是初级阶段的社会主义，在初级阶段怎样建设社会主义。"对经济体制改革和经济发展战略，江泽民指出："一切符合'三个有利于'的所有制形式都可以而且应该用来为社会主义服务。"同时指出，"公有制实现形式可以而且应当多样化。一切反映社会化生产规律的经营方式和组织形式都可以大胆利用。要努力寻找能够极大促进生产力发展的公有制实现形式。"

形成目前"政企合一"的监狱企业有其相当复杂的历史原因和理论原因。特别是在全国监狱企业情况千差万别、经济普遍不景气的情况下探索监狱企业改革的路子，解决具体的问题和困难，并不像理论描述得那样轻松。但是，无法否认这样一种事实，即按八届全国人大四次会议通过的《国民经济和社会发展"九五"计划和2010年远景目标纲要》（以下简称《纲要》）和李鹏在政府工作报告中指出的：当前国有企业改革的形势和任务就是建立现代企业制度。搞好国有企业的改革和发展，是初步建立社会主义市场经济体制的关键。同时，中央在深化国有企业改革的基本思路中指出，建立现代企业制度是发展社会化大生产和市场经济的必然要求，是国有企业改革的方向。要进一步转换国有企业的经营机制，加快建立现代企业制度的步伐。

在党的十五大精神的鼓舞下，笔者试图从理论上对"社会主义市场经济条件下的监狱企业"提出如下的改革思考。

1．监狱和企业应当分离

就目前中国监狱企业所处"政企合一"的传统格局以及监狱企业大面积亏损的普遍状况看，倘若不推行监企分离，明确产权关系，进而建立现代企业制度，监狱企业根本就不可能按其财产构成选择现代企业制度中任何一种组织形式。

前些年，司法部提出“统一领导，双轨运行”的改革思路，以及1997年2月，财政部发布的《监狱财务制度》、《监狱会计制度》均提出和明确了将监狱费用（包括民警经费、罪犯生活费、专项经费）与监狱企业资金分开算账，监狱收取监狱企业的罪犯劳动补偿费，作为监狱收入的组成部分。但实践中并未从根本上解决监企彻底分离的问题。司法部提出了“统一领导，双轨运行”的改革思路，如果说这一概念指的是司法部或省份监狱管理局或司法厅、局在总体上对监狱系统的监管改造工作和生产经营实行党的统一领导，同时又为尊重这两大块各自的运行规律而建立一对互不干扰、相互促进的运行模式和监督管理机制，那么，这无疑是一种符合企业改革潮流的明智的决策。但是，这一概念运用到监狱，则是有悖于市场经济法则的。监狱长是国家司法民警，是地道的国家政府官员，同时又要担任企业的法定代表人，这如何政企分开？监狱是国家的刑罚执行机关，是政府的一家职能部门，如前所述，目前的监狱企业不具备完全意义上的法人资格，它如何以企业的名义要求开放、平等、规范的市场向其敞开大门，成为市场经济中的竞争主体？所以，我们必须从理论上搞清楚，监狱要办企业，但监狱不等同于企业，企业也不等同于监狱。监狱只有执行刑罚、改造罪犯的职能，它的运行要靠国家提供基本的财政保障。但监狱组织罪犯进行生产劳动依法应当成为改造罪犯的手段。而监狱企业的职能应当使监狱及其企业的国有资产保值、增值，并以其经济收益为监狱改造罪犯的工作和改善民警的福利待遇、不断增加监管设施的硬件投入补充经费。倘若按这一思路实行监企分开，那么监狱的领导制度和管理制度就可能按新型现代化文明监狱的要求进行设计，其生产劳动方面可真正服从改造罪犯的需要，而监狱企业则可按市场经济规律组织生产和经营，它所安排的生产劳动方可真正成为使国有资产保值、增值的手段。

2. 监企分开的目标模式

党的十四大确定社会主义市场经济体制为中国经济体制改革的目标模式之后，中国的经济法律、法规日趋完善，将取代计划经济体制下形成的若干政策。伴随着市场杠杆的调节、资源配置的客观要求，企业作为市场的基本经济单元，不得不以建立现代企业制度为其改革的目标模式。党的十五大以后，企业的改革又将进一步加大力度、加快步伐，实现两个具有全局意义的根本性转变，即经济体制的根本性转变和经济增长方式的根本性转变。监狱企业必须面对这种现实，跟上时代的步伐。时代的要求已经使监狱企业不能再以“特殊性”进行自我保护，必须主动地进行这场深层次的改革思考与探索，迎接现代企业制度这个全新概念的挑战。

（1）由各省份的监狱管理局的国有资产管理机构，代表国家将其所辖地区监狱的国有资产统管起来，作好资产评估、清产核资、产权界定、产权登记、授权经营。并占有国有资产行使所有权。加强监督管理工作，防止国有资产流失。

（2）将监狱企业的部分生产单位（可能是效益不好的）推向市场，在市场中寻求具有互补优势的合作伴侣，将双方或多方的优势结合起来，按照《中华人民共和国公司法》并以其他工商法规为依据，登记、注册、运行和管理。也就是要大胆利用一切反映社会化生产规律的经营方式和组织形式来改革监狱企业。改革初期可考虑与社会企业建立以信誉为纽带，优势互补的合资经营、合作经营等形式，待有可能吸收社会企业或个人投资，形成投资主体多元化时，组建成有限责任公司或由监狱企业掌握控股权的股份有限公司（真正意义上的现代企业制度首先就是要实现产权结构的多元化）。对监狱企业来说，最重要的可能就是生产经营管理人才的引进，资金、项目的引进，产品市场的扩大和延伸，以及企业增效与民警经济利益挂钩等内存激励机制的建立。对社会企业来讲，可能就是廉价稳定的劳动力、厂房、机器设备、技术力量、管理人员、土地、资源等条件的利用和新的经济效益的产生。

（3）对目前效益较好的监狱企业生产单位和有发展前景的生产项目，可据情进一步集中力量采取措施，在深化改革的过程中，完善企业的承包经营，稳定和改进承包办法，合理调整承包基数和上交比例，确保国家资产的保值、增值，充分发挥竞争机制和风险机制的作用。同时，按照所有权与经营权分离的原则，在承包经营合同中明确监狱与生产单位（企业）的责、权、利关系，将现有的行政管理上的隶属关系转变成为法律上的权利义务关系，任何一方违反合同规定，不履行或不正确履行义务，均应受到法律规定的经济制裁。监狱企业承包单位应包上缴利润，包完成技术设备维修、大修任务，实现资金总额与经济效益挂钩，上缴利润可据情按资产占有总额确定一定比例。在承包上缴利润的形式上，可以是上缴利润递增包干、上缴利润基数包干、微利承包单位上缴利润定额包干、亏损企业减亏或补贴包干等。将此作为目前稳定监狱企业经济收益的手段，待有条件时再进一步组建公司，它发展的结果可以是国有独资公司或其他形式的公司。

（4）建立和完善罪犯参加劳动生产内存的竞争机制是一项重要的改革内容，在社会主义市场经济条件下，罪犯将功利性改造目标作为改造的主动力，并将获取自身利益作为改造中的最高和唯一目的，针对罪犯“技术好坏都上岗”、“不违规犯纪可得奖”的心理和“偷工不减料”的劳动态度，监狱企业应把罪犯“竞争上岗、下岗培训”、拉大上岗劳动罪犯和下岗培训罪犯在行政、刑事等项奖励档次上的幅度，作为调动罪犯劳动积极性和学习生产技能、技术知识积极性的主要手段。逐步形成技术密集型产品生产与劳动密集型产品生产在“人才”、“劳力”资源上的合理分配，确立“人尽其才”、“优胜劣汰”的监狱企业劳动用工新格局。

（5）为适应社会主义市场经济体制下监狱办企业的需要，新设置的监狱应把监管区（监狱）与生产区（企业）从区域上作分离，解决生产区（企业）资产与监狱资产难以分离的矛盾。有利于监狱企业按照现代企业制度的要求选择适当的组织形式，以其资产对社会承担风险，同时也有利于监狱的安全和管理。

我们要根据八届人大四次会议通过的《纲要》全面准确把握“产权清晰、权责明确、政企分开、管理科学”的现代企业制度的基本特征，在党的十五大精神的鼓舞下，按照邓小平理论，认真研究监狱办企业的实际，统一思想认识，大胆试点，及时总结，循序渐进并兼顾改革、发展和稳定，充分估计和解决监狱企业改革给监狱执法、罪犯管理带来的负面影响，脚踏实地加大监狱企业的改革力度，使监狱企业尽快成为“自主经营、自负盈亏、自我发展、自我约束”的法人实体和市场竞争主体。

以上狱制改革思考，意在把监狱企业的改革同改组、改造、加强管理结合起来，构造一个产业结构优化、经济高效运行的、全系统的监狱企业的微观基础。当然，监狱企业与社会企业的改革比较，确实有其特殊性的一面，要探索、解决的问题也很复杂，但是只要坚持社会主义初级阶段的基本路线，在邓小平理论的指导下勇于探索，敢于改革，善于总结，充满活力的监狱企业必将崭露头角，跻身于社会主义的市场经济中，现代化文明监狱必将以全新的姿态面对世界。

（作者：姚晋新，重庆市渝州监狱原监狱长）

监狱与监狱企业关系新模式探索

在监企合一的体制下，监狱由于生存压力和经济利益的诱惑，出现了职能向监狱企业转化的倾向，导致罪犯改造质量下降，而监狱企业由于依附于监狱，丧失了应有的独立性和自主权，经济效益不佳，也直接影响到罪犯劳动改造制度及其实现。克服原有体制的弊端，实行监企分开，重构监企关系的新模式，则是监狱工作发展的内在要求。

一、监狱企业的性质及其与监狱相互联系的必然性

监狱与企业本来是性质完全不同的组织，缺乏联系的内在依据。但是，当监狱企业这种特殊的企业形态产生后，监狱就与其产生了内在的、必然的联系，而这主要取决于监狱企业的性质。正确认识监狱企业的性质，是正确认识和处理监企关系的前提和基础。

（一）监狱企业的性质

作为监狱执行刑罚的派生物，监狱企业与一般企业有着本质的区别，而造成这一差别的主要原因是监狱企业使用的是罪犯劳动力。劳动力的法律身份会直接影响甚至决定企业的性质和运行目标，因为在市场经济条件下，企业在本质上是人力资本的所有者和非人力资本的所有者之间的合约，作为合约主体的双方其意思表达都是真实、自愿的，双方的目的都是为了获得经济利益。当企业产生并开始运作之后，企业的一切活动都要围绕如何实现

并增加构成企业的各个主体的经济利益而展开。而这一切的前提就是合约主体的双方都拥有人身自由，能自由表达自己的真实意思，否则，双方就不可能达成协议，以经济利益为最高目标的企业也就不可能产生。罪犯是没有人身自由的公民，若要其以特殊劳动者的身份存在并发挥作用，国家就必须在刑事法律中作出明确规定，强制有劳动能力的罪犯以特殊劳动者的身份参加劳动，并由国家作为主体的一方，提供罪犯劳动所需的费用，从而组建以罪犯为劳动力的特殊企业——监狱企业。作为特殊劳动者，罪犯仍然没有人身自由，罪犯的法律身份决定了其不可能以特殊劳动者的身份和任何个人或组织达成协议，组建企业。因为罪犯是刑法惩罚和改造的对象，只有国家才拥有对罪犯人身的控制和支配权，其他任何组织或个人都无此项权利。因而，以罪犯为劳动力的企业，必然是以国家强制力为后盾的监狱企业，监狱企业不可能是典型意义上的企业，它不能以利润为唯一目标，罪犯劳动力的素质及其不可选择性，决定了它也不能自负盈亏，完全以市场法则决定其命运。监狱企业在追求经济效益的同时，必然要追求改造罪犯的社会效益，因此，国家要为监狱企业承担一定的盈亏责任。监狱企业若不追求经济效益，就违背了罪犯是特殊劳动者，而劳动者是企业的构成要素这一基本法则；同样，监狱企业若不追求改造罪犯的社会效益，也就违背了其劳动力是罪犯这一监狱企业的本质属性。

（二）监狱和监狱企业相互联系的必然性

（1）刑罚的内在属性决定了监狱行刑必然要借助企业组织形式下的生产劳动这一手段。惩罚性是刑罚的天然属性，但随着刑罚的文明和进步，刑罚也逐渐具有了改造的属性。在当代社会，人权观念已深入人心，人的价值真正得到了重视，而这在刑罚制度上的具体体现，就是刑罚及其执行在保持对罪犯惩罚的前提下，更加重视对罪犯的改造。在新中国监狱制度创立的初期，我国就制定了劳动改造罪犯的政策，我国的刑事法律也明确规定，有劳动能力的罪犯应当或必须参加劳动。之所以把劳动作为惩罚和改造罪犯的手段，一是因为劳动是人类社会最基本的实践活动，是个人生活最基本的内容和要求。强制罪犯参加劳动，既满足了罪犯作为人其基本的社会属性的要求，也满足了刑罚惩罚罪犯的要求。二是因为在一定的社会关系下，劳动具有改造人的思想观念的功能。在市场经济条件下，凡商品性质的劳动，都必须采用一定的组织形式，其组织本身必须具备法定的市场主体资格，方能参与市场交易活动。罪犯的法律身份及其性质决定了监狱对罪犯必然采取集体关押和改造的政策，罪犯劳动也必然采取集体劳动形式，罪犯不可能以个体为组织形式单独进行劳动并参与市场交易活动。《中华人民共和国监狱法》（以下简称《监狱法》）虽然规定监狱有权利也有义务组织罪犯进行劳动，但按照经济原则及其相关法律规定，监狱不能成为罪犯劳动的组织形式，即监狱不能成为市场交易和竞争主体，而直接组织和管理罪犯劳动、承担生产经营职责的合法组织，应当是监狱企业。在企业这一组织形式下，罪犯劳动才会更加符合市场的要求，从而才能持续存在和发展，劳动也才可能较充分地发挥对罪犯的改造功能。不符合市场经济要求的罪犯劳动及其组织形式，难以正常存在和发展。以监狱企业的形式和资格组织罪犯进行劳动，既符合经济法则的要求，也符合法律规范的要求。因此，监狱要对罪犯进行劳动改造，就必然要和直接组织罪犯进行劳动，并承担罪犯劳动的经济和法律责任的主体——监狱企业发生内在的联系。

（2）监狱企业的性质决定了它必须使用罪犯劳动力，为罪犯提供劳动（改造）岗位。罪犯的法律身份决定了其作为劳动力时，只能由拥有刑罚权的国家来组织建立特殊的监狱企业对罪犯劳动力加以使用，其他任何组织均无权将罪犯作为劳动力加以使用。罪犯劳动力的性质，决定了以罪犯劳动力为主的监狱企业的性质。不以监狱有劳动能力的罪犯作为主要劳动力，那么，监狱企业也就不成其为监狱企业而演化为一般的企业，这样，监狱企业就会消失，监狱通过劳动来惩罚和改造罪犯的制度就无法实现。因此，作为由国家投资建立，并承担政府使命的监狱企业，就必须从监狱中选择有劳动能力的罪犯作为劳动力的主要来源，其从市场上选择劳动力只能作为其劳动力的补充来源。既然监狱企业必须使用监狱的罪犯劳动力，那么，监狱企业的运行和发展就离不开监狱的配合和支持。只有监狱提供了素质较高的劳动力，监狱企业才能够得到进一步发展；只有监狱人民警察参与罪犯劳动现场的管理，罪犯劳动才能在安全的条件下正常进行。监狱企业的存在和发展，内在地决定了它必须和监狱建立起直接的联系。

二、监企关系的复杂性

监狱是借助于（监狱）企业的生产劳动来对罪犯进行惩罚和改造，监狱企业可以被视为监狱这一刑罚执行场所的延伸，就此而言，监狱企业及其运行在一定程度上被纳入了刑罚执行领域，它要受监狱行刑的直接影响和制约。但从（监狱）企业开发利用罪犯劳动力资源，为市场提供物质产品或劳务的角度看，监狱企业又不能脱离其固有的经济领域而存在和运行。监狱企业处在刑罚执行和经济活动交叉领域的这一特点，使得监狱企业在性质和运行机制等方面具有复杂性，而监狱企业本身的复杂性又决定了其与监狱之间关系的复杂性。只有从监企关系的复杂性出发，才能揭示出监企关系的实质。

（一）从职能角度看，监企关系具有分工合作性

作为国家的刑罚执行机关，监狱要承担并履行惩罚和改造罪犯的职能。监狱通过剥夺自由来完成惩罚罪犯的职能，却不能同时完成改造罪犯的职能。要完成改造罪犯的职能，监狱必须借助

教育和劳动等手段。对罪犯进行教育，监狱并不承担最终的责任，即通过教育罪犯是否得到有效改造，教育的投入是否取得应有的效益，并不影响监狱的生存，再加上罪犯教育的成本较小，监狱几乎不受约束就可采用这一改造手段，但采用劳动这一手段来改造罪犯就截然不同。劳动的最基本含义就是其经济学含义，即劳动是创造财富的经济活动。劳动需要具备相应的要素，要有一定的投入，同时也要求有必要的经济效益的产生，否则，劳动就不可能维持下去。因此，采用劳动手段来改造罪犯，其组织者必然要受到经济责任的硬约束，组织者要用劳动的收益来补偿劳动的成本投入，这是劳动在经济意义上不可违背的法则。监狱组织罪犯劳动同样也受这一法则的严格约束，即监狱要承担罪犯劳动的经济责任。但是，从监狱的职能来看，监狱不是市场主体，没有能力承担这一责任。然而，监狱又必须实现对罪犯的劳动改造。这样，直接组织和管理罪犯活动并承担其经济责任的重担就落在了监狱企业的肩上。作为企业，监狱企业具有创造物质财富，并在劳动中改造罪犯的职能。监狱和监狱企业在惩罚和改造罪犯这一共同目标的前提下，在职能上相互分工，又相互合作。监狱企业有效地组织罪犯进行劳动，发挥劳动的财富创造功能和对罪犯的改造功能，从而促进监狱更好地完成执行刑罚的任务；而监狱对罪犯的教育和科学管理，能使进入监狱企业的罪犯劳动力素质得以提高，从而使监狱企业在经济意义上更好地运行，并促使罪犯劳动改造制度得以更好地实现。

（二）从刑事法律的角度看，监企关系具有强制性

从经济角度分析，一般企业不可能承担惩罚和改造罪犯的任务，因为这既超越了一般企业的职能范围，同时也超越了其权利范围。让企业承担惩罚和改造罪犯的职能和任务，必然会影响企业利润目标的实现，所以按照市场法则，没有企业愿意承担此项职能和任务，因为它带来的是社会效益，企业并不能从中受益，反而还要付出经济成本和利润损失的代价。国家建立监狱企业，就是要让其承担起为监狱的罪犯提供劳动（改造）岗位，并在劳动中改造罪犯的职能。监狱企业承担这一职责，与其作为企业的本能是不相符的，要让监狱企业实际承担起这一职能，就必须从刑事法律的角度作出规定，强制监狱企业承担这一职责，并对不承担和积极履行这一职责的行为，制定相应处罚规则。同样，监狱也不能将罪犯输送到其他企业去劳动。因为监狱对罪犯（劳动力）有合法的控制权和支配权，监狱有可能从自己的利益出发不愿向监狱企业提供罪犯劳动力。监狱将罪犯投入劳动过程的根本目的是改造罪犯，监狱企业承担着政府赋予的为罪犯提供劳动（改造）岗位的职责，并有相关制度保障劳动改造制度的有效实施。如果监狱将罪犯输送到一般社会企业，这些企业因为没有劳动改造罪犯的职能和制度保障，会使罪犯劳动失去其刑罚意义，罪犯（劳动力）会沦为纯粹的企业赚钱的工具。为了实现刑罚意义上的罪犯劳动及其目的，避免罪犯沦为企业赢利的工具，也必须从刑事法律的角度加以规定，强制性规定监狱必须将罪犯组织起来在监狱企业进行劳动（改造），监狱若不予执行，则要承担相应的法律责任。在劳动改造罪犯制度及其实施方面，监狱和监狱企业均无选择的权利，并且都必须通过积极作为的方式，使劳动改造罪犯的制度得以实现。

（三）**从民事法律角度看，监企关系具有契约性**

从刑事法律角度来看，监狱是把罪犯以刑罚惩罚和改造的对象的身份送到监狱企业进行劳动改造，监狱企业则是作为监狱这一刑罚执行场所的延伸，在劳动过程中来实现对罪犯的惩罚和改造，这是监企关系的第一层含义。若从民事法律的角度进行分析，监狱向监狱企业提供的是具有一定劳动能力的罪犯，即罪犯劳动力，而监狱企业作为从事生产经营活动的经济实体，则是把这些罪犯劳动力既当做生产要素加以利用，也当做资源加以开发利用，这是监企关系的第二层含义。在第二层含义的监企关系中，监狱和监狱企业都具有独立的法人资格，在地位上是平等的，谁都不依附于对方，虽然由于罪犯身份的双重性，使得监狱在罪犯劳动力的去向及监狱企业对罪犯劳动力的接收方面均没有选择权，但这并不否定监狱和监狱企业之间就罪犯劳动力这一生产要素所进行的“交易”关系，在这种特殊的交易活动中，监狱和监狱企业虽然必须发生经济关系，在这一前提下，二者仍然可在一定的程度上表达自己的意愿，最大限度地实现自己的利益。监狱向监狱企业提供罪犯劳动力及监狱企业从监狱吸收罪犯劳动力的数量，可由双方根据各自的现实情况以契约的方式加以确定。监狱和监狱企业都有各自独立的利益存在，它们在追求各自利益的同时，任何一方都不能将自己的利益凌驾于对方之上，因为双方在法律地位上是平等的。监狱不能要求监狱企业无条件接收由其提供的全部罪犯劳动力，即要求监狱企业为监狱所有有劳动能力的罪犯提供劳动岗位，因为监狱企业能提供的罪犯劳动岗位不是由任何一方的主观意志决定的，它取决于监狱企业的生产经营状况这一客观现实；监狱企业也不能要求监狱无条件提供自己所需的罪犯劳动力数量，也不能对罪犯劳动的时间和空间提出不合实际的要求，因为这一条件和要求也是由监狱押犯的数量以及刑事法律的规定等客观因素决定的，监狱和监狱企业都无法根据自己的主观意志而使其发生改变。监狱和监狱企业虽不能无条件要求对方服从自己，却在合理的范围内可以提出自己的要求，监狱和监狱企业之间就罪犯劳动力的“交易”和使用，存在着一定的谈判空间，监企关系具有一定的契约性。

（四）从（罪犯）劳动力性质的角度看，监企关系具有经济性

根据中国有关刑事法律规定的精神，罪犯是被当做刑罚惩罚和改造的对象而投入到生产劳动中去的，生产劳动就自然成为惩罚和改造罪犯的手段。但是，要把生产劳动作为惩罚和改造罪犯的手段加以利用，生产劳动首先必须存在并能正常运行，否则，劳动改造就是一句空话。而生产劳动要存在，就必须具备基本要素，劳动者的劳动就是其中之一。没有掌握了一定劳动经验和劳动技能的劳动者存在，也就无所谓劳动，从而生产劳动就不可能存在。要让罪犯在生产劳动中改造自己，那么罪犯首先必须是劳动者，并以劳动者的资格出现在生产劳动过程中。罪犯作为劳动者才使生产劳动得以存在和运行。如果罪犯没有劳动能力，那么，虽有罪犯存在而罪犯劳动却不会存在。所以，从罪犯劳动及其运行来看，罪犯作为劳动者才是其决定性因素，而罪犯的法律身份并不能成为罪犯劳动存在和运行的决定因素，它只能对罪犯劳动本身产生影响而已。既然罪犯的劳动者身份是罪犯劳动的决定性因素，那么，罪犯的劳动积极性和创造性将会直接影响罪犯劳动的效率及其命运。实践中，要使罪犯充分发挥其劳动积极性和创造性，就必须尊重罪犯作为劳动者的权利，给予罪犯应得的劳动报酬和必要的劳动保护。作为劳动者，罪犯必然会要求享受自己的劳动成果，但其法律身份决定了罪犯不可能和监狱企业建立起真正的劳动关系。作为个体罪犯也不可能独立地从监狱企业获得经济收益，罪犯个人的经济收益权，只能由监狱代表全体罪犯去实现，而监狱将能够创造物质财富的罪犯劳动力输送到监狱企业，其自身也必然会有经济利益的要求，监狱不可能让监狱企业无偿使用罪犯劳动力。作为特殊劳动者，罪犯和监狱企业之间存在着经济利益关系，而作为罪犯劳动力的提供者，监狱和监狱企业之间也必然存在内在的经济利益关系，监企关系的经济性是一种客观存在。

三、监企关系现状分析

由于监狱和监狱企业存在着内在的经济联系，因而，在我国传统的计划经济体制时期，监狱管理体制就采取了与这种经济体制相适应的体制模式——监狱和监狱企业合为一体，简称“监企合一”。监企合一的体制产生于特定的历史条件下，对监狱行刑目的的实现起到了保障作用，具有历史的合理性。但由于这一体制模式本身存在缺陷，因而在市场经济体制下，其对监狱行刑及其目的的实现，产生了严重的负面影响。

（一）**从行刑理论角度分析——监狱职能发生错位**

根据监狱行刑的一般理论，监狱生产是惩罚和改造罪犯的手段，监狱企业通过其生产经营活动，为监狱惩罚和改造罪犯服务，监狱企业的生产经营职能是监狱惩罚和改造罪犯职能的辅助部分，不具有独立性，在监狱执行刑罚的过程中，在定位监狱和监狱企业的关系时，监狱应居于主导地位。但是，由于中国实行监企合一的监狱体制，监狱和监狱企业是一套人马两块牌子，这就使得监狱的职能极易向监狱企业的职能转化。因为，对于监狱及其民警来讲，罪犯改造质量的高低，并不会对监狱及其民警产生决定性影响，即罪犯刑满释放后的重新犯罪率再高，国家也不会追究监狱及其民警的责任；罪犯改造质量高，产生的是社会效益，监狱及其民警也不会得到额外的收益。更何况改造罪犯是国家赋予二者的职责。罪犯改造质量的高低对监狱及其民警没有足够的激励和约束功能，而监狱企业的经济效益却对监狱及其民警有着强大的激励和约束功能。监狱企业经济效益好，监狱及其民警都能从中直接获得经济收益；监狱企业经济效益差，监狱及其民警经济收益会绝对减少。因此，在监企合一；监狱面临罪犯改造和利润双重目标时，监狱必然会去追求激励和约束功能更强大的经济效益目标，监狱的职能自然就会向监狱企业的职能转化和靠近。监狱职能向监狱企业职能转化的第二条原因，就是国家将监狱的运行经费直接建立在监狱企业经济收入的基础之上。监狱企业的经营状况直接影响甚至决定监狱的生存，这就迫使监狱不得不首先追求经济效益，以解决生存问题。监企合一的体制，事实上国家赋予了监狱创造利润的企业功能，这既混淆了监狱职能和监狱企业职能之间的关系，也违背了监狱职能和监狱企业职能之间的配置规律。

（二）**从立法实践角度分析——从监企关系的角度明确规范监狱和监狱企业行为的法律处于空白状态**

从监狱和监狱企业的本源关系来看，监狱企业是监狱的派生物。当监狱企业从监狱的母体孕育产生之后，就必然存在监狱和监狱企业的关系问题。纵观新中国监狱发展的历史，可以看到监狱企业从其孕育到产生及日后的运作，都是和监狱紧密地结合在一起。国家虽然承认监狱企业是特殊性质的企业，但实践中监狱企业并未以独立的法人身份与监狱并列存在，监狱和监狱企业事实上是一个统一体，监狱企业依附于监狱，因而监狱和监狱企业相互之间的矛盾和利益冲突问题，就被当做“监企合一”这个统一体的内部关系而加以处理。与此相适应，我国有关刑事法律和法规中也就没有关于如何规范和约束监狱和监狱企业行为的规定。如1954年9月中华人民共和国政务院颁布的《劳动改造条例》第十八条规定：“劳动改造管教队，应当组织犯人有计划地从事农业、工业、建筑工程等生产，并且结合劳动生产进行政治教育。”从这一条款可以看出，生产劳动实际上被当做监狱的职能而规定的。《监狱法》第七十条规定：“监狱根据罪犯的个人情况，合理组织劳动。”第七十三条规定：“罪犯在劳动中致伤、致残或者死亡的，由监狱参照国家劳动保障的有关规定处理。”从《监狱法》的立法背景和意图来看，该法只承认监狱生产而不承认监狱企业的概念；从该法的上述规定也可看出，监狱生产仍然被当作监狱的职能，并且监狱生产主要是被赋予了刑事法律的含义，即监狱生产是改造罪犯的手段，监狱生产的经济含义则未得到反映。《监狱法》虽然只提监狱生产而不提监狱企业，但监狱企业除生产职能之外的其他职能和责任是客观存在不可回避的。这些职能事实上也由监狱来履行和承担。监狱企业得不到法律承认，在法律中自然就不可能出现规范监狱企业和监狱关系及其行为的条款。从另一种角度来分析，如何规范监狱企业及其行为等内容，已超出了刑事法律的立法范围，监狱企业的行为只能由企业法进行规范和调整。由于监狱企业使用的是罪犯劳动力，而罪犯和监狱企业不是一般意义上的劳动合同关系，因而我国的普通企业法不适用于监狱企业，这是导致监狱和监狱企业相互关系法律规范缺失的另一项重要原因。

（三）**从司法实践角度分析——监企合一的监企关系模式引发了监狱和监狱企业的严重冲突**

长期以来，监狱企业虽然未能取得应有的法律地位，并一直在依附于监狱的状态下生存和发展，但是，作为客观存在的事物，监狱企业在发展过程中，不断地产生着摆脱监狱的内在要求，监狱企业越规范越发展，这种要求就越强烈。由于监狱企业毕竟不同于监狱，它有其固有的运行规律，当其企业的属性日益加强时，其本身与监狱的矛盾和冲突也日益加重。在计划经济体制时期，监狱企业按照国家计划运作，较好地发挥了自身功能，但在市场经济条件下，监狱企业要继续发挥其自身功能，就必须获得应有的生存和发展条件，这些条件包括监狱企业相对独立的法人地位、一定的经营自主权等。由于监企合一，监狱企业在失去计划经济的保护伞之后，其按照市场规律生存和发展的条件，仍然难以得到满足。监狱企业的生产经营活动要直接受到监狱行刑活动的影响，使其无法充分地按照经济法则办事。比如，罪犯劳动力的数量、质量、罪犯劳动时间及其安排等，并不能完全取决于监狱企业，而在很大程度上要受监狱行刑的制约。满足了行刑的要求往往会造成监狱企业经济效益的损失。同样，如果满足监狱企业完全按市场法规办事的要求，那么监狱行刑也会受到负面影响，因为监狱行刑的对象和监狱企业的劳动力是同一主体

——罪犯，监狱和监狱企业都对罪犯（劳动力）有一定的控制和调动权，二者之间的矛盾和冲突就不可避免。

四、监狱关系新模式构想

刑事司法实践已经证明，监狱企业完全依附于监狱，“监企合一”的监企关系模式已逐渐失去其存在的条件和必要性，必须用新的模式加以取代。在市场经济条件下，监企合一模式存在的前提条件即国家财政无力为监狱提供必要的经费正在消失，监企合一模式正常运行的条件即监狱企业能够用其利润养活监狱也正在消失。随着我国经济实力的不断增强，国家财政有能力满足监狱的基本经费需求，由监狱企业养活监狱已没有必要。另外，随着市场经济的日益成熟和规范，监狱企业先天性的缺陷已充分暴露，监狱企业普遍规模压缩，经济总量减少，生产经营处于微利甚至亏损状态，已难以为监狱提供必要的经费。因此，构建新的监企关系模式，既是监狱行刑工作的要求，也是市场经济发展的要求。

（一）构建监企关系新模式的前提——监企分开

在监企合一的模式下，监狱和监狱企业是一个利益共同体，虽然二者在运行目标、运行机制等方面有较大区别。但是，监狱职能向监狱企业职能转化以及监狱企业职能向监狱职能转化、改造效益向经济效益让路以及经济效益向改造效益让路的可能性始终是存在的。即使国家能够提供监狱运行所需的基本经费，这种可能性也是存在的。只要这种可能性存在，监狱与监狱企业的关系就难以得到根本改善。因为在监企合一模式下，监狱长同时也是监狱企业的经理，决策者可以自由地根据自己的主观偏好来配置资源、只有将监狱和监狱企业这个共同体打破，使监狱企业摆脱其依附于监狱的状态，成为具有独立法人资格、具有自己相对利益的实体，才能从制度上彻底消除监狱和监狱企业职能的随意转换以及资源的任意配置。在监狱和监狱企业有了各自相对独立的资源、利益、地位的前提下，二者才能更加规范地运行；只有在承认和尊重监狱和监狱企业各自利益和运行规律的前提下，也才能构建二者关系的最佳模式。

（二）构建监企关系新模式的原则——提高监狱行刑质量和效益

监狱企业是刑罚文明和进步的产物，其存在和发展应有利于降低监狱行刑成本，提高监狱行刑质量和效益。然而，在监企合一的模式下，由于监狱企业直接承担着养活监狱的职责和使命，以及监狱企业经济利益对监狱的天然诱惑性，使得在监狱行刑活动中，监狱企业的地位和作用反而超过了监狱，大量的行州资源被配置在监狱企业，监狱企业的经济功能超过了其改造功能，这直接造成了监狱行刑投入少、成本高、效益差的后果。构建监企关系新模式，就是要从司法实践中恢复刑罚执行意义上的监狱企业和监狱的关系，使监狱企业从建立到运行过程，真正地为监狱行刑服务，监狱企业制度的任何改革和创新，都要有利于提高监狱行刑质量和效益，有利于监狱企业提高经济效益而不利于监狱提高行刑质量和效益的制度和措施，都不符合监狱企业的性质以及刑罚制度的内在要求。

（三）构建监企关系新模式的依据——监狱和监狱企业的职能

监狱和监狱企业之所以作为两个独立的法人实体而存在，根本原因在于它们有着各自特定的职能，而这恰好是构建监企关系新模式的主要依据。根据《监狱法》的规定，监狱作为国家的刑罚执行机关，它要具体承担惩罚和改造罪犯两项职能，监狱的这两项法定职能是不能被改变和代替的。作为企业，监狱企业最基本的职能就是创造物质产品或提供劳务。而作为特殊企业，监狱企业的职能则是劳动改造罪犯。监狱和监狱企业的职能都是由各自的内在结构等客观因素决定的，要使监狱和监狱企业都能够正常运行，就必须使其各自的职能得到充分的发挥，而要使监狱和监狱企业相互合作，那就必须尊重二者职能之间的内在联系，否则，监狱和监狱企业的运转都会受到影响。从监狱和监狱企业职能的内在来联系来看，监狱企业在生产劳动中惩罚和改造罪犯的职能是监狱惩罚和改造罪犯职能的构成部分。它不能脱离监狱的职能而独立存在。监狱企业不是刑罚执行机关，从刑罚执行的角度理解，它只能以监狱这个刑罚执行机关或场所的延伸这一身份而存在。因而，监狱企业的职能及其发挥，应当是为监狱的职能及其发挥服务。监狱企业的惩罚和改造职能虽应当服从和服务于监狱的职能，但并不表明监狱企业对监狱有依附关系，因为监狱企业存在和发展的前提是其自身的经济职能即创造物质产品或提供劳务职能的充分发挥和实现，监狱企业只有依据经济规律办事，才可能实现正常运转，从而才会有监狱企业的劳动改造罪犯职能的发挥。从这一点出发，监狱职能的发挥，要最大限度地减少对监狱企业经济职能的发挥的消极影响，并且在一定程度上，监狱要积极配合监狱企业发挥其经济职能，因为监狱企业的劳动力同时也是监狱的行刑对象。监狱企业经济职能得不到承认和发挥，其惩罚和改造职能会直接受到影响，从而监狱的职能及其发挥也会受到影响。

（四）监企关系新模式及其内涵

监狱企业从监狱分离出来而成为独立的法人实体，这只是其从体制上与监狱分开，二者之间的内在联系不会因此而消失。依据我国刑事法律罪犯劳动力具有特殊性，罪犯不能以劳动者的身份自由流动，否则就是对刑事法律的公权性质及其强制性的违背，刑事法律也就会失去其应有的功能和价值。为了维护刑事法律的性质和尊严，就必须对罪犯劳动力的支配和使用，由国家从刑事法律的角度作出具体的规定，这样使用罪犯劳动力的企业就必然与监狱存在特殊的关系。监狱企业是使用罪犯劳动力的企业，它与监狱的关系必然要受刑事法律的约束。前面的分析已经说明，监狱与监狱企业的关系具有复杂性，在此基础上可以将监企关系的新模式概括为“强制性契约关系”，它包含两层含义。

1. 监狱和监狱企业之间的行刑关系即罪犯劳动改造问题，必须由国家通过刑事法律加以强制性规定

监狱必须组织罪犯到监狱企业进行劳动改造，监狱企业必须为监狱的罪犯提供劳动岗位。之所以要规定监狱必须组织罪犯到监狱企业去劳动，是因为罪犯的身份具有双重性，从刑事法律的角度讲，罪犯是监狱行刑的对象，从经济角度讲，罪犯又是特殊劳动力，罪犯的法律身份是根本身份，而其经济身份是一般身份，前者制约后者。作为有劳动能力的罪犯，将其投入到劳动过程，根本目的是对其进行惩罚和改造，所以监狱不能将罪犯提供给纯粹以赢利为目的的一般性企业，这样的企业会把罪犯当做纯粹的廉价工具加以使用，而不可能对其进行思想改造，更何况没有刑罚执行权的非监狱人民警察直接管理罪犯劳动，本身就违犯《监狱法》的规定。罪犯作为特殊劳动力，也能为其支配者、使用者带来经济利益。如果任由监狱自由选择罪犯劳动力的使用主体，那么，监狱就有可能为追求经济利益而把罪犯当做赚钱工具加以处置，这与我国刑事法律有关罪犯劳动的规定是相违背的。同样，监狱企业必须接收罪犯到监狱企业劳动，因为监狱企业是由国家建立的专门使用罪犯劳动力的特殊企业，主要目的是实现刑事法律所规定的对罪犯的劳动改造，因此，监狱企业通过生产劳动在一定程度上要将罪犯改造成为遵纪守法、自食其力的“合格公民”。合格公民是监狱企业生产的特殊公共产品，虽然这一公共产品只是半成品，还不是最终产品，但毕竟监狱企业参与了它的生产过程，此产品的生产对监狱企业来说只有投入，没有经济收益，它带来的是社会效益。按照经济学原理，这种产品

最适合由政府来组织生产。因此，监狱企业为监狱的罪犯提供劳动岗位，是政府赋予监狱企业的社会职责，监狱企业必须无条件接受并且积极履行这一职责。

2. 在国家通过法律就罪犯劳动问题，在监狱和监狱企业之间作出强制规定的前提下，监狱和监狱企业之间必须就罪犯劳动力使用等问题，通过契约的形式予以规定

作为企业，监狱企业的存在和发展，同样要以拥有劳动经验和技能的劳动者为前提，罪犯就是监狱提供给监狱企业的特殊劳动力，监狱企业要按经济法则对罪犯劳动力加以使用和管理，因此，国家建立监狱企业除了刑事法律方面的目的以外，也必须包含经济目的，即开发利用罪犯劳动力资源，让罪犯自食其力，为社会创造财富，这是由罪犯劳动力的客观经济性质决定的，而不是主观意志的产物，从而监狱企业的经济职能也是客观的。从这一角度讲，监狱和监狱企业就必然存在除行刑关系以外的另外一层关系，即经济利益关系。既然罪犯劳动力的使用会引起监狱和监狱企业之间经济利益关系的产生，那么，监狱和监狱企业之间必须就罪犯劳动力使用的数量、质量、罪犯劳动的时间和劳动报酬等经济问题，通过平等协商，并以合同的形式予以解决。虽然监狱有权让罪犯到监狱企业劳动，但这并不是无条件地的，监狱提供给监狱企业的罪犯必须有一定的劳动能力，监狱也不能要求监狱企业全部接收由其提供的罪犯劳动力。因为监狱企业接收罪犯劳动力的数量和质量取决于经营状况等客观因素。监狱企业在使用罪犯劳动力方面会受许多经济上确定因素的影响，它可能随时要求延长劳动时间，加班加点以完成生产任务，而这些要求能否得到满足，主要取决于监狱及罪犯。因为监狱企业没有真正意义上的由自己支配的劳动力，罪犯和监狱企业之间不存在一般意义上的劳动关系，罪犯劳动力的支配权最终掌握在监狱手中，监狱企业没有完全独立的对罪犯劳动力的支配权。所以，监狱企业

也不能无条件地要求监狱满足自己对罪犯劳动力的要求。为了使监狱企业能正常地进行生产经营活动，为了使监狱能正常地开展行刑活动，监狱企业必须和监狱随时就上述各方面的问题进行协商，从而使双方的利益能得到兼顾，最终实现共同发展。

总之，在监企分开之后，监狱和监狱企业之间，既不是纯粹的强制性的行刑关系，也不是一般的自由契约关系，而是在法律强制规定下，双方必须建立但又要反映各自意志的“强制性契约关系”，这就是监企关系的新模式。

五、监企关系新模式的实现条件

监狱和监狱企业的关系，不同于企业之间的关系，也不同于司法机关之间的关系，本身具有复杂性。要使这种新模式得以建立并正常运行，必须有充分的条件作保障。否则，这种新型的监企关系就难以维系。

（一）建立监狱经费保障制度

监企合一的监企关系模式之所以长期存在，一项重要的原因就是国家没有给监狱提供其所需费用，而监企分开及监企关系新模式的建立，都内在地要求国家财政必须满足监狱的经费需求。否则，监企分开就意味着监狱将失去生存的经济来源，监狱也将无法履行其惩罚和改造罪犯的职能，其与监狱企业之间的关系就可能演化为纯粹的劳动力买卖关系，监狱和监狱企业之间的行刑关系就会消失，这会造成比监企不分更严重的弊端。目前，我国的监狱体制改革正在进行试点，财政部和司法部也联合制定了《监狱基本支出经费标准》，这不但为监企分开提供了前提条件，也为监企关系新模式的建立及运行奠定了基础，提供了制度保障。

（二）补充和完善《监狱法》有关条款

中国的《监狱法》是在监企合一的背景下出台的，它只涉及了罪犯劳动问题，而对监狱企业及其与监狱的关系问题，未曾提及更没有作出具体的规定。监企分开之后，监狱首先就会面临上述问题。《监狱法》虽规定有劳动能力的罪犯必须参加劳动，国家提供罪犯劳动的设施和经费，但这些规定过于原则化，缺乏可操作性。监企分开之后，监狱虽然也有组织罪犯参加劳动的权利和义务，但监狱把罪犯输送到监狱企业去劳动（改造），却在《监狱法》中找不到具体的规定。为了建立监狱和监狱企业之间的新型关系，就必须对《监狱法》中有关罪犯劳动的条款进行修改和补充，明确规定监狱必须把有劳动能力的罪犯输送到监狱企业去劳动。监企分开之后，罪犯劳动的实施主体变为监狱企业，而国家以什么方式来提供罪犯劳动的设施和费用，罪犯劳动的设施和费用是提供给监狱还是监狱企业，这些问题的解决，在《监狱法》中也找不到依据。从具体承担罪犯劳动的行刑责任和经济责任的角度出发，应对《监狱法》中关于罪犯劳动费用的条款进行修改和补充。明确规定国家应以财政拨款的方式，依据参加劳动的罪犯人数、生产的性质，按罪犯劳动实际所需费用的一定比例将罪犯劳动的费用下拨给监狱企业，由监狱企业按规定支配和使用，这样罪犯劳动就有了一定的物质保障。

（三）为监狱企业立法

监狱和监狱企业的关系涉及刑罚执行，在这方面则不能由双方以自愿协商的方式来确定它们之间的关系，而必须由国家以法律、法规的形式确定它们在这种关系中的权利和义务，从而对双方起到严格的约束作用，保证刑罚得到有效执行。

监狱作为国家的刑罚执行机关，其性质、地位、权利和义务等，已由《监狱法》等刑事法律作出明确规定，监狱行刑有法可依。监狱的行刑行为被严格限定在法律的范围之内，这有利于正确处理监狱在行刑过程中与其他单位之间的关系。监狱企业作为监狱的派生物，与监狱在行刑方面存在着天然的联系，当其从监狱中分离出来之后，在运行机制、运行目标、权利及义务等方面都会发生变化，这种变化会影响到监狱企业与监狱的关系。为了使监狱企业更好地为监狱行刑服务，并最大限度地按经济规律运行，同样也必须通过法律形式对监狱企业的性质、地位、权利和义务等加以明确规定，以规范监狱企业的行为。但在目前，从监狱中分离出来的监狱企业在运行中却处于无法可依的状态，虽然《国务院批转司法部关于监狱体制改革试点工作指导意见的通知》（国函〔2003〕15号）中将监狱企业性质确定为监狱国有独资公司，但是，监狱国有独资公司却难以适用《中华人民共和国公司法》（以下简称《公司法》）。监狱国有独资公司在许多方面与《公司法》的要求是不一致的，《公司法》并没有将监狱国有独资公司涵盖在内，监狱企业不能适用《公司法》，更不能适用《监狱法》，但监狱企业作为监狱体制改革的产物，其运行状况以及与监狱的关系，将直接影响监狱体制改革的成败。在监狱企业与监狱关系处于不稳定状态的情况下，必须尽快地为监狱企业立法，将目前监狱企业运行中遇到但又找不到解决的法律依据的问题，在监狱企业法中予以明确规定，达到既规范监狱企业行为，又规范监狱企业与监狱关系的目的。目前，监狱企业在运行中迫切需要由法律加以明确规定的问题包括：监狱企业必须使用由监狱提供的罪犯劳动力，监狱企业必须以货币形式并按照统一标准支付罪犯劳动报酬，国家为监狱企业提供优惠政策，监狱企业应承担部分盈亏责任，监狱企业的经营管理者应具有监狱人民警察身份，监狱人民警察应参与罪犯劳动现场管理，监狱企业的利润应拿出一部分，作为监狱经费的补充，罪犯在劳动（改造）过程中发生工伤事故，监狱企业应给予适当赔偿，等。只有以上问题得到明确规定，监狱企业行为才可能规范化，其与监狱的关系才会处于稳定、有序的状态，新的监企关系模式才能得以实现。

（作者：高寒，浙江警官职业学院培训部副主任、教授）

参考文献：

[1] 辛国恩. 21 世纪中国监狱发展战略研究 [M]. 北京：法律出版社，2003.

[2] 高寒. 监狱经济体制改革研究 [M]. 北京：中国市场出版社，2005.

[3] 陈谦. 论新体制下劳动改造管理工作的规范问题 [J]. 中国监狱学刊，2006 (2).

[4] 祝治国. 试论新形势下监狱工作的规范发展（上、下）[J]. 中国司法，2006 (2).

罪犯劳动权与劳动改造关系初探

劳动改造是我国监狱行刑工作中的一项重要制度和政策，具有不可替代的地位和作用。在社会主义市场经济条件下，劳动改造及其实现遇到了前所未有的困难，尤其是在“监企分开”这一监狱体制改革的目标背景下，劳动改造制度如何得以实现，劳动如何充分发挥对罪犯的作用，是现实赋予监狱理论工作者的一项重要任务。劳动改造制度的实现，不能拘泥于改造来谈罪犯劳动，只有进行观念和制度创新，认识和重视罪犯劳动的现实价值和意义，劳动改造才有可能得到实现并取得满意的效果。而这其中，罪犯劳动权及其实现的观念和制度创新，起着举足轻重的作用。

一、罪犯劳动权的实现是劳动改造制度实现的前提和基础

劳动是劳动改造罪犯制度及其实现的载体，劳动改造是在劳动过程中进行和完成的，没有劳动也就不存在劳动改造。对不同的主体来讲，劳动具有不同的含义和价值，只有充分认识和把握罪犯劳动的多重含义和价值，并正确协调和处理它们相互之间的关系，罪犯劳动才能持续存在和发展，劳动改造制度及其价值也才能真正得到实现。

劳动改造是我国监狱改造罪犯工作的重要组成部分，而改造罪犯工作又是监狱行刑工作的组成部分，从而监狱改造（罪犯）

权构成监狱行刑权的一个部分。监狱劳动改造权的实现及其效果如何，直接影响劳动改造罪犯制度的实现及其效果。既然劳动改造是在罪犯劳动的过程中实现的，那么，就必然面临着如何正确认识和处理同一劳动过程中，监狱的劳动改造权和罪犯的劳动权之间关系的问题。劳动改造以劳动的存在及其正常运行为前提，而劳动的存在和正常运行，取决于劳动的根本价值的实现及劳动主体（劳动者）权利的实现。从劳动最根本、最现实的价值和意义来讲，劳动是劳动者获取生活资料的唯一手段，只有实现了这一目标，劳动才能存在和发展，而劳动本身这一目标的实现，直接取决于劳动者在劳动过程中的权利能否得到实现。罪犯劳动本身具有法律和经济等多种属性和价值，那么，从法律角度而言，罪犯劳动的刑事法法律效力和价值与罪犯劳动的宪法、劳动法法律效力和价值何者更大呢？因为罪犯已经触犯了刑律，其行为已经给社会或他人带来了严重危害或损害，对其进行刑事处罚即剥夺其自由并强制其劳动所带来的社会效益，将远远超过罪犯作为失去自由的劳动者通过劳动所获得的个人在经济方面的效益。所以，从功利角度讲，罪犯劳动的刑事法法律效力和价值要高于罪犯劳动的宪法、劳动法法律效力和价值，罪犯因此也不可能以行使宪法和劳动法赋予的劳动权为由拒绝或对抗由刑事法律规定并由监狱对其行使的劳动改造权。罪犯在监狱服刑期间不能拒绝劳动，更不能脱离刑罚的制裁而离开监狱去自由地实现自己的劳动权。

罪犯劳动的刑事法律效力和价值虽高于罪犯劳动的宪法、劳动法法律效力和价值，但依据刑事法律对罪犯实施的劳动改造制度的实现，却必须以罪犯的劳动权的实现为前提和基础。前已述及，罪犯劳动除具有法律属性和价值之外，还具有经济属性和价值。从孤立的角度讲，国家期望通过强制罪犯劳动，实现罪犯劳动的刑事法律价值，取得改造罪犯的效果。而从罪犯的角度讲，通过劳动，他期望实现其在宪法和劳动法方面的价值，获得应有的劳动报酬。无论是国家还是罪犯，其各自所期望的劳动价值的实现，都以劳动的经济属性和价值得到肯定和实现为前提。罪犯劳动只有适应经济规律的要求，服从市场经济法则，才能够存在和发展，而适应经济规律就意味着罪犯劳动必须追求经济效益，必须满足市场的需要，从而罪犯劳动的组织主体就必须充分尊重罪犯的劳动权，把罪犯当做特殊劳动者来看待，使其享有应得的劳动报酬和劳动保护，这样，罪犯劳动的经济价值和目标才可能得到实现，罪犯劳动也才能继续存在和发展。罪犯劳动在经济意义上得到了实现，其作为一种客观活动才能存在，从而通过这一客观活动来改造罪犯的活动才能得以实现。劳动是劳动改造的载体，劳动改造是劳动的功能而已，没有劳动就没有劳动改造。决定罪犯劳动存在和发展的决定性因素是罪犯劳动的经济属性及目标的实现，而不是其刑事法律属性和目标的实现与否。罪犯劳动的宪法和劳动法法律属性，与罪犯劳动的经济属性在现实中是统一的，罪犯劳动的刑事法律属性也不例外，它不可能孤立存在，也不能决定罪犯劳动在市场上能否正常运行和发展。实践中，罪犯劳动的各种属性和价值只有得到统一，不同主体所期望的罪犯劳动的价值才能得到实现，这时，各个主体不但能实现各自的目标价值，还能实现因为罪犯劳动各种属性的统一而带来的其他价值目标。比如，在罪犯劳动得以正常运行的情况下，罪犯劳动的组织主体不但可以实现其改造罪犯的价值目标，还可以实现罪犯劳动的经济利益这一价值目标。同样，罪犯在劳动过程中除获得应有的劳动报酬外，还可以实现其减刑或假释的价值目标。中国的刑事法律将罪犯在生产劳动中的表现及效果与罪犯在刑事法律方面的利益相联系，也充分说明了罪犯劳动的经济属性及其价值是罪犯劳动的法律属性和价值存在的前提和基础。在剥夺罪犯人身自由的前提下，国家只有充分尊重罪犯作为劳动者的劳动权，并积极创造条件使罪犯的劳动权得以实现，国家通过劳动来改造罪犯的制度和目标才能真正得到实现。改造意义上的罪犯劳动是不能独立存在的，它永远和经济意义及实现劳动权利意义上的罪犯劳动是统一的。

如果罪犯的劳动权得不到承认和实现，那么，从《监狱法》的有关规定直接可以看出，罪犯劳动就会变为纯粹的强制性劳动，这种性质的罪犯劳动，由于不承认罪犯的劳动权，也就不会承认罪犯劳动的经济属性和价值，其运行和发展不是依据经济规律，而是依据刑事法律的外部强制力，因而，它不可能充分发挥改造罪犯的作用。这种依靠刑事法律外部强制力而得以存在的罪犯劳动，需要由国家财政提供长期而稳定的经费保障。如果国家财政不能为此提供经费保障，那么，这种既无改造作用又无外部经费保障，也不能实现自我运转的罪犯劳动，就无法在现实中存在下去。

二、罪犯劳动权与劳动改造关系的理论与现实状况

我国监狱学理论界关于劳动改造罪犯的研究已有大量成果问世，但这些理论绝大多数是在传统观念的基础上依据传统思维而得出的，缺乏创新性，并与罪犯劳动的现实相脱离。目前，关于罪犯劳动权与劳动改造关系的理论和实践，主要存在以下问题和不足。

1. 罪犯劳动的经济属性和价值未得到充分的肯定，从而未能认识到罪犯劳动权及其实现与罪犯劳动改造的内在联系，导致片面强调刑事法律意义上的罪犯劳动的改造属性和价值

中国的监狱学理论一直认为，劳动是改造罪犯的手段，罪犯劳动被完全纳入刑罚执行的范畴。这一观点只强调了罪犯劳动的特殊性，而没有充分肯定罪犯劳动与一般劳动的共性，即劳动的经济属性和价值。比如有人认为，监狱生产所追求的首要目标应

当是劳动改造罪犯的社会效益，当监狱生产中的经济效益和社会效益发生矛盾时，必须坚持社会效益为先的原则。否则，监狱生产就失去了存在的理由[1]。没有劳动的共性，就没有劳动的特性，罪犯劳动若失去了经济属性和价值这一共性，其特殊性也就失去了存在的基础，它就不可能存在。由于没有充分肯定罪犯劳动的经济属性和价值，就不可能充分认识到罪犯劳动权及其实现在罪犯劳动及运行中的重要作用，也不可能认识到罪犯劳动权及其实现与劳动改造的内在联系，最终导致在理论上片面强调刑事法律意义上的罪犯劳动的改造属性和价值，有人甚至将其看做是罪犯劳动的唯一属性和价值。其实，罪犯劳动不只是改造罪犯的手段，也是创造财富的手段。罪犯劳动的存在，不只是因为它具有刑事法律意义上的改造属性和价值，罪犯劳动的经济属性和价值以及经济意义上的罪犯劳动的改造属性和价值，也是其存在的重要原因，这已为罪犯劳动的实践所证实。

2. 经济意义上的罪犯劳动的改造属性和价值被忽视

罪犯劳动的经济属性和价值不能得到充分肯定，必然导致经济意义上的罪犯劳动的改造属性和价值被忽视。以往，人们大多从刑事法律意义上来认识罪犯劳动的改造属性和价值，强调强制劳动对罪犯的改造作用，而很少有人从经济意义上来探讨罪犯劳动的改造属性和价值。刑事法律意义上的罪犯劳动及其属性，强调的是罪犯劳动的外部强制性及依靠强制性使罪犯劳动发挥改造功能，以实现其改造效果和价值。这种单纯建立在刑事法律强制基础上的罪犯劳动，在理论上是不够全面的，在实践中也难以有效发挥改造罪犯的功能。首先，强制性的劳动是违背劳动者的意愿的，它必然会引起劳动者的抵抗情绪甚至对抗行为。强制劳动

[1] 葛炳瑶. 浙江监狱体制改革的探索实践与深化改革的思考 [J]. 监狱工作简报（调研专刊之十）2005（6）.

往往伴随着劳动的无偿性，这更容易使罪犯产生劳动就是惩罚的观念和认识，劳动有可能发挥不了改造罪犯的积极功能，反而可能引起消极作用。其次，经济意义上的罪犯劳动的改造属性和价值，与刑事法律意义上的罪犯劳动的改造属性和价值，是有机统一和不可分割的。不从经济意义上去认识和对待罪犯劳动的改造属性和价值，不注意发挥经济手段对罪犯的改造功能，罪犯就不可能有正确的劳动观念，也不会把劳动看做是自己的权利，这样，罪犯就失去了积极、主动劳动的前提条件。由于劳动必须由劳动者亲自实施，在罪犯失去积极、主动劳动的愿望的情况下，强制性对罪犯只能起到外因的作用，在内因不存在的情况下，外因无法发挥作用。

3. 实践中罪犯劳动并没有完全按照刑事法律意义上的改造手段在发挥作用，罪犯的劳动权也没有得到充分实现，劳动改造的效果并不十分明显

长期以来，我国监狱理论界虽然一直强调（刑事法律意义上的）罪犯劳动的改造属性和价值，但由于罪犯劳动的经济属性和价值是客观存在的，因而在实践中，监狱在组织罪犯劳动的过程中，始终回避不了罪犯劳动的经济问题，比如资金的筹措、生产项目的选择、设备的购买、产品的销售以及盈亏责任的担负等，这些问题不解决，罪犯劳动是无法正常进行的，劳动改造就实现不了。虽然《监狱法》规定国家提供罪犯劳动的设施和经费，但罪犯劳动的经济问题不只表现在这两个方面，其他经济问题甚至是影响罪犯劳动的更为重要的因素，《监狱法》显然回避了这些问题。理论上和法律上可以回避或轻视罪犯劳动的经济属性和价值，但组织罪犯劳动的监狱却丝毫不能回避或轻视罪犯劳动的经济属性和价值，在《监狱法》赋予监狱必须组织罪犯劳动这一重要职责，但又不提供履行这一职责所需要的物质条件，也不承担监狱履行这一职责所带来的责任和后果的情况下，监狱

被迫承担起组织罪犯劳动的全部经济责任和后果。由于罪犯劳动的经济属性、地位和作用在理论和法律规定方面都没有得到充分的肯定，因而，监狱在组织罪犯劳动的过程中，不可能赋予罪犯更多的劳动权并充分加以实现，甚至侵犯罪犯的劳动权。比如，有的监狱不按《中华人民共和国劳动法》和《监狱法》的规定办事，罪犯超时、超强度劳动的现象时有发生，支付给罪犯的劳动报酬过低，罪犯劳动保护措施不健全等，罪犯劳动在更大程度上被看做是罪犯的服刑义务。罪犯劳动按经济规律运行，受市场法则的约束，但以经济手段和方法调动罪犯的劳动积极性和改造积极性的措施，并没有得到充分的运用，经济意义上的罪犯劳动的改造属性没有充分体现，其改造功能也没有得到充分发挥，从而使得刑事法律意义上的罪犯劳动的改造功能也得不到充分发挥。

三、正确处理罪犯劳动权与劳动改造关系的对策

1. 加深对罪犯劳动经济属性的认识

当今，行刑社会化已成为一种国际潮流，在中国，组织罪犯劳动应当是实现行刑社会化的重要途径之一。劳动是人类最基本的社会实践活动，只有在劳动中人的社会性才能得到体现和加强，也只有在日益复杂的劳动中，个人才能不断地再社会化。而要在劳动中使个人不断地再社会化，就必须使劳动成为劳动者实现个人最基本的物质利益需求的手段和途径，劳动者的劳动权就必须在劳动过程中得到日益充分的实现，这样，劳动者才能日益融入劳动集体，也才能自觉自愿地接受和服从各种劳动制度和规则的要求。我们要组织罪犯劳动并在劳动中改造罪犯，就必须服从劳动本身的要求，使罪犯劳动最大限度地按经济法则进行，尊重罪犯的劳动权，并最大限度地实现罪犯的劳动权，罪犯在物质利益等要求得到合理满足的情况下，自然会不断地适应劳动中的

各种要求，服从劳动中的规则，从而逐步实现个人的再社会化。罪犯劳动权观念的确立和加强，有利于促进对罪犯劳动经济属性的认识，从而有利于加深对罪犯劳动的改造属性和价值的认识。

2. 要树立刑事法律意义上的罪犯劳动的地位和作用相对下降，而经济和经济法律意义上的罪犯劳动的地位和作用日益增强的新观念

随着刑罚制度的日益文明，罪犯劳动的惩罚性逐渐淡化，其改造属性也渐趋减弱，与此相反，罪犯劳动的经济属性则日益加强。在社会主义市场经济条件下，对于罪犯来说，劳动的改造意义已不同于新中国成立初期。那时候，绝大多数罪犯是反革命犯，是旧社会的剥削分子，他们没有劳动技能，更没有正确的劳动观念。因而，对他们来说，劳动的改造意义更为现实和迫切。1951 年 5 月召开的第三次全国公安工作会议决议中提出的“三个为了”的方针，其中有两条就直接指明了罪犯劳动的改造目的。如今，客观形势已发生了变化，监狱押犯的构成也发生了变化，绝大多数罪犯是普通刑事犯，由于社会不存在剥削制度，罪犯中的绝大多数也没有剥削观念和意识，且都有一定的劳动经验和技能。这时，对罪犯来说，劳动更多的是体现其“谋生”、创造财富以及再社会化的价值和功能。现实中，给予罪犯劳动报酬，不仅是改造罪犯的需要，同时也是实现罪犯劳动权的需要。只有充分尊重罪犯的劳动权，劳动的上述价值和功能才能得到充分体现。

3. 要为罪犯劳动权的实现创造条件

由于失去了人身自由，罪犯不可能自由、自愿地去实现自己的劳动权。在罪犯劳动权的实现受到刑罚制度的严格约束的条件下，国家和监狱必须承担起为罪犯劳动权的实现创造必要条件的责任。比如，国家要投资创办监狱企业，国家要继续为监狱企业的发展提供优惠政策，监狱则要通过监狱企业科学、合理地组织

罪犯劳动，支付罪犯应得的劳动报酬，给罪犯提供必要的劳动保护，坚决杜绝罪犯超时、超强度劳动的现象发生。

4. 要补充和完善监狱法规，使罪犯劳动权的实现得到法律上的保障

自由刑剥夺的是罪犯的人身自由，并不剥夺罪犯的劳动权，但罪犯在失去自由的前提下，其劳动权的实现受到种种限制。因为普通公民劳动权的实现方式不完全适用于罪犯，而罪犯劳动权的实现在监狱法律法规中又找不到操作的依据，这样，罪犯劳动权的实现就处在一种缺乏保障的不确定状态中。这既不利于罪犯劳动的经济目标的实现，也不利于罪犯劳动的改造目标的实现。劳动既是罪犯服刑生活的主要内容，也是罪犯作为自然属性意义上的个体生活的主要内容。如果罪犯对自己生活中的主要内容——劳动缺乏应有的权利，那么，劳动就可能无法正常运行，也难以发挥其改造功能。为了使劳动充分发挥改造罪犯的功能，就必须使罪犯劳动权的实现享有充分的保障，为此，就必须对现行的监狱法律法规进行必要的修改和补充，使罪犯的劳动权及其实现得到明确规定。这样，罪犯劳动权的实现就会更加严肃和规范。

（作者：高寒，浙江警官职业学院培训部副主任、教授）

参考文献：

[1] 赵敏. 罪犯劳动权的特殊性 [J]. 河南司法警官职业学院学报，2005 (3).

[2] 高寒. 多重含义的罪犯劳动及其相互关系研究 [J]. 中国监狱学刊，2005 (5).

论罪犯劳动权的实现

在建立社会主义市场经济的过程中，公民劳动权的实现从理论到实践得到了较为深入的研究和探索。但是，作为特殊公民的罪犯群体的劳动权的实现问题，却没有得到应有的重视。虽然理论界现有的研究成果承认罪犯拥有劳动权，但对于监狱行刑及罪犯本人而言，罪犯劳动权的实现才具有更加现实的意义。在监狱服刑的罪犯，由于其失去了人身自由，其劳动权受到了更多的限制，劳动权的实现也更复杂和特殊。

一、罪犯劳动权与刑罚权的关系

罪犯劳动权的实现，除了外部经济因素的制约之外，其特殊的法律身份及其刑罚执行因素，也是直接制约罪犯劳动权实现的关键因素。只有充分把握罪犯劳动权与刑罚权的关系，罪犯劳动权才有可能得到最大限度地实现。

1. 罪犯劳动是罪犯劳动权和国家刑罚权实现的共同载体

《中华人民共和国监狱法》（以下简称《监狱法》）等有关刑事法律规定，有劳动能力的罪犯必须参加劳动。刑事法律这一规定的基本含义是，劳动是惩罚和改造罪犯的手段，劳动是监狱服刑罪犯的刑事法律义务，监狱组织罪犯劳动是刑罚执行的内容和要求。因此，罪犯劳动具有明确的法定性和明显的刑事强制性。强制罪犯参加劳动，给予罪犯劳动报酬必要的扣除等，是刑事法律制度在罪犯劳动中的体现，也是罪犯劳动与一般公民劳动的主要区别。在劳动过程中，罪犯的法律身份没有改变，罪犯仍然没有人身自由，劳动是罪犯服刑生活的主要内容，劳动过程是惩罚和改造罪犯的过程。因此，罪犯劳动直接体现的是国家的刑罚权，即国家通过劳动对罪犯进行惩罚和改造的权利。罪犯劳动具有刑事法律的含义和价值，这与罪犯特殊的法律身份相适应。但是，罪犯公民身份除具有特殊性外，仍然具有一般性。作为公民，罪犯劳动也具有一般公民劳动的性质。因此，罪犯劳动也同时体现罪犯个人的劳动权，劳动也是罪犯个人的宪法和劳动法意义上的权利和义务。既然罪犯劳动既体现国家的刑罚权，也体现罪犯的劳动权，那么，罪犯劳动过程就实现了刑罚权与劳动权的统一，国家的刑罚权和罪犯的劳动权在罪犯劳动过程中有机地结合在一起。罪犯劳动权的实现过程，同时也是国家刑罚权的实现过程，二者不可分割。

2. 刑罚权决定罪犯劳动权的范围及实现程度

刑罚权是公权，而罪犯的劳动权是私权，针对罪犯而言，国家刑罚权的法律效力高于罪犯劳动权。刑罚创制权现实地划定了罪犯可能享有的权利的最大和最小范围，刑罚裁量权的行使真实地划分了罪犯权利的范围[1]。作为公权，国家刑罚权对作为私权的罪犯劳动权起着决定作用，刑罚权以及罪犯劳动的刑事司法属性，决定了罪犯劳动权的范围大小。国家对罪犯适用刑罚代表的是国家和社会的利益，因此，在刑罚执行过程中，凡是不利于刑罚有效执行的罪犯个人权利及其行使，都要被剥夺或受到限制。罪犯劳动权及其行使，不能妨碍和损害刑罚权及其行使。一般公民劳动权的实现以公民个人在法律上享有人身自由权为前提，而罪犯是失去了人身自由的特殊公民，因此，罪犯劳动权因刑罚权的效力而变得残缺不全，罪犯不可能享有自由就业权、职

[1] 万国海. 论刑罚权与罪犯权利 [J]. 湖北社会科学，2003 (9)：131.

业选择权以及充分的劳动报酬权等劳动权利，罪犯的集体劳动权更是不存在的，罪犯不享有集体谈判权和罢工权等权利。如果罪犯享有或充分享有上述权利，国家的刑罚权将会被削弱甚至被否定。

刑罚权不但决定罪犯劳动权的范围，也决定罪犯劳动权的实现及其程度。在刑罚创制权和刑罚裁量权所划定范围内的罪犯劳动权能否得到实现以及实现的程度如何，则取决于刑罚执行权，“对于罪犯来说，由刑罚裁量权确定的权利能否转化为现实权利，关键取决于刑罚执行权的行使，……刑罚执行权对罪犯权利的影响最为直接，对罪犯权利而言，刑罚权的滥用才是真正的灾难[1]。”在刑罚执行过程中，国家刑罚权及其实现要优先于罪犯劳动权及其实现，罪犯劳动权的实现必须有利于刑罚权的实现。在确保国家刑罚权实现的前提下，才能够创造条件以实现罪犯的劳动权。在我国，刑罚执行主要采用监禁刑的执行方式，罪犯人身自由被剥夺是监禁刑的突出特点。失去人身自由并且被监禁在监狱这个特定的空间范围内，罪犯劳动权的实现已经受到了严格的限制。罪犯虽然可以参加劳动，实现自己的劳动就业权，但这种就业只能是“狱内就业”，劳动的强制性以及就业空间范围的限制性，使得罪犯就业权的实现程度大大降低；罪犯虽然可以实现“狱内就业”，但罪犯却没有职业选择权，罪犯不能依据个人意愿离开所在监狱去寻找适合自己的就业岗位，只能在狱内行使一定的就业岗位选择权，狱外就业选择权微乎其微；罪犯虽然享有劳动报酬权，但罪犯劳动的惩罚性和赎罪性，使得罪犯的劳动所得只等于自己劳动成果的部分而不是全部，罪犯的劳动报酬权的实现也受到较大的限制。除此之外，罪犯劳动保险、劳动救济等方面的权利，也因刑罚权及其行使而受到严格限制，从而难以

[1] 万国海．论刑罚权与罪犯权利［J］．湖北社会科学，2003（9）：131．

实现甚至无法实现。

3. 罪犯劳动权反作用于刑罚权

在罪犯劳动权和国家刑罚权的关系中，刑罚权虽然对罪犯劳动权起着决定性作用，但由于罪犯劳动权和国家刑罚权同时并存于罪犯劳动过程中，刑罚权对罪犯劳动权并非处于绝对的支配地位，罪犯劳动权也并非无条件地服从刑罚权，否则，罪犯劳动就无法正常进行。没有罪犯劳动的存在和正常运行，就没有了罪犯劳动权的实现以及刑罚权在劳动过程中的实现。罪犯劳动的存在和正常运行，取决于罪犯劳动过程中对刑罚权和罪犯劳动权相互关系的正确认识和处理。

就罪犯劳动权而言，它的存在制约着刑罚权的任意扩张和滥用。近代以来，随着人权运动的不断高涨以及刑罚的文明和进步，尊重和保护罪犯的人权，不仅在法律领域受到重视，而且在整个社会领域得到重视，罪犯的权利意识及维权意识得到加强。刑罚权及其实现直接关系公民的生命和人身自由等重要权利，因此，保护公民权，防止刑罚权及其滥用对公民权的侵犯，就成为整个刑罚制度及其执行的重要任务。由于罪犯的人身自由被剥夺，其一般公民权及其行使受到刑罚权的直接制约，在刑罚权处于统治地位的前提下，罪犯的公民权极容易遭到侵害。而罪犯劳动权的法律及现实存在，可以有效制约刑罚权的扩张及其滥用。既然劳动是罪犯的权利，那么，罪犯劳动时间、劳动强度，劳动定额、劳动报酬、劳动保护等，就必须符合《中华人民共和国劳动法》（以下简称《劳动法》）等有关法律的规定，否则，就是对罪犯劳动权的侵犯，监狱及其干警就必须承担相应的法律责任。在罪犯劳动领域，符合国家有关劳动法律和制度的刑罚制度及其执行，才是文明进步和有效率的刑罚制度。当刑罚权任意扩张或滥用而侵犯公民个人的权利时，罪犯及社会必然会运用法律武器来维护自身的权利以及社会的利益。罪犯劳动权的存在，使得在劳动领域刑罚权和劳动权的边界得以划定，这就从法律制度上防止了刑罚权对罪犯劳动权的侵犯，从而在罪犯劳动领域对刑罚权形成制约。

罪犯劳动权的实现及其程度大小，也直接影响刑罚权的效率。对监狱而言，刑罚权就是刑罚执行权，刑罚权的效率也就是刑罚权行使的效率。监狱的刑罚执行权由惩罚权和改造权构成，惩罚权和改造权的效率会直接影响监狱刑罚权行使的效率。作为刑罚执行活动的重要组成部分，罪犯劳动也包含惩罚和改造两方面的内容，罪犯劳动制度也体现刑罚对罪犯的惩罚和改造。就刑罚执行而言，要提高罪犯劳动领域刑罚权行使的效率，就必须从劳动对罪犯的惩罚和改造两方面着手，既使劳动保持对罪犯必要的惩罚性，又使劳动对罪犯具有一定的改造性。罪犯劳动的强制性、劳动报酬必要的社会扣除及其他劳动权利的残缺，都充分体现了罪犯劳动的刑罚惩罚性。强制罪犯服从劳动纪律、遵守生产操作规程、学习劳动技能，将罪犯的劳动表现与罪犯的奖惩挂钩等，则能够起到一定的改造罪犯思想和行为的作用，这是刑罚的改造性在罪犯劳动方面的体现。由于刑罚具有天然的强制性和痛苦性，因此，刑罚本身所追求的预防犯罪尤其是特殊预防的目的，不可能得到充分的实现，因为人的思想很难在非自愿和痛苦状态中得到有效改造，刑罚本身与其所追求的目的之间存在着一定的矛盾。因此，就刑罚执行而言，劳动对罪犯的改造作用是有限的，由劳动惩罚转换而成的劳动改造功能也是有限的。

由于罪犯劳动并非纯粹的刑罚执行活动，因此，罪犯劳动中刑罚功能的大小及效率，与罪犯劳动的一般属性直接相关，罪犯劳动的一般属性及其制度的功能，可以弥补罪犯劳动的刑罚功能的不足。罪犯劳动中的刑罚内容，属于罪犯劳动的特殊性，罪犯劳动的经济内容，属于罪犯劳动的共性。只有承认和尊重罪犯劳动的共性，罪犯劳动的特殊性才能够存在并得到充分体现。如果人为地限制罪犯劳动的共性，那么，罪犯劳动的特殊性也难以得到充分体现，罪犯劳动的特殊功能也无法得到充分发挥。在不妨碍和无害于刑罚有效执行的前提下，罪犯劳动必须最大限度地服从经济规律，按照经济规律运行。为此，罪犯劳动项目的选择，产品的生产、经营和管理等活动，都必须符合市场的要求。同时，充分尊重处于这一特殊劳动过程中的劳动者——罪犯的劳动权，也是经济规律的内在要求，给予罪犯必要的劳动报酬和劳动保护，不是社会对罪犯的恩惠，而是罪犯应有的劳动权利。在罪犯劳动过程中，罪犯的劳动权得到尊重和较充分的实现，罪犯的劳动积极性必能得到较充分的调动，从而就可能实现罪犯劳动在经济意义上的正常运行。只有实现罪犯劳动在经济意义上的正常运行，罪犯的劳动权才能得到更大程度上的实现，而罪犯劳动权的充分实现，则能够弥补纯粹刑罚意义上的罪犯劳动的缺陷和不足，从而使罪犯劳动既体现刑罚的要求和价值，也体现罪犯的权利和要求，这才是完整意义上的罪犯劳动。这样，罪犯劳动的刑罚功能和价值才能得到充分体现，劳动对罪犯的惩罚和改造功能也才能得到最大限度的发挥，刑罚权在罪犯劳动中才能发挥最大的功能，取得最佳的效率。

二、罪犯劳动权实现的特殊性

由于受到刑罚权的严格限制，罪犯劳动权的实现有着不同于普通公民劳动权实现的特殊性。

1．罪犯劳动权的实现必然伴随着刑罚权的实现

在人类刑罚发展的历史上，劳动曾经被单纯作为惩罚罪犯的手段，当刑罚不断地走向文明以及刑罚执行社会化程度的提高，劳动不再仅仅作为惩罚罪犯的手段，还作为改造罪犯的手段，同时，劳动的经济属性也得到承认和重视，罪犯劳动的权利属性日益突出。罪犯与生产资料相结合的过程，既是国家通过劳动对罪

犯进行惩罚和改造以实现国家刑罚权的过程，也是罪犯实现其特殊公民劳动权的过程。但是，实践中罪犯劳动的存在，并不表明罪犯劳动权的必然实现。因为没有刑事法律的规定，罪犯劳动是不可能成为现实的，罪犯劳动首先是为实现刑罚的价值和功能而存在的，这种单纯实现刑罚价值和功能的罪犯劳动，可以不包含罪犯个人的劳动权利及其实现，而这并不影响刑罚意义上的罪犯劳动的存在。在罪犯劳动过程中，刑罚权的实现并不必然伴随着罪犯劳动权的实现。然而，若从罪犯劳动权的角度来讲，罪犯劳动权的实现则必然伴随着刑罚权的实现。因为罪犯劳动是由刑罚执行机关进行组织、管理和监督，劳动过程中罪犯的刑事法律身份没有改变，罪犯仍然没有人身自由，劳动是刑罚执行活动，也是罪犯的服刑生活，劳动的过程也就是罪犯的服刑过程。罪犯劳动实质上是罪犯在服刑过程中进行劳动，罪犯劳动以罪犯服刑为前提，其中必然包含着刑罚执行的内容，罪犯劳动的过程必然是刑罚执行的过程，罪犯劳动不可能成为纯粹的自由劳动。因此，罪犯劳动中只要罪犯的劳动权得到实现，那么，刑罚权也必然同时得到实现。

2. 罪犯劳动权的实现不能充分体现其受益权和社会权属性

劳动者通过劳动获得应有的劳动报酬和其他收益，是劳动权的核心内容。罪犯劳动由于具有惩罚性，因此，即使罪犯实现了“狱内就业”，也不能获得与一般劳动者相同的劳动报酬和其他经济收益，这是刑罚权在罪犯劳动中的体现，也是刑罚权对罪犯劳动权制约的体现。随着市场经济的不断发展，公民劳动权及其实现对社会经济和秩序的影响越来越大，公民劳动权实现过程中的障碍和不利因素也越来越多。为了整个社会的利益，也为了公民劳动权的充分实现，在公民个人行使自己劳动权的同时，国家必须对公民劳动权的实现进行干预和保护，劳动权的社会权属性日益突出。罪犯的劳动权也是劳动权，也具有社会权属性，国家也应对罪犯劳动权的实现进行干预和保护，以充分实现罪犯的劳动权。但是，由于刑罚权和罪犯劳动权的实现，全部或部分需要国家来实施或帮助，且都要在罪犯劳动过程中来完成，加之刑罚权和罪犯劳动权之间天然存在矛盾，国家在此必然处于两难境地。罪犯劳动权的实现程度过高，必然会影响刑罚权的实现程度，而刑罚权的实现及其扩张，也必然会影响罪犯劳动权的实现程度。若从刑罚权与罪犯劳动权的关系进行衡量，国家必然要把刑罚权的实现放在首要位置，在刑罚权得到必要程度实现的前提下，才能创造条件最大限度地实现罪犯的劳动权。在国家强制有劳动能力的罪犯参加劳动，限制罪犯的劳动自由，扣除罪犯必要的劳动报酬等刑罚制度存在和实施的前提下，监狱（企业）和罪犯之间不可能建立一般意义上的劳动合同关系，并完全实现罪犯的劳动权，国家也不可能要求监狱企业实施社会统一的劳动基准和劳动保障制度，罪犯也不能以监狱（企业）侵犯其劳动权为由向人民法院提起诉讼。罪犯劳动中的相关权利的实现之所以不能得到国家的充分保障，就是因为国家同时要在罪犯劳动过程中实现刑罚权。一定条件下刑罚权实现的条件，恰好是对罪犯劳动权的否定和限制，在实现刑罚权的前提下，国家不可能充分保障罪犯劳动权的实现，刑罚权和罪犯劳动权及其保障，一定程度上存在此消彼长的关系，国家对罪犯劳动权的保障，必然以不危害刑罚权及其实现效果为前提。所以，罪犯劳动权的实现不能充分体现其社会权属性。

3. 罪犯劳动权的实现不能充分体现其自由权属性

“……在内涵上劳动权既是一种受益权，也是一种自由权。”[1] 对普通公民而言，“劳动权实际上应被视作是一种自由

---

［1］ 刘嗣元. 论市场经济条件下公民劳动权的实现［J］. 法商研究，1995(5)：4.

［2］ 陈学超，杨春福. 劳动权性质论［J］. 南京社会科学，2004（3）：64.

权。"[2]因此，劳动权的实现以公民个人拥有人身自由为前提。这样，在劳动权的实现过程中，公民才能充分发挥个人的主观能动作用，充分体现个人的主观意志。普通公民可以根据自己的主客观条件选择合适的就业地区、就业部门、就业企业和就业岗位等，普通公民也可以选择就业时间以及是否就业，就业之后还可以辞职转换工作单位，使自己的劳动技能得到最大限度的发挥，实现个人收入最大化。监狱服刑罪犯是失去了人身自由的特殊公民，他们的劳动带有刑事强制性。罪犯虽然有劳动的权利能力，但其劳动的行为能力却受到限制，在刑罚权实现的前提下，罪犯劳动权实现的空间被大大压缩。罪犯是否参加劳动实现就业，不完全取决于个人的意志，根据刑事法律的规定，有劳动能力的罪犯必须参加劳动，这样，劳动就更多地体现为罪犯的服刑义务。在此，罪犯没有是否劳动的主观选择权，也没有不履行劳动义务的权利。罪犯不仅在是否就业方面不能进行个人选择，也不能根据个人的意志转换就业岗位。罪犯与监狱企业之间不存在劳动合同关系，所以不存在解除"劳动合同"和"辞职"等问题，这样，罪犯就不能离开监狱企业而到其他监狱企业"就业"，也不能离开监狱企业到一般社会企业就业。因为罪犯到监狱服刑是刑事法律强制作用发挥的结果，而不是罪犯个人主观意志选择的结果，而监狱组织罪犯到监狱企业劳动，也是刑事法律的强制性规定，与罪犯个人意志无关，罪犯与监狱企业之间不存在劳动法意义上的劳动合同关系。对于罪犯而言，劳动权的自由权属性受到了刑罚权的实质性制约。在劳动权的实现方面罪犯如果能充分发挥个人主观意志的作用，那么，罪犯就等于有了人身自由，而这与刑罚尤其是监禁刑本身又是矛盾的。有刑罚权的存在，国家对罪犯的意志就必须得到充分体现，罪犯劳动权及其实现过程中的个人意志也就必然要受到限制。

三、罪犯劳动权实现的条件和途径

刑罚权与罪犯劳动权的并存，以及刑罚权对罪犯劳动权的制约，使得罪犯劳动权的实现具有一定的特殊性，这一特殊性又决定了罪犯劳动权实现的特殊条件和途径。

1. 罪犯劳动权的实现要依靠国家直接提供物质条件

任何权利的实现都需要相应的物质条件，“如果某项权利不具有实现的社会条件，那么即便是法律明文规定，公民也不可能实际地享有该项权利”[1]。罪犯劳动是国家刑罚权的实现过程，因此，通过罪犯劳动实现国家刑罚权所需要的经费，属于国家的刑罚执行费用，应由国家财政无偿提供。对此，《监狱法》第八条就明确规定：“……国家提供罪犯劳动必须的生产设施和生产经费。”没有相应的物质条件，国家的刑罚权则无法在劳动过程中得以实现。若从一般意义上讲，罪犯劳动也是罪犯劳动权实现的过程，要实现罪犯劳动权，就必须组织罪犯劳动，而罪犯劳动的开展必须有相应的物质资料。作为劳动者若缺乏生产资料，那么，要实现就业就必须由其他主体来提供生产资料。这样，劳动者才有可能实现就业。罪犯在监狱服刑，不能将生产资料等物品带到监狱，罪犯也不能直接支配属于自己的生产资料以开展生产活动。纯粹以赢利为目的的企业，也不能直接为罪犯提供生产资料，并组织罪犯劳动。因为管理罪犯是监狱人民警察的法定职权。监狱虽有权利也有义务组织罪犯劳动，但监狱缺乏实现罪犯劳动权所需的物质资料。在其他主体无权提供而监狱又无法提供的条件下，罪犯劳动权实现所需要的物质条件即生产资料，只能由国家提供，国家以刑罚执行者和生产资料所有者的身份强制罪

---

[1] 杨征军. 罪犯权利新探 [J]. 北京市政法管理干部学院学报，2002 (4)：22.

犯作为劳动力，从而实现罪犯与生产资料的结合。由于罪犯劳动权的实现过程，同时也是刑罚权实现的过程，因此，无论从刑罚权实现还是罪犯劳动权实现的角度看，国家都必须提供相应的物质条件。

2. 罪犯个人必须有积极的劳动权实现意愿和行为

权利的实现除需具备一定的社会条件之外，权利主体还必须有相应的行为能力和意志选择。"……当公民无行为能力时，其权利就无法实现或者依赖他人的代理行为才能实现。"[1] 就劳动权的实现而言，监狱有劳动能力的罪犯的劳动权实现能力即行为能力是客观存在的，虽然它受到监狱行刑制度的限制。拥有实现劳动权的行为能力，是罪犯劳动权得以实现的前提条件之一。另外，劳动权的自由权属性决定了罪犯劳动权的实现，还必须以罪犯个人具有劳动权实现意愿和积极的劳动权实现行为为条件。劳动是劳动者直接与生产资料相结合以改变劳动对象的过程，劳动者自己在此过程中完全起着主导作用，其他外在因素都要通过劳动者的主观意识才能发挥作用。作为劳动者，罪犯才是劳动中的真正主体，罪犯的主观意识直接决定和影响劳动的实现及其效率的高低。罪犯在监狱服刑，完全是法律强制的结果，罪犯参加劳动一定程度上也是被迫行为。如果罪犯个人缺乏实现劳动权的意愿，那么，罪犯劳动就会成为纯粹的刑罚执行活动，罪犯劳动中的权利成分就会消失，罪犯就有可能抗拒劳动或消极劳动，即使监狱（企业）给予罪犯一定的劳动报酬，这种劳动也不能视为罪犯劳动权的实现。罪犯个人有积极的劳动权实现意愿，并有要求实现劳动权的行为，即罪犯积极要求参加劳动、承担生产任务等，这样，罪犯的劳动权才有可能得到实现。因为只有有劳动的

---

[1] 杨征军. 罪犯权利新探 [J]. 北京市政法管理干部学院学报，2002 (4)：23.

意愿和积极行为，罪犯才有可能实现与生产资料的结合，才有可能把自己的劳动加于劳动对象之上，劳动才有可能得到实现并正常运行。如果罪犯抗拒劳动，那么，再强大的外部强制力量，也无法使罪犯劳动得以实现和运行。没有权利的实现意愿和积极的劳动行为，就没有罪犯劳动的存在，从而也就没有罪犯劳动权的实现。

3. 罪犯劳动权只能通过国家统一安排罪犯“狱内就业”的途径实现

在市场经济条件下，劳动者劳动权的实现与个人的自由意志和自我价值的实现紧密联系，其方式主要表现为：“通过以家庭联产承包的方式实现其劳动权；在法律允许的范围内从事个体经营和兴办私营企业；依靠劳动力市场的中介作用解决就业问题。”[1]公民劳动权的实现直接表现为劳动者与生产资料的结合，没有相应的物质资料的存在，劳动者劳动权的实现就失去了物质基础。而劳动者要实现与生产资料的结合，就必须符合生产资料所有者的意志和要求，劳动者的个人意志和要求也必须得到满足。由于罪犯是监狱行刑的对象，依据我国有关刑事法律的规定，只有监狱及其人民警察有权利直接管理罪犯，其他任何单位和个人都无权管理罪犯，从而任何企业和个人也无权雇用罪犯作为劳动力；监狱服刑罪犯也不能依据个人的意志去实现和他人的生产资料的结合；罪犯也不能和自己拥有的生产资料相结合实现自我就业；罪犯相互间也无权建立合伙企业以实现就业。这样，罪犯劳动权的实现在很大程度上取决于国家的意志。由于罪犯在监狱服刑，国家必须对其进行集体关押，在集体关押的前提下，国家不允许罪犯个人离开监狱到社会上就业，也不允许罪犯集体

[1] 刘嗣元. 论市场经济条件下公民劳动权的实现［J］. 法商研究，1995(5)：6.

联合到社会上就业，罪犯只能在监狱就业，而罪犯狱内就业就只能由国家提供生产资料，并统一安排罪犯集体就业，这是目前我国狱内罪犯劳动权实现的根本甚至是唯一途径。

四、罪犯劳动权实现存在的问题

长期以来，我国监狱工作的法治化处于较低水平状态，刑罚权与罪犯权利的关系理论上没有得到深刻的认识，实践中也未得到较好的处理。因而，作为罪犯权利重要组成部分的劳动权及其实现，也必然存在较多的问题。

1. 罪犯劳动权与刑罚权失去平衡

在刑罚权与罪犯劳动权的关系中，权利的砝码天然偏向于刑罚权，而刑罚的文明则表现为刑罚权与罪犯权利的关系逐渐走向平衡，权利的砝码不断向罪犯权利一方移动。在我国现实的监狱刑罚执行活动中，刑罚权与罪犯劳动权的关系已有了实质的改善，有关刑事法律间接承认了罪犯劳动权，并对罪犯劳动权的实现作了原则性的规定。比如，《监狱法》第七十一条、七十二条、七十三条就分别规定，监狱对罪犯的劳动时间，参照国家有关劳动工时的规定执行，罪犯有在法定节日和休息日休息的权利；监狱对参加劳动的罪犯，应当按照有关规定给予报酬并执行国家有关劳动保护的规定；罪犯在劳动中致伤、致残或者死亡的，由监狱参照国家劳动保险的有关规定处理。这些规定有利于罪犯劳动权的实现，有利于平衡罪犯劳动权与刑罚权的关系。但是，《监狱法》的上述规定毕竟只是从有利于刑罚权实现的角度出发的，给予罪犯劳动报酬等规定实质上是被当作激励罪犯改造的刑事措施和手段，而并没有明确规定罪犯享有劳动权以及监狱如何实现罪犯的劳动权。这样，罪犯虽然参加了劳动，但劳动更主要的是体现刑罚的规范和价值，刑罚权渗透于罪犯劳动的方方面面，罪犯的劳动权利并没有得到充分的体现。比如，罪犯劳动仍然具有超强的刑事强制性和约束力，在是否劳动方面罪犯没有任何选择权，劳动的个人权利属性在刑罚权面前显得微乎其微，必须劳动纯粹成了罪犯的服刑义务；罪犯只能按照监狱安排的岗位进行劳动，几乎没有选择和变更劳动岗位的权利；罪犯劳动报酬没有统一的支付标准、支付方式、用途和管理等规定，罪犯劳动的行刑属性，使得罪犯难以得到应有的劳动报酬，等等。在罪犯劳动方面，权利仍然向刑罚权方面倾斜，罪犯劳动权与刑罚权的关系仍然处于较严重的失衡状态，罪犯劳动权未能得到较充分的实现。

2. 国家未能完全尽到实现罪犯劳动权的责任

监狱服刑罪犯的劳动带有刑事强制性，因此，国家应当提供强制罪犯劳动的物质条件，以保证这种强制性劳动的正常开展。但是，在监企合一的体制下，国家没有充分提供罪犯劳动的费用，监狱的运行费用也主要由监狱企业直接提供。这样，强制劳动及罪犯劳动权实现的责任都推给了监狱，监狱自己组织罪犯劳动，监狱经营和管理监狱企业，监狱（企业）通过自筹资金、银行贷款等途径自我解决运行费用。在监企分开的监狱体制改革背景下，监狱的运行经费由国家财政保障已基本得到确定，但《监狱法》关于国家提供罪犯劳动的设施和费用的规定，仍然没有得到有效落实。初步从监狱分离出来的监狱企业，其运转费用仍主要依靠监狱企业自己解决。由于罪犯劳动的刑罚属性以及罪犯劳动力素质等因素的影响，监狱企业普遍经营困难，难以为监狱所有有劳动能力的罪犯提供充足的劳动岗位，少数罪犯缺乏狱内就业岗位，已实现狱内就业的罪犯就业质量不高，罪犯劳动权不能得到充分的实现。2003 年 3 月国务院发布的《国务院印发关于解决监狱企业困难实施方案的通知》（国发〔2003〕7 号）中指出，监狱企业只为 92 万名罪犯安排了生产劳动岗位，占押犯总数的 59.9%。这说明，监狱押犯中近 40% 有劳动能力的罪犯没有实现狱内就业，他们的劳动权没有得到实现。

3. 罪犯劳动权被严重侵犯

罪犯劳动权不仅由于刑罚权的制约而无法得到充分实现，而且较低程度实现的罪犯劳动权还经常遭到侵犯，这就进一步降低了罪犯劳动权的实现程度。由于罪犯劳动的经济利益始终和监狱及其民警的收入存在着一定的联系，因此，在刑罚权的掩盖下，罪犯的劳动权就经常遭到侵犯。根据有关学者对部分省市罪犯的问卷调查情况来看，实践中罪犯劳动权在很多方面遭到不同程度的侵犯。

《监狱法》虽然规定了罪犯的劳动时间要参照国家有关劳动工时的规定，但实践中罪犯加班加点的现象却经常存在，由于《监狱法》第七十一条关于监狱“在季节性生产等特殊情况下，可以调整劳动时间”的规定具有瑕疵，这就“为实践中许多监狱任意延长罪犯劳动时间找到了借口”[1]。司法部 1995 年 6 月印发了《关于罪犯劳动工时的规定》的通知，该通知中规定，罪犯每日劳动 8 小时，平均每周劳动不超过 48 小时。1997 年 5 月 1 日，我国调整了职工工作时间，由过去的每日工作 8 小时，每周工作不超过 44 小时，调整为每周平均工作 40 小时。实践中，监狱并未对罪犯每周的劳动时间作出相应调整，罪犯每周的劳动时间远远超过国家规定的职工周劳动时间[2]。

[1] 罗慧连．论罪犯的劳动权［J］．安康学院学报，2007（4）：39.

[2] 陈振斌．监狱服刑罪犯劳动权力的确认与保障［J］．安徽警官职业学院学报，2005（4）：64.

表 1

问：你每天劳动超过 8 小时吗？

答：①是的；②有时；③没有；④其他

回答选项	频 率	比例（%）
未选	65	5.3
1	388	31.5
2	440	35.8
3	312	25.4
4	20	1.6
1、2	4	0.3
2、3	1	0.1
总计	1230	100.0

资料来源：唐长国. 试论罪犯劳动权的缺损与救济［J］. 犯罪与改造研究，2007（8）.

问卷调查显示，被调查罪犯认为自己每天劳动超过或有时超过 8 小时的，占被调查罪犯的比例达 67.3%，这说明罪犯劳动超时的现象是存在的。另据我们了解，个别监狱罪犯每周劳动时间长达 7 天。

在监企合一的体制下，监狱的经费大部分直接来自于罪犯劳动收入，监狱人民警察的经济待遇也与罪犯劳动的经济效益直接挂钩，这样，在罪犯劳动收入的分配中，罪犯的劳动报酬往往被压低到了最低限度，有的监狱象征性地每月发给罪犯十几元的劳动报酬，有的监狱甚至不支付罪犯劳动报酬。现实中，"……民警队伍中的各级领导在劳动生产上不遗余力绞尽脑汁，挖空心思地迫使罪犯加班加点，其内心真正的驱动力是倾斜的'政绩'观念，说穿了就是为了多拿将金，产值多利润高，奖金必然多"[1]。在目前公务员津贴补贴规范后，监狱民警收入与罪犯劳动效益的关联性虽已大大降低，但二者并没有"一刀两断"，罪犯劳动报酬被克扣的制度因素仍然存在。

罪犯在劳动中发生伤亡事故后，只能按照司法部2001年1月制定并发布的《罪犯工伤补偿办法（试行）》的有关规定给予罪犯一定的"补偿"，而不能按照2004年1月1日国务院颁发的《工伤条例》的有关规定进行赔偿，《补偿办法》规定的标准滞后且较低，罪犯劳动权被侵犯的状况由此可见一斑（见表2）。

表2

问：在劳动中受伤或致残的话，监狱会不会给予经济补偿？

答：①会；②很少一点；③不会；④其他

回答选项	频　率	比例（%）
未选	50	4.0
1	532	43.3
2	260	21.1
3	225	18.3
4	161	13.1
1、2	1	0.1
3、4	1	0.1
总 计	1230	100.0

资料来源：唐长国．试论罪犯劳动权的缺损与救济［J］．犯罪与改造研究，2007（8）．

问卷调查显示，被调查罪犯中回答在劳动中受伤或致残监狱给予很少一点经济补偿、不会给予经济补偿和其他的，占被调查罪犯的52.5%，这说明罪犯劳动赔偿权仍然没有得到有效落实。

［1］ 韦圣凤，端木华．罪犯劳动改造面临的困境与出路［J］．犯罪与改造研究，2007（12）：18．

4. 罪犯劳动权缺乏立法保护和应有的救济

罪犯劳动所体现的关系比较复杂，既有人身权和财产权，也有刑罚权。而罪犯劳动权只在《监狱法》等刑事法律中作了原则性规定，《劳动法》及其有关民事法律并未涉及罪犯劳动权的实现问题，因而关于罪犯劳动权如何实现的具体法律规定仍然是一项空白。《监狱法》虽然有关于罪犯劳动权的间接规定，却没有规定罪犯劳动权的侵权责任条款。这样，罪犯劳动权极容易遭到侵犯，而且被侵犯的劳动权也得不到应有的法律救济。比如，监狱（企业）不支付罪犯劳动报酬或不支付罪犯应得的劳动报酬，罪犯却不能通过诉讼途径用法律手段来保护自己的权利；罪犯在劳动中发生伤亡事故后，罪犯或其亲属却不能向人民法院提起诉讼，人民法院也不会受理此类案件。2006 年江苏省刑满释放人员吴某（在监狱劳动中造成 7 级伤残）状告某监狱，原告要求某监狱根据《监狱法》第七十三条的有关规定，即“罪犯在劳动中伤致、致残或者死亡的，由监狱参照国家劳动保险的有关规定处理”，支付原告工伤赔偿金若干万元。南京市栖霞区人民法院受理本案后，经审查认为直接受理此案缺乏法律依据。同时原告在服刑劳动过程中因工受伤致残属实，应给予补偿。经法院做双方工作，双方进行庭外协商并达成和解协议，由被告给予原告一次性补偿。为此，原告向法院申请撤诉，法院经审查裁定准予原告撤诉[1]。虽然吴某最终得到了一定的工伤补偿金，但罪犯工伤赔偿权利司法救济途径缺失的状况却没有改变。有权利必有救济，缺乏救济的权利，其价值和现实意义是微乎其微的。

[1] 7 级伤残犯人出狱后状告监狱要求赔偿 8 万 [N]. 江南时报，2006 - 12 - 16。

五、充分实现罪犯劳动权的措施

“劳动权的实现是宪法和法律确认的劳动权转化为现实中劳动者实际拥有的劳动权。……宪法对劳动权的意义并不在于它的确认方面，而在于劳动权的实现，如果宪法中的劳动权不能得到实现，那么，宪法对该权利的确认就没有什么意义。”[1] 同样，对于在监狱服刑的罪犯而言，其特殊劳动权的实现才具有现实意义。

1. 建立和完善罪犯劳动权的法律制度

(1) 必须在法律上将罪犯劳动权及其实现作出明确规定。《中华人民共和国宪法》虽然规定了公民有劳动权，但并没有明确规定罪犯有劳动权。《监狱法》虽然规定了监狱应当支付罪犯劳动报酬，给予罪犯必要的劳动保护，但这些规定都是从劳动是改造罪犯的手段的认识出发的，劳动并没有被视为罪犯的权利。罪犯的劳动权是一种特殊的劳动权利，《劳动法》中不可能规定罪犯的劳动权。因为《劳动法》是公私兼顾、以私为主的法律，“劳动关系自主化、合同化是私法性质的主要体现”[2]，罪犯和监狱（企业）之间是刑事法律关系，而不是一般劳动关系。而《监狱法》属于刑事法律，是公法性质的法律，不可能就（罪犯）劳动权问题作出实质性规定，涉及《劳动法》中具有公法性质的劳动基准和强行规范，《监狱法》只能授权监狱参照或按照国家劳动保险的有关规定执行。这样，罪犯劳动权的实现就缺乏直接可以适用的法律法规，监狱参照或按照国家有关劳动保险的规定执行，是一条没有明确标准的原则性规定，缺乏可操作

[1] 刘嗣元. 论市场经济条件下公民劳动权的实现［J］. 法商研究，1995 (5)：5.

[2] 赵敏. 罪犯劳动权的特殊性［J］. 河南司法警官职业学院学报，2005 (3)：9.

性，同时它又赋予监狱较大的自由裁量权，监狱在实现和保护罪犯劳动权的过程中，主观随意性的产生就不可避免，这不利于罪犯劳动权的实现和保护。罪犯劳动所体现的特殊劳动关系发生在罪犯和监狱企业之间，因此，国家应当制定监狱企业法，就罪犯劳动权及其实现、保护等问题作出明确细致的规定。该法应明确规定罪犯享有劳动权，监狱企业应当支付罪犯劳动报酬，并对罪犯劳动报酬的标准、支付方式、罪犯劳动时间、罪犯劳动保护、罪犯劳动保险、罪犯工伤及死亡赔偿等问题作出规定，从而使罪犯劳动权的实现有法可依。

（2）监狱企业法应就罪犯劳动权的救济问题作出明确规定。现行法律既没有明确规定罪犯享有劳动权，也没有规定侵犯罪犯劳动权的责任条款，这是导致罪犯劳动权实现不充分及保护不力的法律根源。监狱企业法应当规定罪犯劳动权的救济途径。当罪犯劳动权遭到侵犯时，罪犯有权向当地劳动部门提起特殊劳动仲裁，如果罪犯或监狱企业对仲裁决定不服，可向人民法院提起诉讼，人民法院应采用特殊程序对此类案件进行审理。罪犯劳动具有劳动的一般含义和功能，罪犯和监狱企业之间并非纯粹的刑事法律关系，二者之间的关系具有特殊劳动关系的性质，这种特殊的劳动关系应当受到保护，只有打破传统观念，改变监狱（企业）行为不可诉的法律现状，才能真正将罪犯劳动权的保护纳入法制轨道。

（3）要严格执法。监狱负有组织罪犯劳动的责任，监狱企业则直接担负提供罪犯劳动条件、管理罪犯劳动的责任，因此，罪犯劳动权的实现及其程度如何，与监狱和监狱企业密切相关。监狱和监狱企业只有严格执法，罪犯劳动权才能从法定权利转化为实有权利。

2. 国家应提供充足的罪犯“狱内就业”岗位

《监狱法》明确规定，有劳动能力的罪犯必须参加劳动。无论劳动是作为改造罪犯的手段还是作为实现罪犯劳动权的手段，其正常运行都必须具备基本的物质条件。为了使所有有劳动能力的罪犯都能够参加劳动，实现狱内就业，国家必须建立专门使用罪犯劳动力的特殊企业——监狱企业，只有监狱企业才能为罪犯提供劳动就业岗位。但是，由于受到多种因素的影响，监狱企业普遍经营困难，经济效益不佳，资产负债率高，无法为罪犯提供充足的劳动岗位，从而使得《监狱法》的上述规定不能真正得到落实。国家只有贯彻落实《监狱法》的规定，切实将罪犯劳动费用纳入刑罚执行费用之中，由国家财政予以满足，同时继续为监狱企业提供优惠经济政策，扶持监狱企业的发展，从而为罪犯提供充足的劳动岗位。这样，罪犯的劳动权才能得到实现。

3. 平衡罪犯劳动权与刑罚权的关系

在罪犯的服刑生活中，罪犯劳动占用的时间最多，依据司法部有关规定，罪犯每天劳动 8 小时，每周劳动 48 小时，已超过国家关于职工每周劳动 40 小时的规定。因此，对罪犯劳动中的刑罚权和劳动权关系的平衡，将直接影响罪犯劳动的效果。罪犯劳动实践中，刑罚权在各道环节都处于绝对统治地位，罪犯劳动权的空间被大大压缩。为了使罪犯的劳动更加接近普通社会劳动，必须逐步压缩刑罚权的作用空间，扩大罪犯劳动权的作用范围，以实现刑罚权和罪犯劳动权在罪犯劳动中的最佳平衡。

（1）应逐步减轻罪犯劳动的惩罚性。劳动权的本质在于劳动者通过就业能够获得与其劳动的质量和数量相当的劳动报酬，报酬权是劳动权的核心，罪犯劳动权的核心也在于此。因此，应进一步规范和落实罪犯劳动报酬制度，“应将劳动报酬给付的标准、原则、比例、用途、管理、发放等相关内容通过修改监狱法或制定一部完备的刑事执行法予以原则性规定，而在其实施细则中再进一步细化，使之具有可操作性”[1]。通过规范和完善罪犯劳动报酬制度，使《监狱法》有关罪犯劳动报酬的规定真正得到落实，使参加劳动的罪犯都能获得应得的劳动报酬。

（2）应给予罪犯适当的劳动自由权。罪犯劳动虽然具有刑事强制性，但并非以罪犯拒绝劳动为前提，经过改造大多数罪犯都愿意参加劳动。因此，监狱应改变以往强制分配罪犯劳动岗位的做法，给予罪犯在监狱企业范围内选择适合自己的劳动岗位的自由，对符合岗位技术要求和改造要求的罪犯，准予其调整劳动岗位。这样，罪犯劳动的强制性会有所淡化，自觉性会进一步增强，罪犯的劳动技能也会得到最大限度的发挥，劳动效率也会相应提高。重庆市渝州监狱自 2003 年开始推行《罪犯劳动改造竞争上岗制度》，罪犯劳动积极性普遍提高，抗拒劳动、消极劳动等现象基本消失，罪犯劳动管理的难度有所减轻，罪犯劳动的改造效益和经济效益都得到提高。之所以如此，就是因为该制度较好地处理了罪犯劳动中的刑罚权和劳动权的关系，在保持罪犯劳动的刑罚属性的前提下，使罪犯劳动的权利属性得到了进一步增强。

（3）要将罪犯劳动权的实现与罪犯减刑、假释等特殊权利的实现有机结合起来。对一般劳动者而言，获得应有的劳动报酬是其就业的根本目的。但对罪犯而言，人身自由的价值显然要高于劳动报酬，监狱（企业）仅支付罪犯劳动报酬还不能够充分调动罪犯的劳动积极性。只有将罪犯的劳动表现和贡献与劳动报酬和减刑、假释等刑事利益结合起来，才能全方位调动罪犯的劳动积极性。实践中，应加大劳动在罪犯考核中所占的比重，使劳动积极、劳动贡献大的罪犯获得更多的刑事利益，在罪犯劳动权实现的同时，使罪犯的减刑、假释等权利也得到实现，这样，罪犯劳动的刑事权利和劳动权利就得到了有机统一，劳动的惩罚程度就会进一步减轻，罪犯劳动的目的就得到了全方位的实现。

---

［1］ 王素芬．罪犯劳动报酬权之省思［J］．法学，2004（4）：41．

4. 罪犯劳动及其组织形式逐步社会化

罪犯劳动的形式也是影响罪犯劳动权实现的重要因素。目前，我国罪犯劳动过重的刑罚色彩，导致罪犯劳动只能由监狱（企业）进行组织和管理的单一封闭形式，这种封闭式的罪犯劳动天然地限制了罪犯劳动权的存在空间。必须在保持罪犯劳动基本的刑罚属性不变的前提下，打破罪犯劳动的封闭形式，逐步推行开放形式的罪犯劳动，在劳动方面给予罪犯更多的自由。首先，应进一步增强监狱企业的独立性。监狱企业可以保留其国有企业性质，并且必须使用监狱的罪犯作为劳动力，但应赋予监狱企业一定程度的罪犯劳动力选择权，符合监狱企业要求的罪犯必须和监狱企业订立特殊的劳动合同，监狱企业应满足罪犯在劳动权利方面的合理要求，并依法支付罪犯劳动报酬，给予罪犯劳动保护和劳动保险等待遇。罪犯和监狱企业劳动关系的逐步合同化，必然会增强罪犯劳动的权利属性，因而有利于罪犯劳动权的实现。其次，在监狱企业独立性逐步增强的前提下，应允许私人在监狱建立企业，雇佣罪犯劳动力，私人企业有权选择罪犯劳动力，罪犯也有权决定是否受雇于私人企业。雇佣罪犯劳动力的私人企业，应严格按照有关法律规定，和罪犯订立更具社会性的劳动合同，充分尊重罪犯的劳动权利。罪犯劳动及其组织形式的逐步社会化，是监狱行刑社会化的具体途径和表现，它使罪犯劳动更加接近一般社会劳动，罪犯劳动也将更多地受到劳动法律的保护，罪犯劳动权的实现也将会更加充分，罪犯劳动的改造效果也会更加突出。

（作者：高寒，浙江警官职业学院培训部副主任、教授）

参考文献：

[1] 周宝妹，郎俊义．论罪犯的劳动权［J］．政治与法律，2005（4）．

[2] 杨征军．罪犯权利新探［J］．北京市政法管理干部学院学报，2002（4）．

[3] 郑牧民．关于全面实现我国罪犯劳动报酬权的思考［J］．湖南公安高等专科学校学报，2007（1）．

[4] 翟中东．对“刑罚执行”法律定位的学理思考——兼论我国监狱法典的完善［J］．现代法学，2000（1）．

[5] 于慎鸿．罪犯权利的限制与保护［J］．河南社会科学，2006（4）．

[6] 周涛．关于发达国家罪犯劳动报酬制度的思考［J］．辽宁警专学报，2006（2）．

[7] 王全兴．就业权实现的劳动合同法保障——审视我国劳动合同立法的一种新视角［J］．中州学刊，2005（6）．

[8] 常凯．劳动关系·劳动者·劳权——当代中国的劳动问题［M］．北京：中国劳动出版社，2006：68．

[9] 范进学．市场经济条件下的劳动权论［J］．山东法学，1996（2）．

[10] 严励，刘志明．我国劳动权利刑法保护研究［J］．山西大学学报（哲学社会科学版），2002（3）．

试论我国监狱企业的社会责任[1]

监狱是国家的刑罚执行机关，它承担着惩罚和改造罪犯的基本职能。在我国，由于实行劳动改造罪犯的制度和政策，监狱对罪犯的改造必须借助生产劳动这一手段，罪犯劳动的过程，也是监狱对罪犯改造的过程。同时，罪犯在劳动过程中也是没有人身自由的，刑罚对罪犯的惩罚也体现在劳动过程中。这样，刑罚就和生产劳动紧密结合在一起，刑罚寓于生产劳动之中。由于刑罚的性质和监狱行刑的需要，罪犯必须集中关押，集体进行劳动，因而，罪犯劳动采用企业的组织形式，完全符合刑罚执行的内在要求，同时也符合市场经济的内在要求。因此，作为罪犯劳动的组织形式和载体，监狱企业对监狱有效执行刑罚，具有不可替代的作用。在市场经济体制不断完善的过程中，研究监狱企业的社会责任，有利于深刻认识监狱企业的本质，推动监狱企业的发展。

一、监狱企业的二元责任及其相互关系

（一）监狱企业的性质与责任

1．监狱企业的性质

企业是以利润为目标的经济组织，没有利润企业就不可能生存下去。社会现实中，企业之所以能够产生和发展，说明社会的

---

[1] 本文系 2007 年度浙江省哲学社会科学规划常规性立项课题（07CGFX021YBX）的阶段性成果。

存在和发展需要企业，而企业则通过承担应有的责任，发挥应有的功能，来满足社会对它的要求。企业是社会的细胞，它与社会的不同主体存在着广泛的利益关系，在这些利益关系中，企业既要实现自己的利益，也要满足其他社会主体的要求，即企业在其存在和发展过程中，必须对其他社会主体承担一定的责任。企业承担什么样的责任，取决于企业的性质。而企业对自身责任的履行程度，则与社会的发展水平有关。从企业的产生理由和功能来看，企业首先是一家具有生产功能的营利性组织，这是企业的本质属性。没有生产功能，企业就不可能产生，"……企业不仅是一个交易单位，更是一个生产单位"[1]。企业不仅要生产，更要盈利，没有盈利，企业就不能生存和发展。所以，从经济角度而言，企业必须承担经济责任，即企业必须以利润最大化为目标，为实现股东的经济利益负责。同时，企业又是一个社会组织，它不可能在不顾及其他社会主体利益的前提下得以生存和发展。企业的社会属性，决定了它必须承担相应的社会责任，即企业"…在谋求股东利润最大化之外所负有的维护和增进社会利益的义务"[2]。对一般企业而言，经济责任及其履行，对企业的生存和发展起着决定性作用，而社会责任及其履行，对企业的存在和发展起着保障和促进作用。

监狱企业是存在于我国刑事司法领域的特殊企业，它的产生和发展既有经济的原因，也有政治和法律原因。在我国，监狱企业产生于20世纪50年代，当时监狱关押着近百万罪犯，从经济角度来看，国家财力匮乏，不可能拿出大量的资金来维持监狱的运转。因此，监狱生存所需要的费用就只能通过监狱组织罪犯劳

[1] 邢乐成，王军. 企业的性质及其内部权利分配［J］. 新华文摘，2001(12)：46.

[2] 卢代富. 企业社会责任的经济学与法学分析［M］. 北京：法律出版社，2002：96.

动进而通过建立监狱企业（当时称劳改企业）来解决，这是监狱企业产生的经济背景和原因。同时，监狱企业的产生还有其特殊的政治背景和原因。从新中国成立初期的政治形势进行分析，仅仅通过建立监狱企业、从经济上解决监狱的生存问题是远远不够的。为了巩固政权，监狱还必须对在押犯（当时主要是反革命犯）进行改造，以减轻对新生政权的威胁。因此，建立监狱企业也是劳动改造罪犯的政治需要。随着我国社会的不断发展，监狱企业存在和发展的背景和理由发生了变化，监狱企业的性质也因此更加稳定和明确。在我国经济发展、财政有能力养活监狱的背景下，监狱企业存在的经济理由，就由原来的解决监狱的经费困难，变为开发和利用罪犯劳动力资源。在加强社会主义法制建设的背景下，监狱企业存在的理由，就由过去的在政治上发挥专政工具的作用，而转变为在法律上发挥通过劳动来惩罚和改造罪犯的功能。监狱企业存在的背景尤其是理由的变化，反映出社会对监狱企业的要求以及监狱企业自身的功能都发生了变化。在市场经济体制条件下，社会不能要求监狱企业承担养活监狱的责任，因为这属于政府的责任，因而监狱企业不能再将创造物质财富或利润作为自己的主要功能和目标，更何况监狱企业不可能依靠实现这一功能和目标而求得生存，在劳动中改造罪犯应该成为监狱企业的主要功能和目标。监狱企业功能和目标的变化，决定了监狱企业的性质也必然发生变化；而监狱企业性质的变化，决定了监狱企业应当承担的责任也会发生变化。监狱企业不再是一家以利润为主要目标的经济组织，而是一种以劳动改造罪犯的社会效益为主要目标的特殊企业。

2. 监狱企业的经济责任

监狱企业是由国家建立的、以罪犯为主要劳动力的特殊企业，而罪犯之所以成为监狱企业的劳动力，则是刑事法律强制的结果，这就决定了监狱企业不是真正市场意义上的企业。作为市场意义上的企业，它“无非是……各种人力资本与其他非人力资本之间的一个市场合约”[1]，从经济角度而言，由于监狱企业对其所需的劳动力没有选择权，依据我国刑事法律的规定，它只能吸收由监狱提供的罪犯作为劳动力，这样，监狱企业就内在地缺乏选择劳动力这一企业最主要的经营自主权，因此，监狱企业不可能做到自主经营、自负盈亏，也不可能按照市场原则把利润最大化作为自己的目标。由于不能以利润最大化为目标，所以，监狱企业就不可能承担与一般企业同样的经济责任并受到同样的约束，但是，这并不意味着监狱企业本身不存在需要承担的经济责任。罪犯劳动力也是一种资源，国家将其投入到监狱企业，必然包含着开发和利用这一资源，并创造一定效益的经济目的和要求在内。如果监狱企业不依据市场原则有效地开发和利用罪犯劳动力资源，那么，这部分资源就会被白白浪费，国家建立监狱企业也就失去了经济意义。因此，监狱企业必须在国家为其提供罪犯劳动力资源的前提下，最大限度地对其进行开发和利用。同时，监狱企业也要对国家以不同方式投入到其内部的非人力资源有效地加以利用，以创造必要的经济效益。由于监狱企业的建立和运行需要投入和消耗一定的经济资源，因此，监狱企业对其投资者承担一定的经济责任，是由它作为企业的一般性质决定的。

3. 监狱企业的社会责任

作为特殊企业，监狱企业承担的经济责任是有限的，但是，监狱企业在履行这一责任的过程中，也要使用劳动力，也要组织生产经营活动，也需要其他企业和社会组织等主体为其提供产品和服务，其产品也要适应市场需要，满足消费者的需求，这些主体为监狱企业运行的全过程提供服务和保障，其行为与监狱企业

[1] 周其仁. 市场里的企业：一个人力资本与非人力资本的特别合约 [J]. 经济研究，1996 (6)：75.

履行经济责任存在着直接的关系，是监狱企业的利益相关者。因此，监狱企业在追求经济利益、履行其经济责任的过程中，必须为这些利益相关者负责，保障和维护其利益，这是监狱企业应当承担的社会责任。从社会的角度来看，监狱企业所体现的主要是它的非经济组织的性质和价值，因此，监狱企业不仅要承担一般的社会责任，还要承担一般企业根本不存在，但对监狱企业却是十分重要的社会责任，这一特殊的社会责任与监狱的刑罚执行活动存在着密切的关系。

从历史和现实来看，监狱企业并不是依据经济法则而产生的，国家建立监狱企业并不是国民经济发展的需要，以罪犯为劳动力的企业不可能有比一般企业更高的劳动生产率和市场竞争力，这是由罪犯劳动力及监狱企业的性质内在决定的。对于在监狱服刑的罪犯而言，其刑事法律身份是根本的，罪犯虽然也具有特殊劳动力的身份，但特殊劳动力的身份必须服从其刑事法律身份，后者影响和制约着前者。因此，对国家而言，惩罚和改造罪犯的法律价值是本源，开发和利用罪犯劳动力资源的经济价值是派生的，前者的价值要远远大于和优先于后者。正因为如此，国家建立监狱企业，主要依据的是刑事法律的规定和要求，而不是民商法律和经济法律的要求；国家赋予监狱企业的根本任务是为罪犯提供劳动岗位，在劳动中改造罪犯，而不是发展监狱经济，创造更多利润。从上述分析可知，国家给监狱企业提供了特殊的劳动力——罪犯，国家赋予了监狱企业协同监狱在劳动中惩罚和改造罪犯的职责，监狱企业因此也就具备了惩罚和改造罪犯的功能，这一功能决定了监狱企业是一家以改造罪犯为主要目标的特殊企业。监狱企业的这一特殊性质，决定了它除了对投资者承担一定的经济责任和基本的社会责任外，还要承担更为重要的社会责任——协同监狱在劳动中对罪犯进行惩罚和改造。

（二）监狱企业的经济责任和社会责任的关系

企业产生和发展的历史告诉我们，企业之所以能够产生并不断发展，主要是经济因素作用的结果。按照马克思主义经济学的原理，如果没有人们对物质资料的需求及其生产活动，如果没有社会分工及社会化大生产，企业这种经济组织就不会产生，而按照科斯的企业理论，只要市场交易费用为正，企业就会出现，这两种理论虽有较大区别，但共同之处在于它们都承认企业是一种创造并追求经济利益的组织，企业发展史也充分证明了企业组织的经济性质。因此，经济性质是企业的基本属性，它决定了为投资者（股东）谋取最大限度的经济利益这一经济责任，必然是企业的基本责任，只要企业出现，它必然要承担应有的经济责任，不承担经济责任的组织必然不是企业，企业与其经济责任是同时产生的。随着企业对经济利益的追逐及其获得的经济利益的增加，企业的规模才不断地扩大，企业对社会的发展和进步发挥着越来越大的作用，这时，企业必然会产生新的除经济功能以外的社会功能。作为经济组织，企业的社会影响日益扩大，社会价值日益增加，社会对企业的要求也日益提高，企业的社会责任也就自然得以产生。承担一定的社会责任是企业发展到一定阶段的产物，社会责任是在企业经济责任这一基本责任基础上派生出来的，是企业的派生责任。作为自负盈亏的经济组织，企业只有在充分履行其经济责任的基础上，才能谈到履行其社会责任。因为企业社会责任的履行，必须具备一定的经济条件，如果企业不能发挥其经济功能，不能实现其正常运转，企业就会破产倒闭，也就无从谈及它的社会责任问题。监狱企业是特殊企业，其经济责任和社会责任的关系，与一般企业有较大的区别。

1. 经济责任和社会责任产生的同步性

监狱企业不是典型意义上的企业，在其产生的过程中，经济因素虽然发挥了一定的作用，但起决定性作用的因素却是政治和法律因素。前已述及，罪犯的刑事法律身份决定了把罪犯作为劳动力的监狱企业，必然要承担在劳动中惩罚和改造罪犯的职责，把罪犯改造成为能自食其力的守法公民所体现出的政治法律价值，远远大于把罪犯当做劳动力使用所创造的经济价值，《中华人民共和国刑法》和《中华人民共和国监狱法》（以下简称《监狱法》）关于有劳动能力的罪犯必须参加劳动的法律规定，也证明了国家强制罪犯劳动的目的和价值在于政治和法律方面。只要存在强制罪犯劳动的刑事法律制度，监狱企业就可能产生。监狱企业产生后，它就内在地具有在劳动中改造罪犯的职责，在运行中也必然要发挥劳动对罪犯的改造功能。若没有强制劳动存在，组织罪犯劳动的企业就变成了一般意义上的企业，而不是所谓的监狱企业。协同监狱运用劳动手段惩罚和改造罪犯，是国家建立监狱企业的目的之一，因而它必然是监狱企业的天然责任，并且是最主要的社会责任。透过监狱企业的特殊性可以看到监狱企业与一般企业的共性，即监狱企业也具有经济属性，也要追求经济利益，从而也要为投资者承担使其资产保值和不断增值的经济责任。罪犯拥有劳动力资源，强制罪犯劳动，从一个侧面看，就是在开发和利用罪犯劳动力资源，这一特殊的经济活动的开展也要消耗其他有限的经济资源，也要按经济规律办事，节约资源，降低消耗，增加效益。因此，承担经济责任也是监狱企业的天然责任，它与监狱企业的社会责任是同时产生的。

2. 相对于经济责任而言，社会责任是监狱企业的主要责任

作为企业，只有当它履行了一定的责任，其自身才能得以生存和发展，而不同的责任及其履行程度，对企业的生存和发展的影响程度是不同的。作为一般意义上的企业，其经济责任的履行及其程度，对其自身的生存和发展起着关键性作用。监狱企业不是一般意义上的企业，其存在的主要价值不在经济方面，而在法律方面。因为罪犯及其劳动的性质，决定了经济因素不能决定监

狱企业的命运。否则，监狱企业的存在本身就是一种悖论。让一家不完全按照经济法则组建的企业，完全按照经济规律的要求运行，其本身就存在着内在的逻辑矛盾。由经济因素决定监狱企业的命运，其实质就是把监狱企业视为一般企业，就是要让监狱企业把利润作为主要目标。然而，由于监狱企业在要素方面存在先天性缺陷，在市场竞争中绝大多数会以失败告终。单纯从经济角度考虑，与其将宝贵的经济资源配置到经济效益较差的监狱企业，还不如取消监狱企业，让经济资源在一般企业发挥更大的作用，取得更好的经济效益。实践中，经济效益较差的监狱企业之所以必须并且能够存在，说明监狱企业存在的主要价值不在经济方面，经济责任也就自然不成其为监狱企业的主要责任。国家建立监狱企业，为其配置一定的经济资源，就是为了让监狱企业实现相对于经济效益而言更为重要的目标，这一目标就是改造罪犯的社会效益目标。一般企业由于利润最大化是其主要目标，将罪犯作为劳动力资源投入到这些企业，可能会取得更好的经济效益，但罪犯在这些企业无法保证能得到有效改造，因为这一目标与企业的利润目标存在着矛盾，更何况改造罪犯的社会效益目标能否实现，并不影响企业的生存和发展。监狱企业不以利润为主要目标，在实现改造罪犯这一社会效益目标方面，有着一般企业所没有的优势，是其他企业不能代替的。所以，国家才将运用劳动手段改造罪犯的特殊职责赋予了监狱企业，因而履行改造罪犯等职责必然成为监狱企业的社会责任，监狱企业只有将其作为自己的主要责任并认真加以履行，才能真正实现国家建立监狱企业的价值和目标，监狱企业也才有必要存在，并因此也才能得以生存和发展。

3. 履行经济责任是履行社会责任的前提和基础

我国刑事法律理论研究和实践证明，生产劳动是监狱改造罪犯最基本的手段之一，但是，这一手段的运用有一项前提，即罪犯劳动的组织和运行必须按照经济规律办事，受经济法则的制约。因为生产劳动在本质上是创造财富的经济活动，监狱是在借助于生产劳动的机制和功能改造罪犯，若违背经济规律，就没有监狱企业在经济意义上的正常运行，这一手段就不能得到正常运用，运用这一手段的目的就不可能得到有效实现，甚至无法实现。不服从经济规律，就无法有效履行经济责任，纯粹依靠刑事法律强制罪犯劳动，这样的监狱企业也可能能够存在并运行，但它无法取得良好的经济效益，罪犯在这种违背经济规律的生产劳动过程中，无法得到真正的改造。这样，监狱企业不但不能很好地履行改造罪犯这一主要的社会责任，也不能正常地履行其他社会责任。监狱企业是组织罪犯进行生产劳动的法人单位，因此，从生产项目的选择、生产经营活动的组织与管理、产品的营销等方面，都必须服从市场法则，这样，监狱企业才可能得以正常运行和发展，生产劳动这一手段也才能够存在并可能发挥改造罪犯的功能。所以，监狱企业履行其社会责任，首先必须认真履行其经济责任。

4. 经济责任和社会责任的履行，都要以国家提供相应的物质条件作保障

一般企业履行其社会责任，需要有相应的物质基础作保障。企业无论是对其员工、企业的供应商、消费者，还是对企业所在社区承担社会责任，都建立在一定的物质条件或物质利益的基础上，不为这些主体负责，不维护和尊重其利益，企业自身的经济利益会受到直接的影响，因而，这些主体都是企业的利益相关者。企业只有赢利了，才能拿出一定的资金去履行为它的利益相关者所承担的社会责任，否则，企业为它的利益相关者负责就是一句空话。而企业履行保护环境、支持社会公益事业等责任，更离不开一定的物质基础。企业履行社会责任所需的物质条件，必须由企业自己来提供，否则，履行社会责任的就不是企业而是其

他社会主体。企业只有按经济规律办事，充分履行其经济责任，才能提供履行社会责任所需要的物质条件。无论是履行社会责任还是经济责任，其主体都是企业自身。监狱企业履行经济责任和社会责任则有所不同。监狱企业所承担的为罪犯提供劳动岗位，并在劳动中改造罪犯的特殊责任，是国家赋予的职责，因此，这一社会责任的履行，必须由国家提供一定的物质条件作保障。监狱企业履行其他社会责任所需要的物质条件，也建立在监狱企业充分履行其经济责任的基础上。但是由于监狱企业承担着必须使用罪犯劳动力并在劳动中改造罪犯的社会责任，监狱企业就天然不具有选择劳动力这一企业最主要的经营自主权，也就不可能充分遵循经济规律，因而也不可能充分履行其经济责任，再加上罪犯劳动力素质差，监狱企业经营活动直接受到监狱刑罚执行活动的影响，监狱企业的经济效益必然是低下的，甚至在努力经营的情况下，监狱企业可能仍然处于亏损状态。处于微利或亏损状态的监狱企业，难以充分履行社会责任。监狱企业自身不能充分履行其经济责任，从而导致社会责任也得不到充分履行。为使监狱企业能充分履行其承担的社会责任，尤其是劳动改造罪犯的特殊责任，国家必须为监狱企业提供一定的物质条件，即国家必须提供罪犯劳动的设施和费用，弥补监狱企业的亏损，以保证监狱企业即使在微利甚至亏损的情况下，也能够正常运行，从而使监狱企业所承担的在劳动中改造罪犯的社会责任及其他社会责任得以履行。总之，监狱企业经济责任和社会责任的履行，都与国家刑事法律的执行有关，监狱企业不能完全独立地履行这些责任。

二、监狱企业履行社会责任的现状

罪犯劳动的性质、罪犯劳动力的素质及监狱企业的主要社会责任等因素，决定了监狱企业的规模、产品档次和质量、利润率和利润量等，都处于市场上所有企业中的最低层次，监狱企业与供应商、消费者等发生经济关系的频率较小，程度较低，监狱企业对所在社区的影响较小，它也缺乏足够的经济力量去从事社会公益事业。因此，监狱企业的社会责任主要涉及与国家和罪犯劳动力之间的关系，与一般企业相比较，其他利益相关者与监狱企业的利益关联度并不大，不是监狱企业要承担的主要社会责任，为罪犯提供劳动（改造）岗位、在劳动中改造罪犯以及尊重和维护罪犯劳动力的合法权益，才是监狱企业要承担的主要社会责任。目前，由于受多种因素的影响，监狱企业社会责任的履行存在着较多问题，这直接影响着监狱企业的生存和发展。

（一）**社会责任和经济责任的关系本末倒置**

计划经济体制时期，我国的监狱和监狱企业合为一体，在国家无力为监狱提供运行经费的情况下，监狱企业自然地承担起了这一责任，这样，监狱企业就必须把经济效益作为自己运行的主要目标，在实现自我生存的基础上，完成为监狱提供运行经费的任务。改革开放后，监企合一的体制没有被打破，但监狱企业生存的外部环境却发生了根本性变化，国有企业实行政企分开，经营自主权不断扩大，乡镇企业和非国有企业蓬勃发展，所有企业在市场中运行，并展开了激烈的生存竞争。面对这一变化，在国家政策不明的情况下，监狱企业不得不走向市场，参与市场竞争。

为了在竞争中求得生存，实现利润目标，监狱企业将工作重心和主要精力都放在生产经营活动之上，在劳动中改造罪犯的目标被置于次要地位，在劳动中罪犯不是被主要当作改造的对象看待，而是主要当作劳动力加以使用，罪犯劳动的强制性也因此进一步增强，且这种强制性不是体现在改造方面，而是主要体现在经济方面，即强制罪犯劳动的主要目的是获得经济效益，使监狱企业尤其是监狱得以生存。在改造罪犯和创造利润这一双重责任并存，并由监狱企业独立承担的情况下，尽最大努力实现利润目标以充分履行其经济责任，是监狱企业的必然选择。因为改造罪犯目标能否实现，社会责任的履行程度如何，并不能解决和影响监狱企业的生存问题，更何况罪犯在劳动中的改造情况，没有一项客观的衡量标准，国家也没有用“劳动改造质量”作为标准去衡量和要求监狱企业，更没有将它作为决定监狱企业生死存亡的决定性因素。因而，罪犯在劳动中的改造情况不会对监狱企业构成强有力的约束，在劳动中改造罪犯这一社会责任对监狱企业的约束是软约束。相对而言，利润目标能否实现，对监狱企业的生死存亡则发挥着至关重要的作用。利润目标对监狱企业形成有力约束，追求利润这一经济责任对监狱企业的约束是硬约束。把监狱企业完全推向市场，让其独立承担自身的经济和社会责任，必然导致其社会责任和经济责任的本末倒置。责任的本末倒置，必然影响监狱企业的生存和发展。虽然国家也为监狱企业提供了一些优惠政策，但这些政策并不能改变监狱企业先天不足的缺陷，监狱企业并未因此而增强其在市场上的竞争力，其履行经济责任的能力也未得到增强。因而，现实中监狱企业既没有充分履行其经济责任，实现其经济目标，也没有充分履行社会责任，实现劳动改造罪犯的目标。

（二）监狱企业未能为有劳动能力的罪犯提供充足的劳动（改造）岗位

在劳动中改造罪犯是监狱企业最主要的社会责任，但履行这一责任的前提是监狱企业必须为有劳动能力的罪犯提供劳动（改造）岗位。没有劳动（改造）岗位，罪犯就不能进入劳动过程，实践中就不存在对罪犯的劳动改造问题。监狱企业只有为罪犯提供劳动（改造）岗位，罪犯进入到实际的劳动过程中，监狱企业才能谈到利用科学的、符合改造罪犯要求的管理制度和方法，对生产经营过程进行组织管理，调动罪犯的劳动（改造）积极性，充分履行劳动改造罪犯的社会责任。因此，为监狱中有劳动能力的罪犯提供充足的劳动（改造）岗位，也属于监狱企业社会责任的范畴。现实中，监狱企业由于经营状况不佳，导致其提供给罪犯的劳动（改造）岗位不能充分满足监狱对罪犯劳动（改造）岗位的需求，有劳动能力的罪犯未能全部进入劳动过程，这在经济落后的省份表现得尤为突出。这种状况既造成了劳动力资源的浪费，也使劳动改造不能得到充分实现。监狱企业之所以未能为罪犯提供充足的劳动（改造）岗位，并非为了追求更多的经济效益而不愿使用罪犯劳动力，而是监狱企业无法提供必要的劳动（改造）岗位。之所以如此，是由于监狱企业在与社会企业的竞争中处于下风，监狱企业尤其是工业性质的监狱企业，不可能生产出高质量、有很强市场竞争力的产品，从而不可能开展大规模生产并不断扩大生产规模，从经济方面形成对劳动力需求的不断增长。计划经济时期，监狱企业中也不乏大中型国有企业，但进入市场经济之后，绝大多数拥有自己主导产品的监狱企业陷入困境，或破产或转产，如今，投资少、规模小、技术要求低的劳务加工，成了监狱企业最主要、最普遍的生产项目，而劳务加工由于受地理环境、较大的市场风险等因素的影响，使得罪犯劳动（改造）岗位具有较大的不稳定性。即使为大多数罪犯提供了劳动（改造）岗位的监狱企业，也普遍存在人浮于事的现象，不但劳动生产率低下，劳动改造功能的发挥及其效益也处于低水平状态。

（三）罪犯劳动力在经济上的合法权益未得到充分尊重

“利益相关者”理论认为，股东只是利益相关者中的一部分，而劳动者、债权人等共同体则为另一部分“利益相关者”[1]。企业经理不只是为股东服务，也要为其他利益相关者服

[1] 崔之元. 美国 29 个州公司法变革的理论背景［J］. 经济研究，1996(4)：35.

务。在其他利益相关者中，劳动者与企业的关系最直接，与企业利益关系的关联度最大，因此，企业应当把尊重和维护劳动者的合法权益，当作自己最主要的社会责任并积极加以履行。有学者进一步指出，劳动者不仅是企业利益的相关者，而且“进入企业合约的基础就是他们各自对其拥有资源（包括人力资源）的产权”[1]，“人力资本可以被理解为天然赋予个人的资产”[1]。我国的“公有制企业制度否认了个人对其生产性人力资源的合法所有权。但是，它并没有消灭‘个人总是其人力资源天然的实际所有者和控制者’”[1]。监狱企业是我国公有制企业的特殊形态，它更不具有企业的合约性质，罪犯虽然在事实上是监狱企业的特殊劳动者，但在《监狱法》颁布之前，无论是政策法规还是客观实践，进入劳动过程中的罪犯，只是被当作劳动改造的对象看待，作为特殊劳动者，罪犯在经济方面的合法权益没有得到承认，罪犯没有劳动报酬[2]，也谈不到什么劳动保护和劳动赔偿问题。在罪犯劳动力的合法权益未得到承认的前提下，罪犯劳动的积极性难以得到充分的调动，因为罪犯可以控制和支配属于自己所有的人力资源，在个人人力资源产权得不到承认和保护、在不能满足自己利益要求的情况下，罪犯“个人可以凭借其事实上的控制权‘关闭’有效利用其人力资源的通道，从而

---

[1] 周其仁. 公有制企业的性质［J］. 经济研究，2000（11）.

[2] 学术界有一种观点认为，计划经济时期罪犯劳动是有报酬的，只不过是没有采取工资的形式，“罪犯在服刑期间主要以对某些实物或费用的实际享用……形式获取劳动报酬”。（参见：蒋少华，叶美德. 罪犯劳动改造价值的实现［J］. 浙江监狱，2006（3）：36. ）历史上我国一直实行的是罪犯劳动假定工资制度，虽然假定工资中有一部分用于罪犯的生活费用等开支，但这并不等于罪犯获得了劳动报酬。罪犯在监狱服刑，不论有无劳动能力，不论是否参加劳动，国家都必须提供其生活费用，这部分费用是国家执行刑罚的成本开支，与罪犯是否参加劳动无关，即使罪犯不参加劳动，国家也会以财政拨款的方式来解决罪犯的生活费用等开支。假定工资只不过是国家刑罚执行成本的一种来源途径和支付方式而已，并不是罪犯劳动报酬形式。

增加别人利用其人力资源的成本，降低人力资源的价值”[1]。实践中，罪犯抗拒劳动、消极怠工、出工不出力、自伤自残逃避劳动、故意破坏生产等行为，就充分说明在罪犯的人力资源产权得不到承认和保护的情况下，使用其人力资源的成本高，效益低。计划经济时期，虽然监狱企业普遍经济效益较好，但这并不能表明罪犯的劳动积极性得到了充分调动。因为这种经济效益是依靠国家的指令性计划和保护性政策取得的，并不直接和主要依靠监狱企业及其罪犯的自觉努力。进入市场经济时期之后，我国监狱企业与计划经济时期没有实质性改变，仍然承担着为监狱提供运行经费的责任。由于市场环境等因素的变化，监狱企业的市场竞争力相对下降，大多数监狱企业被迫退出原有产业领域，进入利润率更低、经济效益更差的劳务加工行业。由于监狱经费财政保障不足，以及监狱企业经济效益低下，使得《监狱法》所规定的给予罪犯劳动报酬的法律规定得不到落实。虽然福建省和北京市已自行开始实行罪犯劳动工资制度的试验，但我国绝大多数省份并未落实《监狱法》的上述规定，罪犯不但无偿参加劳动，而且“罪犯超时、超体力劳动现象普遍存在，部分罪犯每天劳动时间长达12小时，个别从事工艺品等手工劳动的罪犯劳动时间达到14小时”[1]。有的监狱企业为了获得经济效益，劳动保护措施不到位，降低劳动保护标准，罪犯劳动环境差，危险性大，严重地违反了国家有关法律规定，侵犯了罪犯的合法权益。作为特殊劳动力，罪犯的合法权益虽然遭到侵犯，却得不到法律的有效保护。若罪犯以监狱企业不支付劳动报酬为由，将其起诉到法院，法院也会以罪犯和监狱企业之间不存在《中华人民共和国劳动法》意义上的劳动合同关系为由而不予受理。实践中，

[1] 王林. 新时期劳动改造存在的问题及前瞻［J］. 监狱农场经济，2006(3)：5-6.

有的罪犯在劳动中致伤、致残，在与监狱（企业）发生赔偿纠纷后起诉到法院，法院不予受理的案件在全国已有发生。罪犯劳动的合法权益被侵犯又得不到法律的有效保护，导致如上所述一些罪犯害怕劳动、逃避劳动甚至抗拒劳动的现象发生。这些现象的发生，从一定意义上说明了监狱企业在运行过程中，没有充分履行为罪犯的利益负责的社会责任。

三、提高监狱企业履行社会责任能力的对策

（一）正确认识和处理经济责任与社会责任的关系

现实中，监狱企业在履行其承担的责任过程中，之所以出现本末倒置的问题，是由于人们在理论上对监狱企业认识不足，以及实践中对监狱企业不恰当的定位引起的。计划经济时期，有关监狱企业、监狱经济的理论研究处于空白状态，而实践中监狱企业由于较好地完成了经济任务——既养活了监狱，又为国家上缴了大量利税，国家因此将监狱企业定位为“地方国营企业”，因而人们自然地将监狱企业视为一般社会企业，这样，从理论上研究监狱企业的性质和运行目标等，就没有了必要。由于监狱企业在事实上按照一般企业的目标运行，发挥着一般企业的功能，因而在进入市场经济之后，监狱企业也就自然地被推入市场，追求经济效益也就成了监狱企业最根本的目标和要履行的最主要的责任。然而，在激烈的市场竞争中，监狱企业全面溃败，这就迫使人们必须从理论上对监狱企业进行研究，以揭示其本质。其实，监狱企业只是组织罪犯进行劳动的组织的一个外壳而已，借用这一外壳是为了实现罪犯劳动的经济利益，而罪犯劳动的社会效益不能通过市场并借助企业的外壳加以实现。监狱企业在本质上是劳动改造罪犯的组织，其企业性质主要体现在它所承担的社会责任方面，而不是经济责任方面。国家将有限的经济资源配置给监狱企业，并不是因为监狱企业在经济上能实现对这部分资源的最

佳利用，能创造出最大限度的经济效益，而是因为监狱企业利用这部分资源能创造出最大限度地改造罪犯的社会效益，否则，监狱企业就不会产生或者就会从市场上消失，市场经济条件下尤其如此。在此认识的基础上，国家应当改革监狱企业管理体制，使监狱企业从监狱中分离出来，成为相对独立的法人，不再直接承担为监狱提供经费的责任。同时，国家要把履行社会责任的情况作为衡量监狱企业绩效的主要指标，把为履行社会责任服务的情况，作为衡量监狱企业履行经济责任的尺度之一，避免监狱企业单纯追求经济效益而不顾社会效益，最终使监狱企业的性质、运行目标等真正得以复位。监狱企业的主要责任是社会责任，但由于经济责任的履行是其履行社会责任的前提和基础，因此，监狱企业必须在明确其主要责任和目标的前提下，最大限度地按照经济规律办事，否则，在经济目标不能实现、经济责任不能履行的情况下，社会责任的履行就会落空。

（二）**国家财政应提供罪犯劳动的费用**

如果从一般企业的角度考察，企业为社会提供的劳动就业岗位的数量，是一项处在不断变化中的不确定性因素。因为它决定于企业的规模和经营状况，而企业的规模尤其是经营状况，又取决于企业对千变万化的市场的适应情况。如果企业单纯以利润最大化为目标，以经济责任为主要责任，那么，企业在经营状况良好、需要扩大规模时，可能主要通过增加设备而不是增加劳动力的途径来实现；企业在经营不善时，也可能通过解雇工人的方式来保持较高的利润率。这样，企业提供劳动就业岗位就纯粹是一个经济问题，也完全由经济因素来决定。

监狱企业不是以利润最大化为目标的一般企业，它在为罪犯提供劳动（改造）岗位方面，与一般企业提供劳动就业岗位是不同的。罪犯参加劳动是刑事法律强制的结果，监狱企业为罪犯提供劳动（改造）岗位也与刑事法律有关。因此，监狱企业提供罪犯劳动（改造）岗位，不单纯取决于监狱企业的经营状况，也取决于刑事法律的规定以及监狱押犯中有劳动能力的罪犯的数量，监狱企业不能以实现利润最大化为理由，拒绝为有劳动能力的罪犯提供劳动（改造）岗位。这样，监狱企业实际所能提供的罪犯劳动（改造）岗位，在量的方面就由两项因素决定，一是经济因素，即监狱企业的经营状况；二是政策法律因素，即国家为监狱企业提供罪犯劳动费用的情况。现实中，监狱企业在提供罪犯劳动（改造）岗位方面，只有经济因素在发挥作用，而政策法律因素未发挥任何作用。依靠经济因素单独发挥作用，监狱企业难以保证能为罪犯提供充足的劳动（改造）岗位，因为监狱企业先天缺乏依靠自身经营活动求得生存的能力，监狱企业依靠经营活动所能提供的罪犯劳动（改造）岗位的数量，总是小于监狱依据刑事法律规定而提供的罪犯劳动力对劳动（改造）岗位的需求量，因此，让监狱企业自负盈亏，理论上违背了监狱企业的性质和目的，实践中必然导致罪犯劳动（改造）岗位供给不足的结果。为了使监狱企业能为罪犯提供充足的劳动（改造）岗位，除了监狱企业加强经营管理，最大限度地发挥经济因素的作用之外，还必须发挥政策法律因素的作用，即国家必须通过财政拨款的方式，给监狱企业提供罪犯劳动（改造）费用。对此，我国法律其实早有明确规定，《监狱法》第八条规定："……国家提供罪犯劳动必需的生产设施和生产经费。"只有将《监狱法》的这一规定实际加以落实，才能弥补监狱企业在提供罪犯劳动（改造）岗位方面的不足。

（三）将监狱企业的主要社会责任上升为法律责任

对一般企业而言，社会责任大多属于道德责任的范畴，其履行的状况如何，主要取决于企业的自觉程度，因而它对企业的约束力相对较弱。当企业社会责任的履行与否对社会产生较大的影响时，就有必要将其从道德责任层面上升到法律责任层面，以提高它对企业的约束力，促使企业在谋求自身经济利益的同时，更好地发挥其作为社会的一员所负有的增进社会利益的责任和功能。监狱企业是以社会责任为主、经济责任为辅的特殊企业，社会责任及其履行对其存在和发展起着决定性作用。如果让监狱企业在道德层面去履行社会责任，有可能造成其主要目的不能实现、性质发生改变的严重后果。其实，关于监狱企业的主要社会责任，在我国有关的刑事法律中已有原则性的规定，而这些规定都以监企合一为背景，其责任的指向是监狱，而不是监狱企业。在监企分开后，监狱企业相对独立存在，这些法律规定的适用问题就会产生，其本身可操作性差的弊端会更加严重。因此，将监狱企业的主要社会责任在更加合适的法律中加以明确规定，并增强其可操作性，是客观现实的需要。

1. 确立提供罪犯劳动（改造）岗位的主体

《监狱法》第七十条规定："监狱根据罪犯的个人情况，合理组织劳动……"这说明在监企合一的体制下，法律将为罪犯提供劳动（改造）岗位的职责赋予了监狱，因为没有组织罪犯劳动的权利，就不会有为罪犯提供劳动（改造）岗位的义务。当监企分开之后，为罪犯提供劳动（改造）岗位的职责事实上就转移给了监狱企业[1]。但是，由于监狱企业承担的这一责任，并没有得到相关法律的明确规定，《监狱法》的上述规定也不能直接用来规范和约束监狱企业，这就会导致为罪犯提供劳动（改造）岗位这一责任对监狱企业的约束发生软化，监狱企业有可能为了实现较大的经济利益而从市场上招聘一般劳动者，从而减少对罪犯劳动力的使用，即减少为罪犯提供的劳动（改造）岗位。虽然《国务院批转司法部关于监狱体制改革试点工作指

[1] 在监企合一的体制下，监狱虽然在法律上是提供罪犯劳动（改造）岗位的主体，但这一职责具体是由监狱企业来完成的。

导意见的通知》（国函〔2003〕15 号）中指出，监狱国有独资公司及其子公司或分公司是改造罪犯工作的组成部分，主要任务是为监狱改造罪犯提供劳动岗位。但是，这一通知只是国务院的行政文件，它赋予监狱企业的职责和任务不具有法定性，其约束力是有限的。为罪犯提供劳动（改造）岗位，直接涉及监狱的刑罚执行活动能否得以正常运行，因而需要从与刑事法律地位相对等的法律层面，明确规定监狱企业必须使用由监狱提供的罪犯劳动力，只有如此，才能保证其具有规范性、严肃性及必要的约束力。

2. 将劳动改造罪犯的规定具体化

劳动最原始、最基本的含义表现在它的创造物质资料的功能上，当人们在一定的生产关系下结合起来进行集体劳动时，劳动就会产生新的功能，即劳动对劳动者思想观念的改造功能。劳动组织要正常存在和运行，就必须有一定的制度来规范和约束其成员的行为，而其成员只有不断改变自己的观念和行为等，才能适应组织的要求，实现个人的目的。正因为劳动具有对人的思想观念的改造功能，我们才将罪犯组织起来进行劳动。但是，罪犯劳动仍然包含劳动最原始、最基本的功能和目的，因而，这种强制性的劳动不可能自然而然就能发挥对罪犯的改造功能，反而可能只单纯发挥其最原始的创造物质资料的经济功能。计划经济时期，所有的监狱（企业）都在组织罪犯进行劳动，但超时、超强度的劳动却成为普遍现象。超时、超强度劳动，不是为了惩罚罪犯，而是为了经济利益，劳动改造的功能自然就削弱了。市场经济时期，这种现象未得到根本改变，原因在于我们缺乏使劳动符合刑罚执行要求的法律制度和组织管理制度。没有这样一套特殊的法律制度，罪犯劳动必然会成为监狱企业只去适应经济法则要求的纯粹的经济活动。因此，在监企分开之后，为防止罪犯劳动单纯经济化倾向发生，就必须从改造罪犯这一刑罚制度的要求出发，制定出罪犯劳动的有关具体制度，并将其上升为法律。比如，除了将监狱企业确定为提供罪犯劳动（改造）岗位的主体之外，还应该就监狱企业管理者的身份、监狱企业的适宜产业领域、禁止性的生产项目以及产品的销售等作出具体规定，并将罪犯劳动与罪犯个人的刑事利益相结合，这样就能保证罪犯劳动的改造功能的发挥及其价值的实现。

监狱企业以罪犯为劳动力，承担着对罪犯进行劳动改造的职责，故监狱企业的劳动力素质、管理水平、技术水平、产品质量等，与一般企业不可同日而语，因此，监狱企业不宜进入资本和技术密集型的产业领域，劳动力的罪犯身份也决定了监狱企业不宜选择食品加工及刀具、绳索、易燃易爆、有毒产品的生产等项目。监狱企业生产项目的选择，既要从罪犯劳动力的素质状况出发，也要考虑罪犯回归社会后就业的需要，使罪犯在劳动中学会一技之长。只考虑监狱生产发展的需要，而不利于罪犯学习和掌握就业本领的生产项目，也不宜选择。监狱企业的产品技术含量低，缺乏市场竞争力，国家应当制定监狱企业产品销售的特殊政策，以保证监狱企业生产活动的正常进行。

3. 将保护罪犯劳动力合法权益的规定进一步科学化

由于受多种因素的影响，以往我们对罪犯的认识仅局限于刑事法律方面，罪犯只是被看做刑罚惩罚和改造的对象，罪犯的权利被忽视或被否定，因此就谈不到从经济角度以及民商法的角度将罪犯同时视为特殊劳动力，并尊重和维护其相应的经济权利。历史上虽然我们也组织罪犯劳动，并有明确的经济目的（比如解决监狱的经费困难），但是，出发点却是把劳动作为惩罚和改造罪犯的手段，并没有从民事法律的角度将劳动视为罪犯的一种经济权利，罪犯劳动虽然为社会创造了财富，但这也只是作为实现“不让反革命分子坐吃闲饭”这一政治目的的手段。因而，在《监狱法》颁布前，我们并没有罪犯劳动权、罪犯劳动报酬和劳动保护等概念和法律及政策规定。《监狱法》虽然对罪犯的认识有了进步，但仍然局限在刑事法律领域。比如，《监狱法》第七十二条规定："监狱对参加劳动的罪犯，应当按照有关规定给予劳动报酬并执行国家有关劳动保护的规定。"这个"有关规定"时至今日也不知为何物，但可以肯定，它并非是指《中华人民共和国劳动法》（以下简称《劳动法》）的相关规定。给予罪犯劳动报酬的规定，只是从刑事法律角度去激励罪犯积极改造的手段和措施，并不是为了实现罪犯的劳动权，而对参加劳动的罪犯执行国家有关劳动保护的规定，也只是从刑事法律的角度来保障罪犯的基本人权——平等权，而不是从《劳动法》的角度来保障罪犯的基本人权　　生存权以及强化罪犯在劳动关系中的地位和力量[1]。正因为对罪犯的认识不够全面，我们制定的有关罪犯劳动权及其保护方面的规定就必然缺乏科学性和可操作性，罪犯作为特殊劳动者的权利必然会遭到侵犯。比如，《监狱法》虽然规定了要给予罪犯劳动报酬，却没有具体的执行标准，也没有违反此规定的责任追究条款，这就使得这一严肃的法律规定的执行完全取决于执行者的主观意志，给予罪犯多少劳动报酬以及是否给予都由执行者来决定，即使罪犯和监狱（企业）之间发生了劳动报酬纠纷，罪犯的权利也无法得到有效保护。现实中还没有监狱（企业）因为未合理支付或未支付罪犯劳动报酬而被罪犯起诉，更没有监狱（企业）因此而被追究法律责任。又比如，罪犯在劳动中致伤致残，《监狱法》规定由监狱参照国家劳动保险的有关规定处理，而"参照"处理并不是完全依据该规定处理，这也为侵犯罪犯合法权益留下了空间。我国目前还没有罪犯劳动致伤致残后的国家赔偿标准，由此导致罪犯与监狱

[1]　赵敏．罪犯劳动权的特殊性［J］．河南司法警官职业学院学报，2005（3）．

（企业）发生纠纷的案例也有发生，但法院以罪犯和监狱企业之间不存在劳动合同为由不予受理。罪犯和监狱（企业）之间的这种纠纷如果不能得到及时、合理的解决，必然会严重影响监狱的执法活动。

罪犯作为特殊劳动者，在《监狱法》和《劳动法》不能有效和不能保护其合法权益的情况下，国家必须制定适合于监狱企业的特殊法律，比如监狱企业法，使有关罪犯劳动报酬、劳动保护、工伤赔偿等问题得到具体、全面的规定，使其既具有科学性、人道性，又具有可操作性，尤其是承担以上所述的赔偿责任的主体是监狱还是监狱企业，必须得到明确规定。司法部2001年11月发布的《罪犯工伤补偿办法（试行）》（司发〔2001〕013号）第六条规定："罪犯工伤补偿费用由各监狱在生产成本中列支。"这一规定显然与目前监狱体制改革的实践要求不相符合，必须尽快予以修改和完善。这样，才能有效保护罪犯劳动力的合法权益。罪犯劳动权的保护，必须与其刑事法律身份相适应，保护罪犯劳动权的法律规定，必须以国家对罪犯的惩罚权和劳动改造权为前提，违反刑事法律的规定，与罪犯的刑事法律身份不相符合的、有关保护罪犯劳动权利的法律规定，也是不科学的，实践中无法得到落实，甚至还会给监狱的刑罚执行工作带来严重的负面影响。

（四）完善劳动表现及劳动绩效与罪犯刑事利益相结合的罪犯改造激励机制

让监狱企业充分履行其主要的社会责任并提高履行效益，除了采取措施促使监狱企业积极履行其社会责任，用经济手段和民事法律手段激励罪犯积极改造外，还应当从刑事法律的角度，进一步完善已有的将罪犯的劳动表现及劳动绩效与罪犯的刑事利益相结合的罪犯改造激励机制。因为监狱企业社会责任及其履行效果如何，不仅取决于监狱企业，也取决于国家和罪犯。

我国刑事法律规定了减刑和假释制度，对罪犯积极改造起到了较大的激励作用。但是，由于监狱生产与计划经济时期比较已发生了很大的变化，监狱企业目前大多数从事的是劳务加工业，或处在劳动密集型产业领域，没有自己的主导产品或产品档次低，罪犯从事这样的简单劳动，很难作出突出贡献，达到《刑法》所规定的减刑或假释对生产劳动方面的条件要求，这必然会降低劳动对罪犯改造的激励作用。比如，《刑法》规定，罪犯在服刑期间"确有立功表现的"，可以减刑，若有"重大立功表现的"，则应当减刑。立功表现的情形在生产劳动中是指"在生产、科研中进行技术革新，成绩突出"，而重大立功表现则是指"有发明创造或者重大技术革新"。以上两种情况对绝大多数罪犯来讲都是难以做到的，罪犯因此而被减刑的就微乎其微了。法律设定的激励罪犯改造的法定条件对服刑罪犯而言是可望不可即，那么，这种刑事法律手段的激励功能必然会降低，刑事法律激励机制本身也会逐渐失灵。为了从劳动方面激励罪犯积极改造，应根据已经变化了的监狱生产现实，对《刑法》中的有关激励条款进行修改，使其能真正发挥激励作用。这种修改既包括降低条件，也包括提高条件。目前，由于罪犯劳动比较简单，罪犯只要参加劳动几乎都能完成生产任务，再加上符合其他条件，罪犯就有可能被减刑，因而，这种减刑已经失去了应有的激励作用，罪犯不是把减刑看做是积极改造的结果，而是将其看做自己必然的权利。对于条件要求比较高的刑事法律激励手段而言，要适当降低条件，使其产生应有的激励功能，取得应有的法律效益。

（作者：高寒，浙江警官职业学院培训部副主任、教授）

参考文献：

[1] 刘连煜. 公司治理与公司社会责任［M］. 北京：中国政法大学出版社，2001.

[2] 刘俊海. 公司的社会责任［M］. 北京：法律出版社，1999.

[3] 卢代富. 国外企业社会责任界说评述［J］. 现代法学，2001（3）.

[4] 王红一. 公司法功能与结构法社会学分析——公司立法问题研究［M］. 北京：北京大学出版社，2002.

[5] 肖惠斌. 论我国监狱企业的社会责任［J］. 监狱工作简报（司法部监狱管理局调研专刊八），2005.

[6] 王秀梅. 公司社会责任运动及其对我国企业的影响［J］. 河南司法警官职业学院学报，2004（3）.

[7] 张士元. 企业法［M］. 北京：法律出版社，2005.

监狱生产中机械伤害事故的预防

在工业监狱生产中，机械伤害事故的发生率最高，在各类生产事故中，机械伤害事故占80%以上，冲压作业造成的伤害事故最多。机械伤害事故具有一定的危害性和随机性，引起事故的直接原因是人的不安全行为和机械的不安全状态。同社会企业相比，监狱系统在控制劳动时间和劳动强度上做得比较好，这是降低机械伤害事故的发生率的最有效措施。但同时应该看到，监狱生产的形式和组织过程有显著的特殊性，监狱生产中发生机械伤害事故的原因更复杂，安全管理有一定的特殊性。由于犯人是特殊操作工，其劳动带有一定强制性，在劳动生产的过程中，为防止犯人的暴力、破坏和脱逃行为发生，须使劳动在受到监控的状态下进行。犯人在受到监控的心理状态下，对其注意力集中有一定不利影响，这对生产的组织和安全生产管理就提出了特殊的要。另外，由于迄今为止我国监狱的罪犯劳动基本是没有报酬或者很少报酬的，劳动的动机和激励方法与社会企业中的劳动管理相比截然不同，这种差别会增加监狱生产中安全生产管理的难度。因此，分析监狱生产中机械伤害事故发生的原因，并针对性地采取安全措施，对于保护犯人人身安全、提高监狱生产效率、促进监狱安全稳定有着十分重要的意义。

一、机械伤害事故发生的一般原因

造成机械伤害事故的原因有人、机械、管理三方面的因素，按事故原因分类的原则可分为以下两类。

1. 直接原因

人的不安全行为和机械的不安全状态是造成机械伤害事故的直接原因。在日常生产中，存在人和机械这两方面的不安全因素，就可能直接诱发事故。在机械伤害安全事故中，造成事故的直接原因中，违反操作规程的占到九成，机械设备存在缺陷占一成。

2. 间接原因

机械伤害事故的间接原因是在日常安全管理中没有落实好规章制度、教育培训、技术措施、隐患整改等方面工作。这种管理方面的缺陷导致安全生产管理不到位，使操作者的安全意识淡薄，产生麻痹思想和侥幸心理，引起违章作业，忽视机械设备存在的隐患，引发安全事故。

在两种原因中，因人的不安全行为引起事故的情况较多，是造成机械伤害事故的主要原因。大量的机械伤害事故调查统计数据可以证明以上结论。

二、监狱生产中机械设备伤害的特殊性

近年来，我国机械、轻工等行业机械伤害事故比较严重，特别是与冲压、剪切、铣钻、木工等危险性较大的机械设备相关的重伤事故频发，严重危害了从业人员的身心健康。监狱生产中，由于近十几年来机械制造业和机械加工业的发展，这一类的事故也呈高发趋势。监狱机械制造业和机械产品来料加工业的人身伤害事故的发生除了具有行业的一般特点外，还有一定的特殊性。具体表现在以下几方面。

(1) 罪犯在生产过程中对安全规程不重视，发生的事故伤害中违规操作所占的比例较大。罪犯劳动带有一定的强迫性和惩罚性，有一部分罪犯从思想上对劳动是抵触的，在这种心理状态

下，就会对安全操作规程不重视；部分罪犯本身就存在心理上或思想上的问题，厌倦监狱的改造生活，自暴自弃，对人生无望，甚至有利用生产设备自残、自杀的个案。所以，监狱生产中安全管理工作与对犯人的思想教育改造工作密切相关。

（2）罪犯的流动性较大，劳动技能的差别较大。社会上，培养一名技术熟练的车工至少需要三年时间，监狱生产只是改造的手段，监狱不能选择劳动力。从理论上讲，监狱生产中产品和设备的选择，首先要考虑是否适宜于罪犯的劳动改造、习艺，然后考虑设备是否与劳动者的个体差别相适应，最后才考虑是否有利于生产效率的提高。长期以来，由于监狱的经费压力大，生产任务重，许多监狱可能更多地考虑生产效率的提高，这就会造成人机系统不协调而导致机械伤害的发生率提高；罪犯的流动性是客观存在的，因此，经常会有非熟练工需要在工位上进行训练，新到岗的犯人和其他岗位的配合不一定协调，从而引发一些伤害事故。

（3）部分监狱在来料加工生产中，简单动作的高频率机械重复较多，容易引起罪犯的疲劳；有时生产订单较多时，有一定超时劳动现象存在。行为科学的研究证明，人在超时工作和疲劳的状态下注意力会下降，动作不准确或者操作失误。超时工作和疲劳都是事故多发的诱因。而疲劳导致注意力下降是冲压作业中引发人身伤害事故的主要原因之一。

（4）民警对安全技术和设备安全管理不熟悉。在监狱生产中需要经常在技术上和安全上对罪犯进行指导和教育，这就要求民警对设备特征、安全技术和安全管理有一定的了解。事实上，相当比例的民警在这方面的知识较为欠缺，每年还有一定数量的新到岗的民警，基本上不懂技术。从本质上讲，这也是一种安全隐患。统计表明，监狱民警中学机械专业出身的不到民警总数的2%，这种状况尤其不适宜于工业监狱的生产管理。

（5）故意破坏设备造成安全事故。社会企业在安全管理中，基本不考虑员工的人为破坏，但在监狱企业中，防止人为破坏是安全管理的重要环节。所以，在设备防护、现场监控及设备事故的应急预案等工作中，都要考虑到可能发生的故意破坏行为。监狱生产中，还要防止犯人故意放火和破坏锅炉、高压管线、电路等设备设施。

（6）许多监狱的生产场地狭小，设备陈旧。很多监狱包括经济发达地区的一些监狱是“文化大革命”期间及以前建造的，场地狭小，布局不规范，存在安全隐患。车床等设备对场地和机器的间隔有一定的要求，间距不够会导致切屑伤人、人机相撞等事故的发生；设备陈旧会导致机器运转的安全系数降低；总体上讲，监狱的生产条件较为落后，尤其在高温季节，生产场所的通风降温措施不到位，高温湿热使操作过程中人的不可靠性增加。

三、机械伤害事故预防措施

结合机械伤害事故发生的一般规律和监狱生产对机械伤害事故管理的特殊要求，工业监狱应从以下几方面制定和实施预防措施。

1. 规章制度措施

安全生产规章制度是企业安全管理的基础，其作为有效约束、控制违章指挥、违章作业这种人为不安全行为的主要措施，是各级领导、管理人员和每位员工在安全工作上的规范标准和行为准则，而健全和落实规章制度，则是预防事故的必需条件。长期以来，监狱企业根据生产发展情况和内部安全工作实际，对安全生产规章制度进行了重新修订、汇编，形成了一套完整的安全生产制度体系，从而使安全生产有章可循，安全管理基本实现了制度化、标准化。浙江省监狱系统在2007年开始推行监区安全生产标准化试点工作，制订了监区安全生产标准化实施指导方案、（机械）监区安全生产标准化考核评定表和（劳务加工）监区安全生产标准化考核评定表，并命名省第四监狱六监区为机械监区安全生产标准化示范基地，省十里丰监狱三监区为加工业监区安全生产标准化示范基地。2008 年，全系统全面推开监区安全生产标准化工作，目前80%以上的监区达到安全生产标准化。现在的问题是，这些制度在实际工作中是否得到坚持。笔者在调研中也发现，很多基层民警在现场管理中对犯人的违章操作习以为常，听之任之。这种管理方式不仅是产生事故的根源，久而久之也会影响犯人劳动过程中的安全素质的养成，形成忽视安全规章制度的思想意识。

2. 安全教育措施

违章作业究其根源，在于操作者安全意识的淡薄。要控制和防止违章作业，就必须认真抓好安全教育。要坚持实施新犯入监三级安全教育，坚持对调岗和换岗犯人的进行安全教育，提高民警、工人和犯人的安全意识。随着生产规模的扩大，新犯换岗情况不断增加，安全意识和生产技能参差不齐，岗前培训和安全教育显得尤为重要。要通过举办培训班、发放宣传材料、事故案例教育等多种有效形式，向监狱主要负责人、安全生产管理人员和参加生产的犯人广泛宣传《中华人民共和国安全生产法》和其他有关安全生产的法律、法规及有关机械安全的标准和规章，对新到岗的犯人一定要进行技术培训和安全培训，在采用新设备、新工艺时一定要进行专项技术培训。使监狱民警和职工了解安全生产管理的一般原理和基本方法，提高犯人遵守安全生产操作规程的自觉性，同时，监狱要督促基层监区经常性地对照相关要求切实搞好自查自纠工作。

在企业安全管理中，事故教育是重要的教育方法，但监狱企业对这种教育手段利用还不够，出了事故后，分监区总是忙于减轻责任。因此，要重视利用已经发生的事故案例对犯人进行安全教育，对每次事故进行认真调查处理，通过事故现场分析会，对民警、职工和犯人进行事故教训教育，尤其要重视通过事故现场对更多犯人进行安全教育。使犯人从血的事实中吸取教训，对事故提高警觉，明确违章作业与事故之间的因果关系，克服侥幸心理和麻痹思想。

另外，要加强对民警的安全培训，虽然不能要求基层民警必须会操作所管理的设备，但对所管理的设备必须掌握其安全管理要领，这样才能及时发现和制止明显的违章操作。

3. 安全防护措施

在控制人的不安全行为的同时，应认真积极消除机械设备的不安全状态，因为它是造成机械伤害事故的直接原因之一。

冲压作业中发生机械伤害事故，除了操作者本人违反安全操作规程的原因外，设备往往存在安全防护方面的缺陷。在使用机械设备过程中，必须根据其运行和操作情况，按照有关安全技术要求认真落实安全防护措施。例如，对人体可能触及的机械转动部分、传动系统必须设置安全防护罩，从而有效地把人体与机械运动部分相隔离，避免发生接触形成伤害。

日常安全检查工作不能依赖犯人小组长或安全员，在安全管理中要慎重对待骨干犯辅助管理。值班民警要做好对机械设备日常性检查和维护保养工作，对重点设备要指定民警负责，定期检查其操作装置以及相关的配置是否达到配置要求，检查保险装置和制动装置，是否正常，是否处于受控状态，消除隐患和带病运行情况，从而使机械设备处于安全状态下运行，防止设备出现失控、误操作等情况，对操作者造成伤害。作好生产环境的安全检查，检查区域布置是否合理，特别是设备的区域布置，使得其工艺流程直线化，减少和消除因机械设备布置不合理而影响操作人员的操作和通行。这些措施不能依靠犯人去制定和实施，必须依靠监狱基层领导和民警，有条件的监狱可以委托社会协作单位制定。此外，在生产过程中采用先进的、自动化程度较高的机械设备，实现自动化生产作业，也是预防机械伤害事故的一种有效措施。冲压作业中，双手直接操作加工部件的冲床要安装红外线安全保护器。

4. 激励措施

在落实安全生产、预防事故发生的工作中，监狱要和各基层单位签订安全责任承包合同，将安全指标分解到基层单位，实行安全目标管理，这一点监狱系统做得比较好。分监区要根据各自的实际情况，同车间、班组签订安全责任承包合同。每年两次对基层单位进行安全目标管理考核，每年年终按照责任承包合同的各项指标进行考核，对完成安全指标的单位领导和职工兑现经济奖励；对发生事故的单位、班组则按规定实行相应的处罚。对民警和职工的考核最终要落实到经济利益上。关键问题是对犯人的考核。对犯人的安全考核，除了要和分级处遇挂钩外，完全可以和经济利益（如安全奖金）挂钩。实行安全承包制，将犯人的安全业绩包括发生事故情况、遵守操作规程情况、发现并报告事故隐患等情况与经济奖罚直接挂钩，这样能有效激发犯人对安全生产的自觉性和积极性，在生产中形成安全工作层层落实、人人有责、人人参与的良好安全局面，对预防事故也能起到积极的促进作用。

5. 认真执行技术规范和行业规范

为减少机械伤害事故的发生，国家和行业管理部门出台了很多技术规范和行业规范。以冲压设备安全管理为例，全国每年因冲压作业导致的断指事故在 10 万例以上，浙江是断指事故的多发省份，浙江监狱系统也偶有发生。安监部门对此十分重视，近年来省内已经基本在以下几方面形成了安全管理体系和较为完善的规范：

（1）冲压设备的检测工作规范。《浙江省安全生产条例》、

《机械压力机安全使用要求》（AQ 7001—2007）和省安全监管局下发的《浙江省机械冲压设备安全检测检验规定》，对冲压作业企业安装各类安全防护装置，积极开展在用冲压设备的安全检验检测工作，保证冲压设备在安全检验检测周期内使用等事项有明确规定。

（2）企业冲压作业人员安全生产培训要求。政府对冲压作业从业人员的安全教育和操作技能培训有明确要求，省内上规模的社会企业在这方面的教育和培训相对而言较为规范。

（3）配备冲压作业企业的专职监管人员。针对冲压作业安全管理的特殊情况，政府安监部门要求配备冲压作业企业的专职人员，采取有效措施，做好冲压作业安全监管工作。同时，要求企业要积极与有关医院联系，建立手外伤监测点，定期了解手外伤医治信息，建立行之有效的安全生产信息通报预警机制，使手外伤事故得到有效遏制。

（4）从专项监管、设备设施、作业环境等几方面建立企业冲压作业安全管理长效机制，以大力预防和减少机械伤害事故的发生。

（5）安监部门继续对冲压设备实行准用制度，督促检测单位加强安全性能检测工作力度，经检测合格的设备发给“冲压设备准用证”，督促企业加快问题设备的整改力度，对安全隐患严重的设备，坚决依法予以停用，严肃查处不采用安全防护装置和使用不符合安全性能设备造成伤害事故的生产企业和个体业主。

（6）加强冲压设备的源头控制，监狱企业在购进设备时要与质监部门取得联系，防范不符合安全条件的冲压设备进入监狱企业。

《浙江省冲压作业企业安全生产基本条件（试行）》第二条作业场所要求规定——

“冲压车间的温度、通风、照度、振动和噪声等应符合劳动卫生要求。

（一）温度：冬季不低于15℃，夏季不高于32℃；

（二）通风：室内工作地点须有良好的空气循环；

（三）照度：车间工作空间应有良好的照明，按《视觉工效学原则——室内工作系统照明》（GB/T 13379—1992）规定，其照度范围为200～500lx；

（四）噪声：车间内的压力机、剪板机等，空运转时的噪声值不得超过85dB。”

从省内监狱系统的冲压作业环境看，起码第（一）款就没有达到省安全生产监督管理局的要求。冬季环境温度过低，会导致关节僵化，肢体协调性降低，影响操作准确性；有的企业由于生产布局不合理，相邻作业单元距离太近，噪音相互干扰严重，导致很多车间内的压力机、剪板机等作业场所的噪声值远超过85dB。也就是超过了上述第（四）款的标准规定。

该规定第四条第（十）款规定，根据《冲压车间安全生产通则》（GB/T 8176—1997），企业必须设置冲压车间安全检查机构：配备兼职安全检查员至少1名，压力机操作人数在50～300人的车间应设专职安全检查员1名，300人以上的应设专职安全检查员2名”。到2008年，浙江省监狱系统各单位都设立了安全生产管理专门机构，配备3～6名专职安全员。全员人数达到300人以上的监区、分监区配备专职安全员；300人以下的监区、分监区确定兼职安全员，确保安全生产监督管理工作机构、人员到位。但严格按照标准要求，一些监狱并没有达到要求；突出的问题是岗位人员数量配够了，但人员的专业素质达不到要求。

监狱安全生产管理既是一种经营行为，也是对监狱执法的要求，是罪犯人权的重要内容。而机械伤害事故在工业监狱中发生率较高，后果严重。所以，我们要加强对机械伤害事故的预防，正视生产安全管理工作中的差距，从安全教育和技术培训入手，有针对性地采取措施，促进监狱的规范管理和长治久安。

（作者：腰明亮，浙江警官职业学院副教授）

参考文献：

[1] 腰明亮. 监狱安全生产管理［M］. 北京：中国政法大学出版社，2006：3.

[2]“十项措施”做好预防机械伤害事故工作. 浙江在线永康频道.

[3] 王明明. 机械安全技术［M］. 北京：化学工业出版社，2004：5.

附　录

罪犯考核与奖惩制度

陕西省监狱管理局 服刑人员计分考核奖惩办法

第一章　总　则

第一条　为完善服刑人员计分考核制度，准确执行刑罚，激励服刑人员积极改造，提高改造质量，根据《中华人民共和国刑法》、《中华人民共和国刑事诉讼法》、《中华人民共和国监狱法》、司法部《监狱服刑人员行为规范》、《教育改造工作规定》、《关于计分考核奖罚罪犯的规定》和《陕西省高级人民法院关于审理减刑假释案件的规定》，结合监狱工作实际，制定本办法。

第二条　计分考核是依法奖惩的重要前提，是狱政管理的有效手段，是对服刑人员现实改造表现的量化评判。

服刑人员的考核有效分累计达到100分，可折记一个“积极”。服刑人员的累计“积极”，是对其提请减刑假释的主要依据。

第三条　实行服刑人员持证考核制。服刑人员经考核合格后，发给《计分资格证》，即取得计分考核资格。

第四条　对服刑人员的考核以《监狱服刑人员行为规范》为基本内容，主要包括基本规范、生活规范、学习规范、劳动规范和文明礼貌规范。

第五条　考核的基本方法是：遵守规范保分，参加劳动得分，单项成绩奖分，违规违纪扣分。

第六条　考核采取计分考核和行政奖惩两种形式。计分考核按照达到基本要求的给予得分，违反基本要求的给予扣分，表现突出的给予奖分的形式按月考核。对服刑人员奖、扣分尚不足以体现奖罚原则的，予以行政奖惩。

第七条 考核奖惩服刑人员应当坚持以下原则：

（一）依法考核奖惩原则；

（二）公开、公平、公正原则；

（三）全面考核、实事求是原则；

（四）警察直接考核原则；

（五）准确考核、及时兑现原则；

（六）充分调动服刑人员改造积极性原则。

第八条 计分考核实行分级考核和分类计分。监狱和分监区应各负其责，做到指标合理，考核准确，手续简便，易于操作。

第二章 考核组织及其职能

第九条 监狱成立服刑人员计分考核领导小组，监狱长任组长，分管管教和劳动改造工作的监狱领导、监狱企业分管生产的领导任副组长，狱政、狱侦、教育、刑罚、生卫、劳动改造、监察等职能部门和监狱企业生产管理部门的负责人为成员。

第十条 监狱考核领导小组的职责是，负责领导、监督服刑人员考核、奖惩工作的实施，处理考核、奖惩中的重大问题。

第十一条 监狱考核领导小组办公室设在狱政科，狱政科科长兼任办公室主任，负责计分考核日常工作。狱政科设计分考核专干，承办具体业务。

第十二条 监区、分监区成立考核小组。监区长、分监区长为组长，成员由监区、分监区有关警察组成，负责本监区或分监区服刑人员的考核奖惩工作。

第十三条 监区或分监区设计分考核专干，具体负责基础数据的汇总和考核台账的管理。

第三章 计分考核基本内容、标准及办法

第一节 计分基本构成、劳动岗位及分值标准

第十四条 服刑人员的得分由基础分、考核分、综合奖罚分三部分组成。

第十五条 基础分为20分，以月为单位计分。

第十六条 考核分分为劳动得分和违纪扣分，以日为单位计分，主要考核服刑人员的劳动和改造表现。

劳动得分是指参加生产劳动或其他非生产劳动的得分，也包含超额完成生产任务或其他非生产劳动任务的受奖得分。

违纪扣分是指违反监规纪律及有关规定被扣的分。

第十七条 监狱工业、农业单位按下列标准确定服刑人员的劳动岗位及其分值——

一等岗位：生产技术的关键岗位，其分值为1.5分；

二等岗位：苦、脏、累、险或重要劳动岗位，其分值为1.2分；

三等岗位：普通生产劳动岗位，其分值为1分；

四等岗位：非生产劳动的勤务性岗位，其分值为0.8分。

第十八条 监狱煤矿单位按下列标准确定服刑人员的劳动岗位及其分值——

一等岗位：生产技术的关键岗位，其分值为2分；

二等岗位：苦、脏、累、险或重要劳动岗位，其分值为1.8分；

三等岗位：普通生产劳动岗位，其分值为1.5分；

四等岗位：非生产劳动的勤务性岗位，其分值为1分；

五等岗位：辅助性勤务岗位，其分值为0.8分。

第十九条 监狱工业、农业单位在确定劳动岗位时，应以全监月均押犯数为基数，总体上遵循以下比例：一等岗位不超过

10%；二等岗位不超过 20%；三等岗位不超过 50%；四等岗位不超过 20%。

监狱煤矿单位一等岗位不超过 10%；二等岗位不超过 30%；三等岗位不超过 35%；四等岗位不超过 20%；五等岗位不超过 5%。

第二十条 对从事计件或计量的劳动，按劳动定额确定岗位及其分值；对无法计件或计量的劳动，按技术含量和工时确定岗位及其分值。

第二十一条 监狱狱政科和劳动改造科每月根据监管工作实际和生产任务情况，在全监整体平衡基础上，共同核定各分监区岗位等级名额，经分管监狱领导审批后适时下达。

第二十二条 监狱劳务加工项目，可依据岗位等级名额下达考核总分，分监区再根据服刑人员完成每月生产任务情况逐一核定劳动得分，但最高不得超过 50 分。

第二十三条 非生产分监区一般不设一等岗位。监狱在下达岗位等级名额时，可适当向从事苦、脏、累、险劳动的分监区和技术含量高的岗位倾斜。

第二十四条 对老、病、残服刑人员的考核，各监狱统一执行《陕西省监狱管理局关于老病残服刑人员计分考核办法》。

第二十五条 未成年犯管教所成年服刑人员适用此办法，未成年服刑人员参照执行此办法，并由未管所制定考核细则。

第二十六条 综合奖分是指对服刑人员综合改造表现或单方面突出表现的奖分。

综合奖分以当月押犯数为基数，人均 10 分，由监狱考核领导小组集中掌握。

第二十七条 监狱考核领导小组，根据每月对各分监区监管改造和劳动改造等工作进行的综合评比情况，用综合奖分的 50% 按名次分别奖励，再由分监区奖励到服刑人员个人。

综合奖分的其余50%由考核领导小组掌握使用，用于对当年开展的各项活动的奖励和对服刑人员个人的各类单项奖励。

第二节 计分资格的审定

第二十八条 服刑人员入监教育期满后，经考核，同时符合以下条件的，可获得《计分资格证》，即取得计分考核资格。

（一）认罪服法，不作无理申诉；

（二）服从管理，接受教育；

（三）无违规违纪行为；

（四）接受生产、安全上岗培训合格；

（五）能够背诵和正确理解《监狱服刑人员行为规范》并严格遵守。

对聋哑、老年和文盲服刑人员的考核，可采取笔试或背诵口歌等形式。

第二十九条 对法轮功等邪教类服刑人员的计分考核及《计分资格证》的颁发执行有关规定。

第三十条 监狱教育科负责《计分资格证》的首次颁发。

第三十一条 每年底对已取得《计分资格证》的服刑人员进行一次复核。

第三十二条 监狱狱政科负责服刑人员《计分资格证》的复核、撤销和重新颁发。

第三十三条 服刑人员有下列情形之一的，撤销《计分资格证》。

（一）在每年一次的复核中，经考核为不合格的；

（二）受到警告、记过处分的；

（三）因违纪被严管的；

（四）受到禁闭处分的。

第三十四条 服刑人员因复核不合格被撤销《计分资格证》的，自撤销之日起一个月后方可参加《计分资格证》的考核；

服刑人员受到警告、记过处分的，从处分之日起一月后方可参加《计分资格证》的考核；服刑人员因违纪被严管的，自严管解除之日起一个月后方可参加《计分资格证》的考核；服刑人员受到禁闭处分的，自禁闭解除之日起一月后方可参加《计分资格证》的考核。

第三十五条 服刑人员取得《计分资格证》后调押其他监狱的，其《计分资格证》继续有效，调入监狱不得中断其计分考核。

第三十六条 服刑人员未取得《计分资格证》和被撤销《计分资格证》期间，其发生违纪行为，应当予以扣分。

第三节 计分考核办法

第三十七条 凡当月能认罪服法，遵守监规，积极参加政治、文化、技术学习的服刑人员，均可获得基础分。

基础分由监区、分监区考核组于每月月末审定。

第三十八条 参加生产劳动的服刑人员达到下列各项要求的，可得当日岗位劳动分。

（一）积极劳动，服从调配，按时完成规定的生产指标或劳动定额；

（二）遵守操作规程，产品质量符合标准和要求，次品、废品率未超过规定指标；

（三）注意节约，原材料消耗未超过规定指标；

（四）遵守劳动纪律和安全生产规章；

（五）爱护生产工具，保持生产环境整洁。

第三十九条 参加非生产劳动的服刑人员，能够完成本岗位规定事务，可得当日岗位劳动分。

第四十条 在法定节假日，服刑人员可得当日劳动分；在非法定节假日，服刑人员不参加劳动时不得劳动分。

第四十一条 对超额完成生产任务和较好完成其他事务要求

的，或完不成当月劳动任务和有违规违纪行为的，由带工值班警察负责记录事实并提出奖扣分意见，由监区、分监区考核小组审定。

第四十二条 服刑人员减刑后，截至申报月的考核成绩归零，其新的考核从本次减刑的考核分截止的次月起重新计算。死刑缓期执行的服刑人员在被提请减为无期徒刑时，所获成绩依照陕西省高级人民法院《关于审理减刑、假释案件的规定》的有关规定折计。

第四十三条 服刑人员在保外就医期间不纳入考核范围，被收监执行的，获得《计分资格证》后重新考核。对在保外就医期间没有违法乱纪行为，因病情好转或暂予监外执行情形消失而收监的，其保外就医前所得考核分仍然有效。

第四十四条 服刑人员被严管、禁闭期间，所属月份均不计分。

第四十五条 对因工伤住院的服刑人员，仍按原岗位的分值考核计分，出院后重新确定劳动岗位。

第四十六条 对服刑人员日劳动分的计扣以 0.1 为基本单位，奖罚分均以 1 为基本单位。

第四十七条 对服刑人员的扣分，其累计积分不足时，可以为负分。

第四十八条 服刑人员的得分在 -1000 分以上时，若连续六个月表现较好，无违纪行为，可冲销 -150 分。

第四十九条 服刑人员主动坦白交代司法机关尚未掌握其余罪的，原则上不影响其积累的考核分；未交代余罪，后被发现受到追诉加刑处理的，现有考核分一律扣除；未交代余罪，后被发现受到追诉但未受到加刑处理的，现有考核分扣除一半。

第五十条 狱内又犯罪的，现有考核分一律扣除。

第四章　考核奖惩标准

第一节　单项奖分

第五十一条　服刑人员在监狱开展的知识竞赛、体育比赛、文艺演出、演讲比赛、美术书法、劳动技能竞赛等活动中取得前三名的，分别奖60、40、20分；参加省局组织的相关活动且取得前三名的，分别奖150、100、50分。

第五十二条　在监狱报刊刊登稿件的，每篇奖5分；在省局《当代监狱报》刊登稿件的，每篇奖20分；在省级新闻媒体刊发稿件的，每篇奖50分；在国家级新闻媒体刊发稿件的，每篇奖100分。投稿被转载的，以最高一级的奖分为准。两人以上合写的，奖分平均分配。

第五十三条　在每学年"三课"教育中被评为优秀教员的奖50分，优秀学员奖30分。

第五十四条　在每半年一次的服刑人员分级处遇等级变更中，被评为一级宽管的奖50分；二级宽管奖25分。

第五十五条　通过自学考试，获得国家承认的高等教育大学专科单科结业证书的奖30分，获得国家承认的高等教育大学本科单科结业证书的奖40分；获得毕业证后均可再加奖150分。

第五十六条　服刑人员获得当地劳动部门颁发的技术等级证书的奖30分。

第五十七条　积极参加电视媒体节目拍摄的，每次奖10~50分。积极参加面向社会的法制教育活动的，每次奖10~30分。

第五十八条　服刑人员有下列情形之一，视情予以奖分。

（一）制止或检举揭发狱内违规违纪行为，经查证属实的奖10~30分。

（二）拾金不昧，或做好人好事的奖5~50分。

（三）主动救死扶伤，对预防中毒、传染病做出成绩的奖10～100分。

（四）提出合理化建议被采用，或技术革新、节本降耗效果明显的奖10～100分。

（五）积极参加抢险救灾活动，成绩突出的奖50～100分。

（六）有上述情形之一，情节突出的酌情重奖，直至行政奖励。

（七）其他需要奖分的事项，比照上述规定，报监狱考核办审批。

第五十九条　服刑人员本年度内一贯积极改造，且无违规违纪行为的，可结合年度评审，奖励50分。

第二节　违反基本规范的行为及扣分标准

第六十条　服刑人员有下列违反基本规范情形之一的，应当给予扣分。

（一）编造和传播政治谣言，散布反改造言论，污蔑攻击党的政策的扣10～50分。

（二）不按正当途径反映案情，攻击谩骂司法机关及工作人员的扣10～30分。

（三）唆使他犯不认罪、无理申诉的扣10～30分。

（四）不服管理，顶撞警官的扣20～50分，情节较重、影响较坏的扣50～100分。

（五）宣扬犯罪史，鼓吹犯罪思想的扣10～30分。

（六）教唆犯罪或传播犯罪手段的扣30～100分。

（七）搞同性恋的扣10～50分。

（八）抄写、散传淫秽书刊，造谣传谣或搞封建迷信活动的扣10～30分。

（九）诬告陷害他人，对检举人威胁报复的扣10～50分。

（十）有小偷小摸行为或勾结外来人员倒换监狱物资的扣

10～100分。

（十一）遇有打架斗殴围观起哄的扣5～20分；动手打人的扣10～100分。

（十二）私传信件、文身刺字的扣10～50分。

（十三）利用吃喝、讲哥们义气、宣扬地域观念等手段，拉帮结伙、拨弄是非的扣10～50分。

（十四）脱离互监或超越警戒线和规定区域的扣10～100分。

（十五）喝酒，私藏现金、腐蚀品、爆炸品、刃具、绝缘、攀援等违禁物品的扣30～100分。

（十六）勒索他人财物的扣10～100分。

（十七）有上述情形之一，情节严重的酌情重罚，直至行政处罚。

（十八）其他违反基本规范的行为，比照上述规定视情扣罚。

第三节　违反生活规范的行为及扣分标准

第六十一条　服刑人员有下列违反生活规范情形之一的，应当给予扣分。

（一）不按规定起床、就寝、就餐、集合、洗晒衣物的，每事扣1分，情节较重的，每事扣3分。

（二）着装不规范，衣着不整，不佩戴胸牌，私自改拆囚服，私藏便服和涂改胸牌的扣3分。

（三）不按《生活卫生定置管理办法》存放物品的扣3分。

（四）违反规定吸烟，室内、个人、环境卫生不符合规范要求的扣责任人1分。

（五）餐具、茶具、牙具不洁净及摆放不整齐的扣3分。

（六）私拿食物，多吃多占，另开小灶，伙吃伙喝，浪费饭菜的扣5分。

（七）就诊过程中，伪病诈病，不如实陈述病情，不服从治疗，指明要药，索要病假条等违反就诊制度的扣3～10分。

（八）床单、被罩、枕巾、衣服、鞋袜换洗不勤，有汗渍、污垢、异味的扣1分。

（九）留长指甲、胡须、长发的扣1~5分。

（十）进入警官办公室不打报告或未经允许进入的扣5~10分。

（十一）在野外劳动现场向警官反映情况时，未在3米以外报告的扣5分。

（十二）遇到问题不主动向警官汇报，警官与其谈话不如实陈述、回答的扣1~5分。

（十三）集体行进时有意步伐不整齐，吸烟、掉队的扣3分。

（十四）两名以上服刑人员行进时不排成纵队靠右侧行走，横排前进，挽臂搭肩，拉手、抄手、袖手的扣1分。

（十五）开会集合期间交头接耳，做小动作或乱扔纸屑的扣1~5分。

（十六）从事炊事和医疗的服刑人员，弄虚作假、刁难他犯的扣5~10分。

（十七）有上述情形之一，情节严重的酌情重罚，直至行政处罚。

（十八）其他违反生活规范的行为，比照上述规定视情扣罚。

第四节 违反学习规范的行为及扣分标准

第六十二条 服刑人员有下列违反学习规范情形之一的，应当给予扣分。

（一）不按时参加政治、文化、技术学习，上课迟到、早退、搞小动作、打瞌睡、随便说话或交头接耳、乱写乱画、看无关书刊、随便出入等违反学习纪律的扣1~3分。旷课一节扣10分。

（二）课堂上不服从管理，无理取闹，顶撞教师的扣5~20分。

（三）教室内随地吐痰、吸烟、乱扔纸屑及杂物，在墙壁、桌椅上乱刻、乱写、乱画的扣1~5分。

（四）在监狱组织的各类教育考试中，成绩不及格的每科次扣10分。

（五）故意损坏教学设备、教具、学习用品的扣5~20分。

（六）不按规定听广播、看电视或不参加集体活动的扣1~5分。

（七）不遵守阅览室制度，丢弃、损坏书刊及用具的扣1~5分。

（八）教员备课不认真，教学、考试弄虚作假，学员不按时完成作业，考试作弊的扣5~10分。

（九）有上述情形之一，情节严重的酌情重罚，直至行政处罚。

（十）其他违反学习规范的行为，比照上述规定视情扣罚。

第五节　违反劳动规范的行为及扣分标准

第六十三条　服刑人员有下列违反劳动规范情形之一的，应当给予扣分。

（一）无故不参加劳动的扣50分。

（二）出工后不服从劳动分配，以及无故不完成劳动定额或生产任务的扣10~50分。

（三）违反劳动纪律，违章操作、违章指挥和违反安全生产规定的扣10~50分。

（四）不经警官批准，提前或拖后出收工的扣1~5分。

（五）劳动现场脏乱差，违反定置管理规定的扣1~5分。

（六）私自携带生产工具、产品进入监舍的扣5~10分。

（七）在劳动现场与外界人员私自接触，索要财物或进行物品交易的扣10~30分。

（八）有上述情形之一，情节严重的酌情重罚，直至行政处罚。

（九）其他违反生产劳动规范的行为，比照上述规定视情扣罚。

第六节 违反文明礼貌规范的行为及扣分标准

第六十四条 服刑人员有下列违反文明礼貌规范情形之一的，应当给予扣分。

（一）随地吐痰、便溺、乱扔脏物杂物、损坏花草树木等公共环境和设施的扣1~5分。

（二）说脏话、粗话，骂人等言谈举止不文明的扣1~5分。

（三）遇到警官不起立，路遇警官不止步，不放下手中工具，未等警官走过5米后行走的扣3分。

（四）警官和来宾进入监舍，起立不迅速，姿势不端正，听到警官呼唤不答“到”，听到警官指令不答“是”的扣3分。

（五）警官讲话过程中，随便插话、抢话，回答警官问题时指手画脚的扣1~5分。

（六）对上级领导和外来参观人员尾随、围观、评头品足或擅自贴近攀谈的扣10分，影响较坏的扣40~100分。

（七）服刑人员之间称兄道弟，叫绰号、起外号的扣3分。

（八）对警官和其他人员的称谓不符合规范要求的扣3分。

（九）有上述情形之一，情节严重的酌情重罚，直至行政处罚。

（十）其他违反文明礼貌规范的行为，比照上述规定视情扣罚。

第五章 行政奖惩标准

第六十五条 依照监狱法第五十七条之规定，服刑人员在改造中有下列情形之一的，监狱可给予表扬或记功——

（一）遵守监规纪律，努力学习，积极劳动，有认罪服法表现的；

（二）阻止违法犯罪活动的；

（三）超额完成生产任务的；

（四）节约原材料或者爱护公物，有成绩的；

（五）进行技术革新或者传授生产技术，有一定成效的；

（六）在防止或者消除灾害事故中作出一定贡献的；

（七）对国家和社会有其他贡献的。

第六十六条 服刑人员有依照监狱法五十七条之规定，受到监狱表扬或记功奖励的，一个“表扬”折计200分，一个“记功”折计400分。

第六十七条 依照监狱法第五十八条之规定，服刑人员有下列破坏监管秩序情形之一的，监狱可给予警告、记过和禁闭处分——

（一）聚众哄闹监狱，扰乱正常秩序的；

（二）辱骂或者殴打人民警察的；

（三）欺压其他服刑人员的；

（四）偷窃、赌博、打架斗殴、寻衅滋事的；

（五）持有、吸食或倒卖毒品的；

（六）酗酒闹事的；

（七）严重脱离互监或企图脱逃的；

（八）播放、观看淫秽音像制品的；

（九）持有、使用手机或其他通讯工具的；

（十）有劳动能力拒不参加劳动或消极怠工，经教育不改的；

（十一）以自伤、自残手段逃避劳动的；

（十二）在生产劳动中故意违反操作规程，或者有意损坏生产工具的；

（十三）恶意传播传染性疾病的；

（十四）有违反监规纪律的其他行为的。

第六十八条　服刑人员受到警告处分的扣200分；受到记过处分的扣300分；受到禁闭处分的视情扣500～1000分。

第六十九条　在实际工作中出现本办法未涉及的其他确需奖扣分情形的，由分监区请示监狱计分考核办公室，视情处理。

第六章　考核程序与监督

第七十条　计分考核实行日记、周清、月汇总制度和复议制度。

第七十一条　日记是指分监区警察按日对服刑人员进行考核记事。

分监区设服刑人员个人记事本和服刑人员计分考核台账，由当日带工值班警察记载应奖罚的服刑人员及事实，由考核专干负责将考核分值和奖罚事实汇入考核台账和服刑人员个人记事本。

第七十二条　周清是指每周以服刑人员小组为单位进行的考核评议。

由包组警察讲评本小组本周改造情况以及所记加、扣分事实，并经当事人签字。

第七十三条　月汇总是指每月对服刑人员的计分情况进行的汇总和公示。

由分监区考核小组研究审定和汇总服刑人员当月基础分、考核分和综合奖扣分，在此基础上召开讲评会，公布每名服刑人员当月考核总分。

第七十四条　分监区每月对服刑人员的个人综合奖分，最高不得超过10分；对服刑人员10分以上的奖分和“表扬”奖励的，由分管管教工作的监狱领导审批。给予“记功”奖励的由监狱长审批。确认服刑人员“立功”表现和“重大立功”表现的由监狱考核领导小组审核，报省局狱政处审批。

第七十五条　对服刑人员100分以下的扣分由分监区审批；

100 分以上的扣分和给予服刑人员警告、记过和禁闭处分，均由分管管教工作的监狱领导审批。

第七十六条 计分考核台账及表格共有《计分考核个人台账卡》、《服刑人员奖扣分审批表》、《服刑人员考勤考核月报表》、《服刑人员日考核记事本》、《服刑人员奖惩审批表》和《考核奖惩申请复议及复核情况登记表》等六种。

第七十七条 分监区的考核按自然月计算，制作计分考核月报表。

月报表应与考核台账相一致，载明服刑人员每天的考核得分和当月的总积分。月报表、奖扣分表、计分考核台账卡均为一式两份，一份报监狱考核办，一份留存分监区。各类考核上报材料均应有考核组长的签名。

月报表为服刑人员计分考核原始凭据，任何人不得擅自涂改。

第七十八条 分监区应建立研究审核服刑人员考核奖惩的会议记录。

第七十九条 考核办每月 25 日前下拨当月岗位等级名额，分监区次月 5 日前将《服刑人员考勤考核月报表》报考核办审核，同时在分监区张榜公示。

第八十条 张榜公示期内，服刑人员对当月考核结果有异议的，应予公布后两日内向分监区申请复议，分监区考核小组应在 3 个工作日内复议并给予答复。服刑人员对复议结果仍有异议，可再向监狱考核办申请复议，监狱考核办应在接到申请 5 个工作日内作出最终裁定。

第八十一条 分监区应设置反映服刑人员月得分、年累计得分等内容的《服刑人员计分考核一览表》，并在分监区及时张挂公布。

第八十二条 对服刑人员的考核工作，监狱应坚持奖罚公开和集体审议，允许复议和投诉，有差错的应及时纠正。

第八十三条 监狱考核办公室应加强对分监区计分考核工作的检查和指导，发现问题，及时纠正。

第八十四条 狱政科、刑罚执行科和监察部门应及时处理服刑人员的申辩和投诉，依据各自职责对计分考核工作进行监督。

第七章 附 则

第八十五条 服刑人员调监，考核成绩随副档转出，调入单位应当及时对其考核。

第八十六条 本办法中的以上、以下、以内均包括本数。

第八十七条 本办洪实施后，服刑人员原考核成绩继续有效。

第八十八条 本办法实施后，原考核办法同时废止。有关计分考核的其他规定与本办法相抵触的，以本办法为准。

第八十九条 除未管所外，各监狱一律不得另行制定本办法的实施细则。

第九十条 本办法由省监狱管理局狱政部门负责解释。

第九十一条 本办法自2006年9月1日起施行。

关于印发《陕西省监狱管理局关于老病残服刑人员计分考核奖惩办法》的通知

（陕狱刑字〔2007〕6号　　2007年1月30日）

陕西省监狱管理局关于老病残服刑人员计分考核奖惩办法

第一条　为正确执行刑罚,促进文明管理,充分体现宽严相济政策,保障服刑人员合法权益,规范老病残服刑人员考核工作,根据《陕西省依法办理监狱老病残罪犯减刑、假释、暂予监外执行案件的规定》、《陕西省监狱管理局服刑人员计分考核奖惩办法》、《陕西省监狱认定老病残罪犯实施办法》,制定本办法。

第二条　老病残服刑人员是指正在监狱内服刑的老年服刑人员、患病服刑人员和残疾服刑人员。

第三条　老年服刑人员是指男性在60周岁以上，女性在55周岁以上的服刑人员。

第四条　患病服刑人员是指身患严重疾病或者较严重的慢性疾病，不能正常生活、学习、劳动，其服刑能力严重受限，基本无法履行服刑人员法定义务的服刑人员。

第五条　残疾服刑人员是指肢体或主要脏器、器官缺损或生理功能障碍而基本丧失生活、学习、劳动能力的服刑人员。

第六条　对老病残服刑人员的认定应全面依照《陕西省监狱认定老病残罪犯实施办法》，照章操作，严格执行。

第七条 监狱应当对老病残服刑人员实行集中管理。老病残服刑人员人数较少的，可实行相对集中管理。

第八条 对老病残服刑人员实行计分考核,应当坚持以下原则

（一）依法考核奖惩原则；

（二）公开、公平、公正原则；

（三）警察直接考核原则；

（四）体现人道主义、人文关怀原则；

（五）注重思想改造原则；

（六）准确考核，及时兑现原则。

第九条 对老病残服刑人员不实行《计分资格证》制度。服刑人员获得监狱老病残罪犯认定小组的资格认定后，即获得老病残服刑人员计分考核资格。

第十条 对老病残服刑人员，应主要考核其认罪悔罪的思想表现和服从管教、配合治疗、遵守监规纪律的实际表现。

第十一条 老病残服刑人员的考核得分由基础分、考核分、单项奖分和季度评审分四部分组成。

第十二条 基础分为30分，以月为单位计分。

第十三条 凡当月能认罪服法，遵守监规，服从管理，积极参加学习活动的服刑人员，均可获得基础分。

第十四条 考核分分为现实改造表现得分和违纪扣分，以日为单位计分。主要考核服刑人员服从管教、配合治疗、遵守监规等现实改造表现。

第十五条 老病残服刑人员现实改造表现的日考核按下列标准确定等级及其分值——

一类等级：参加一定非生产的勤务性劳动，其分值为1分。

二类等级：从事辅助性勤务劳动，其分值为0.8分。

三类等级：未从事任何劳动，其分值为0.6分。

第十六条 老病残服刑人员分监区每月评定一次老病残服刑人员的日考核等级，并将各类等级名额报监狱考核办审定。

第十七条 根据监管工作实际，监狱可为老病残服刑人员分

监区分押一定数量的非老病残服刑人员。

第十八条 对老病残分监区的非老病残服刑人员，按照《陕西省监狱管理局服刑人员计分考核奖惩办法》考核。

第十九条 对老病残服刑人员每季度评审一次，根据评审结果，对老病残服刑人员可分别奖励 10 ~ 50 分。

第二十条 对老病残服刑人员的评审，主要包括下列内容：

（一）认罪悔罪，踏实改造；

（二）遵守监规，服从管教；

（三）积极学习，配合治疗；

（四）热爱劳动，热心公益；

（五）行为规范，讲究卫生。

第二十一条 老病残服刑人员季度评审内容每项 10 分，由分监区警察根据服刑人员的综合改造表现，集体审定每项的具体得分，五项得分之和为服刑人员季度评审分。

第二十二条 《陕西省监狱管理局服刑人员计分考核奖惩办法》第五十九条之规定对老病残服刑人员不再适用。

第二十三条 老病残服刑人员有符合《陕西省监狱管理局服刑人员计分考核奖惩办法》第四章第一节单项奖分所列情形的，其奖分可比照一般服刑人员提高 5 ~ 10 分。

第二十四条 老病残服刑人员有符合《陕西省监狱管理局服刑人员计分考核奖惩办法》第四章第二节至第六节所列扣分情形的，应依照办法扣罚。

第二十五条 对法轮功等邪教类老病残服刑人员的考核，执行有关规定。

第二十六条 老病残服刑人员计分考核的其他事项执行《陕西省监狱管理局服刑人员计分考核奖惩办法》。

第二十七条 本办法由省局狱政部门负责解释。

第二十八条 本办法自 2007 年 1 月 1 日起施行。